中华武术文库

太极拳心法探秘

TaiJiQuanXinFaTanMi

李圣 著

人民體育出版社

作者与博士恩师虞定海教授

作者与鸳鸯门武术恩师姜周存教授

作者与叶派太极恩师金仁霖先生

作者与孙氏武学恩师李贵江先生

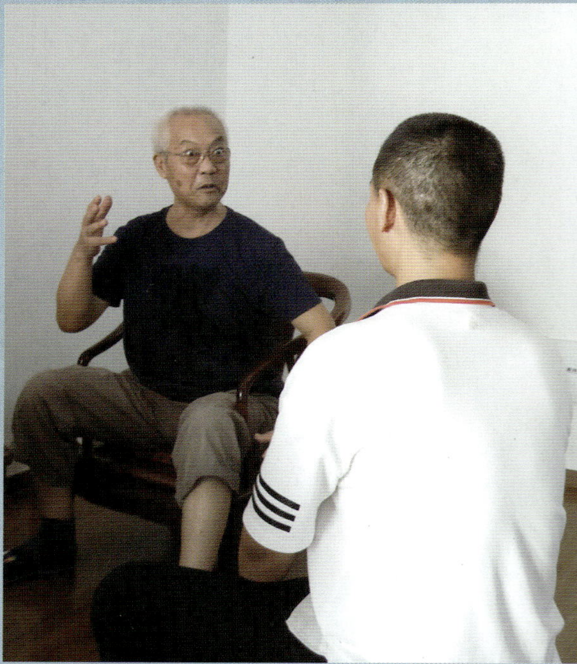

孙氏武学李贵江恩师讲拳

作者与拦手门恩师杨杰先生

作者与冯兴普（毕业于山东体育学院，李贵江弟子）

作者简介

李圣，男，山东德州人，1975年11月出生。中共党员，武术养生博士，副教授，硕士研究生导师，山东体育学院武术养生教研室主任。从小习武，武术功底扎实。1994年考入山东师范大学体育学院，专攻武术，本硕连读。2013年考为上海体育学院博士研究生，师从中国武术九段、中国健身气功九段、著名运动养生专家虞定海教授。擅长站桩、太极拳（陈式、杨式老六路和吴式）、形意拳、拦手拳、擒拿、推手和苗刀等。山东鸳鸯门武术第三代传人，师从姜周存教授。孙禄堂武学第五代传人，师从李贵江先生（孙禄堂—孙振川—张玉书—李贵江），学习孙氏武学内功、打法和独门医术易筋术。上海峨眉武术拦手门第四代传人，师从杨杰先生，学习拦手门拳术、内功和筋骨功夫。在上海读博三年，得到了著名武术家蔡龙云大师、王培琨教授、邱丕相教授的悉心点拨。期间，师从上海叶（大密）派太极拳名家金仁霖先生，学习太极内功精髓；师从上海叶派太极拳明师史久奋先生（蒋锡荣先生弟子），学习密宗内功和医术。国家体育总局太极拳援外专家，美国蓝宝石公主号豪华邮轮太极拳养生专家，国家级社会体育指导员。分别于2009年、2010年两次承担国家体育总局国际武术教练员培训班太极拳教学工作。2011年7月被国家体育总局派往美国关岛进行为期一年的太极拳教学与文化交流工作。多次受邀去日本福冈、大阪、冲绳、横滨和韩国济州岛、釜山等地进行太极拳教学与交流活动。2014—2016年协助博士导师完成上海市哲学社科课题《传统体育养生功法整合开发研究》，对传统运动疗法进行了系统研究，建立了传统运动处方库。并把这一成果和二十多年的运动康复研究和实践融会贯通，将传统运动疗法、武术点穴手法、太极拳心法、站桩、孙氏武学易筋术、密宗医术、健身气功与中医理论、中医导引术和针灸推拿融合为一体，形成了独具特色的武医融合运动康复理论和技术体系，并正式命名为“气道武医”。在通过制订个性化的运动康复方案调理亚健康和对症干预慢性疾病方面，效果显著，积累了大量成功的案例和丰富的经验。

序

近年来，我国经济飞速发展，人们的生活水平大大提高，对健身养生和延年益寿的需求达到了一个空前的高度。在“健康中国”上升为国家战略的时代背景下，可以说，“体育与健康”成为当今国家战略层面的一个重要课题，如何用体育促进健康成为全社会关注的一个焦点。

太极拳运动的实践效果以及国内外的科学研究表明，太极拳是预防亚健康和康复慢性疾病的一种卓有成效的“运动处方”。李圣博士的《太极拳心法探秘》就是在此背景下形成的研究成果。

李圣祖籍山东，自小习武，武术功底扎实。1994年考入山东师范大学（本科、硕士连读），师从鸳鸯门武术姜周存教授，从那开始对太极拳产生了浓厚的兴趣，练功不辍，毕业后到山东体育学院担任教师。二十多年来潜心研习太极拳，擅长陈式太极拳、杨式（老六路）太极拳和吴式太极拳，以及打坐站桩等静功修炼，体悟颇多。2013年李圣以高分考入上海体育学院，成为我的博士研究生。“太极拳心法”是他博士阶段的主要研究内容，并作为上海市哲学社科规划项目——《传统体育养生功法整合开发研究》（编号：2014BTY003）的子课题。在上海读博的三年里，李圣除了大量查阅太极拳相关文献和每天坚持练功外，还走访了众多太极拳名家、名师，虚心学习，积累素材，提高技艺，增加体悟。

太极拳是内外兼修的优秀拳种，不仅对外在形体动作有着严格的规范和要求，而且对内在的心理活动、心性修炼也有专门的训练体系，太极拳心法就是其内在修炼的核心部分。然而，在太极拳普及发展的过程中，人们过多地关注于其外在的形体规范，而忽视了其特有的内在修炼方法。这样的太极拳，也有一定的健身效果，但是这种效果还是不充分、不全面的，如果能够将其独具特色的内练内容挖掘出来，使其真正成为“身心合一、内外兼修”的运动，那将使人们获得更多的益处，取得更好的锻炼效果。当今经济社会，人们的生活节奏快，竞争压力大，心理负担重，心理疾病已成为影响身体健康的主要因素之一。因此，对太极拳心法体系进行研究，也是解决现代人心理健康问题的重要途径。

《太极拳心法探秘》从“象思维”的视角，以西方身体观为知识背景，以中国传统的“心的文化”作为活水源头，以文献资料法、专家访谈法与参与观察法等研究方法，对太极拳心法进行了系统的研究。旨在阐明太极拳心法的内涵、原理和方法，挖掘心理健康促进的手段和措施，帮助人们抓住太极拳内在修炼的要旨，指导太极拳实践活动，起到调节心理、涵养心性和提高身心健康水平的作用。

太极拳心法具有难以言说性、直观体悟性的特点，其所包含的要素，如意念、意象、心性、心灵、止、观、静、定、虚、空、适、化等都是非常抽象的范畴。因此，对这些要素的概念及其境界的阐释是本研究的难点。这需要作者在长期的太极拳心法实践活动中，不断积累和丰富自身直觉体验和内心感悟，积极提高国学水平和传统文化素养，才有可能最大限度地将“不可言传，只可意会”的范畴阐释清楚。

《太极拳心法探秘》首次将太极拳纳入“象思维”的视野之下进行研究。以“象思维”理论为主线解读了太极拳心法的理论与方法，阐释了太极拳的丰富内涵和运动风格，引导人们把“养生莫善于养心”的传统养生理念贯彻到全民健身的社会实践活动中去。

其次综合运用多学科理论对“太极拳心法”进行深入系统的研究。以中国“心文化”为背景，结合“象思维”理论，对太极拳心法的特点、构建模式、构建素材、训练原则和方法等进行探讨，并运用西方符号学、隐喻学理论，对太极拳心法的原理进行多维解析。

我衷心希望这本书的问世，能够为广大太极拳习练者理解和把握太极拳的内涵提供理论支持和科学指导，起到抛砖引玉的作用。同时，也寄望李圣博士能够继续在该领域潜心研究、勇于实践，为太极拳发展与实现健康中国做出更多的贡献！

是为序。

中国武术九段
中国健身气功九段

2019年4月16日于上海

目 录

导 论

研究背景

一、健康危机和健身需求

健康长寿，自古以来就是上至达官下至黎民孜孜以求的目标。在经济快速发展的现代社会中，健康问题却逐渐成为日益凸显的社会问题。一方面，第六次人口普查结果（表1）表明我国已经快步进入老龄化社会，成为世界上人口老龄化规模最大、发展速度最快的国家之一。未来的几十年里，中国人口老龄化将呈现加速发展态势。由此，将导致社会保障资金压力增大，社会和家庭的养老负担加重。因此，老年人的健康问题将是未来国家和社会关注的焦点之一。据联合国统计，至21世纪中期，中国将有约5亿人口超过60岁，此数字将超过美国人口总数。

表1 中国人口的年龄构成及变化情况

2000年第五次人口普查数据		2011年第六次人口普查数据		变化
年龄段	占总人口比例（%）	年龄段	占总人口比例（%）	%
0–14岁	22.89	0–14岁	16.60	↓6.29
60岁以上	10.33	60岁以上	13.26	↑2.93
65岁以上	6.96	65岁以上	8.87	↑1.91

另一方面，在节奏飞快、竞争激烈的现代社会生活中，很多人以健康为代价去换取事业发展和经济利益，在取得“硕果累累”的同时，健康也“负债累累”。过去以老年人为主体的某些疾病，如今开始光顾中青年，抑郁症、胃肠病、高血压、冠心病、脑溢血、颈椎和腰椎病年轻化趋势明显。新闻报道的英年早逝的案例日渐增多。《人民日报》（2012年1月19日19版）报道，中国高血糖、高血脂、高血压人口已入列世界之最，而且蔓延速度大大超过欧美国家，生活方式引发的疾病可能会以“井喷”的方式爆发。大量相关研究显示，六成的非传染性慢性疾病源于不健康的生活方式[①]。不健康的生活方式导致大多数人处于一种在健康和疾病之间的临界区域徘徊——亚健康的状态。根据世界卫生组织全球健康调查数据，处于亚健康状态的人群高达75%，真正健康的只占5%。（表2）

表2　世界卫生组织全球健康状况调查数据（2008年）

健康状况	真正健康	不健康或不完全健康	诊断为疾病	亚健康
比例	5%	95%	20%	75%

根据《2009年中国城市白领健康状况白皮书》所提供的数据，我国主要大城市高达76%的白领处于亚健康状态，接近60%的白领处于过劳状态，而真正处于健康状态的人还不到3%。在我国，中年人是亚健康的高发人群。中年人是社会发展的骨干力量，他们的健康关系着国家的前途和命运。因此，毫不夸张地讲，健康问题已经切切实实成为影响中国社会发展的一场严重危机。

在健康面临严重威胁的社会背景下，人们开始把健康的重要性提到史无前例的高度，重新审视“健康就是金子”“健康就是最大财富”“身体是革命的本钱”等至理名言，并探寻保持健康的有效手段

①黄建始. 最大回报——健康投资［M］. 北京：中国协和医科大学出版社，2005：1.

与方法。

什么样的健身方式才是现代人迫切需要的呢？世界卫生组织关于健康的界定：健康不仅是指身体未发生疾病，而且还要在躯体和心理健康的基础上，具有良好的社会适应和较高的道德水平。可见，健康不仅仅是身体无恙，更重要的是还包括心理、道德、社会适应性等“软实力”因素。陈晶等（2007）的研究①表明：亚健康的症状貌似只是医学领域的问题，其实不然，它与人的心理、体质以及经济文化、社会环境等都密不可分。周雯等（2011）的研究②表明：从亚健康人群中抽取并纳入分析的2748例案例中，心理亚健康的发生居于首位，占57.8%。李香兰等（2008）的研究③认为，亚健康状态发生的实质是心身问题，主要是由情绪激惹、心理应激造成的。显而易见，这些研究的结果表明：健身、养心、修德、处世和谐等是预防亚健康的重要因素，保持心理健康尤为重要。这恰恰和中国“天人合一”“注重整体，强调内练”“治未病不治已病”“养生莫善于养心”的传统的养生思想和养生理念不谋而合。中国传统体育养生功法是这种养生思想和养生理念的直接产物，所以我们认为，从中挖掘合适的项目用以解决现代人的健康问题迫在眉睫。邱丕相（1992）的研究中引用了约翰·奈斯比特在他的《大趋势》一书中的一句话：“每当一个新技术引进社会，人类必然要产生一种要加以平衡的反应，也就是说产生一种高情感。”他认为在当今科技进步、经济发展的世界中，太极拳以静心养性、动中求静的运动方式，作为一种与之平衡的高情感活动，是非常可取的④。

---

①陈晶，等. 中国亚健康研究的现状与分析［J］. 中国组织工程研究与临床康复，2007，11（47）：9566-9569.

②周雯，等. 亚健康状态人群中心理亚健康类型的特征分析［J］. 广东医学，2011（10）：1326-1330.

③李香兰，等. 亚健康研究进展［J］. 中国康复理论与实践，2008（10）：942-945.

④邱丕相. 中国太极拳修心养性的价值与修为的效果［J］. 上海体育学院学报，1992（1）：22-26.

二、上海市哲学社科规划项目

我国有着悠久的传统养生文化传统，传统体育养生理论与方法丰富多彩、博大精深。如何充分利用这一宝贵资源为全民健身、全民健康服务，成为我们民族传统体育工作者所面临的重要使命。由我的博士生导师虞定海教授牵头申报的2014年上海市哲学社科规划项目《传统体育养生功法整合开发研究》，就是围绕着完成这一使命所做的努力。本项目研究的主要内容包括：传统体育养生功法横向研究，包括传统体育养生功法资源收集整理和资源开发研究两个方面，资源开发研究包括开发隐性养生资源、借鉴国外养生资源、进行技术活化与创新和创编对症运动处方。传统体育养生功法纵向研究，包括养生心法的理论研究、太极拳心法个案研究和养生心法体系构建三个部分。2014年7月，本课题通过专家审核，被相关部门正式立项，项目批准号为2014BTY003。作为课题组主要成员之一（第二位），按照分工，我来承担“太极拳心法个案研究”和对症运动处方提炼两部分的研究任务。因此，《太极拳心法探秘》一书，是这一上海市重大课题研究成果的一部分。本课题于2016年11月结题时被鉴定为优秀成果。

三、太极拳传承发展的需要

太极拳是哲理拳、内家拳，其特有的以意导动、修身养性、调节心理、开发智慧的心法体系，是进入太极拳殿堂的金钥匙，也是现代人急需的解决心理和身体健康问题的活水源头。但在近百年来太极拳普及发展的过程中，受西方体育发展模式影响，太极拳尤其是竞技太极拳的传承中，人们过多地关注于其外在的形体规范，而忽视了其特有的内在修炼方法，致使一些太极拳内行将其称为“半截拳”“空架子”“太极操”。“操化”的太极拳，相对其他运动固然也有较高的锻炼价值，但是，这种价值还是不充分、不全面，如果能够将其独具特色的心法体系挖掘出来，使其真正成为“身心合一、内外兼修”的运动，将会更好地在全民健身中发挥作用。据此，《太极拳心法探秘》一书旨在适应太极拳传承发展的需要，通过研究太极拳心法的内涵和“由心而身、由内而外”的健身原理，揭示太极拳心法的不传之秘，挖掘太极拳中丰富的心理健康促进手段和方法，从而为提高锻炼效果、防治心理疾病、预防亚健康、提高健康水平服务。

研究综述

一、关于“象思维”的研究综述

著名美学家汪裕雄曾指出：“中国文化推重意象，即所谓‘尚象’，这是每个接受过这一文化熏染的人都不难赞同的事实。[①]”“象思维”自古以来就是中国人的一种传统思维方式，它不同于逻辑思维，而是一种以“象”——感性、直观、形象的生活现象为核心，阐释宇宙的本质，运用象征、类比等手段来认识世界的普遍联系，从而把握事物发展规律的思维方式[②]。作为一种始原性思维，它在先秦时期便得到了成熟的发展，并基本定型。从汉字的发明到琴棋书画，从唐诗到宋词，从《周易》到儒、释、道经典，从先秦诸子到魏晋玄学，从中古禅宗到宋明理学，从古代天文到太极图、河图洛书，从中医、武术到美学，“象思维”传统绵延既久，生生不息。

在近代，中国传统的思维方式受到了西方文化的猛烈冲击。自“五四运动”以来，中国思想界逐渐被西方的科学主义和概念思维所浸染，中国传统思维方式开始进入一种被批判、被反思的境地。所以对“象”和“象之思”的研究，基本是空白。“需要注意的是，自近代尤其是五四运动之后，西方话语通过思想、教育、文化、科学在我国获取

①张春香. 中国哲学生成性思维的研究现状及其问题［J］. 哲学动态，2010（12）：68.

②邢玉瑞. 中医象思维的概念［J］. 中医杂志，2014（10）：811-814.

强势位置之后，人们对于中国传统文化思想的探讨，就始终处于被概念思维所切割的状态之中……这种历经概念思维洗礼的传统文化，已经是因淡化而失去原味的传统文化。[①]”

改革开放之前，现代中国哲学的众多学者，包括大陆和港台的新儒家，均是用西方哲学的逻辑和概念来解读和框正中国哲学，即所谓“以西解中”，而未将“象思维”作为传统哲学所固有的形式和特点来对待。尽管有些学者也曾意识到中国传统哲学具有与西方概念思维所不同的独特思维方法，但总而言之关于“象”与“象思维”的研究并未受到重视，而是被严重忽略了。即使偶尔提到，也只是简单地将其作为“形象思维”和认识过程的初级阶段来对待。

改革开放之后，国内学术领域关于“象”的研究重新开始兴起。著名哲学家、北京大学教授张岱年先生（1991）所著《中国思维偏向》揭示了中国传统思维的整体、综合、直觉、意象、阴性的偏向，指出与西方思维的局部、分析、推理、阳性特征有明显不同，须采取适当的方式予以转换。中国人民大学人文学院哲学系博士生导师张立文教授（2002）在其著作[②]之中，将“象性”作为中国哲学的一个范畴提出来，并将其分为“象虚范畴”“象实范畴”和“象象范畴”。中国社会科学院哲学所的刘长林教授在其著作[③]之中，将“象”作为专门的章节来进行论述，该书认为，中国古代的“象”源于《易》，除了“形质静态之象”之外，还指“功能动态之象”。《周易》通过世间纷呈杂陈的“象”来认识宇宙万物，影响了中国古代思维的主导趋向，形成了以“象”为素材的特有的思维方法。但张立文、刘长林二位先生的研究成果并未明确地指出“象之思”的意义以及与西方的概念思维的本质差别，只是将“象”与“范畴”等同对待，即将“象”作为主体认识客体的一种工具。

①王树人. 回归原创之思——“象思维”视野下的中国智慧［M］. 南京：江苏人民出版社，2005：2（导言）.

②张立文. 中国哲学逻辑结构论［M］. 北京：中国社会科学出版社，2013.

③刘长林. 中国系统思维［M］. 北京：中国社会科学出版社，1990.

我国著名哲学家王树人[①]先生于20世纪80年代最早提出了“象思维”这个范畴，并对“象思维”问题展开系统研究。他认为在中国教育经过西化，从而使理性的、逻辑的概念思维方式成为人们主流的思维方式之后，中国传统原典的诠释也就一直依赖于这种思维方式。他认为这种思维方式不能回归或真正把握这些原典的本真本然。这促使他去研究中西方思维方式的区别，尤其是研究中国古代思维方式的基本特征与本质内涵。90年代，“象思维”范畴及其问题为中国学术界公认并受到关注。他与夫人喻柏林（1997）的著作《传统智慧再发现》成为当时的畅销书，曾经再版多次。他关于象思维研究的其他著作有：《回归原创之思——“象思维”视野下的中国智慧》（2005）、《感悟庄子——“象思维”视野下的〈庄子〉》（2006）。学术论文有：《象思学论纲》（1997）、《〈周易〉的“象思维”及其现代意义》（1998）、《论“象”与”象思维”》（1998）、《象思维视野下的易道》（2004）、《中西比较视野下的“象思维”——回归原创之思》（2004）、《“象思维”与原创性论纲》（2005）、《象思维视野下的〈齐物论〉》（2005）、《中国的“象思维”及其原创性问题》（2006）、《庄子、海德格尔与“象思维”》（2006）、《中国哲学与文化之根——“象”与“象思维”引论》（2007）、《文化观转型与“象思维”之失》（2008）。

一些学者在王树人研究的基础上对“象思维”进行了进一步探讨。如郭齐勇、丁四新（1997）的论文《评〈传统智慧再发现〉》，山西大学哲学系李安泽博士（2006）的论文《“象思维”视野下的中国智慧——读王树人近著〈回归原创之思〉》《象思维与原创性——王树人近著〈回归原创之思〉评介》，还有吉林大学张锡坤教授等（2006）的论文《中国古代的“象思维”——兼评王树人新著〈回归原创之思〉》等，都是对王树人的象思维理论著作进行的解读研究。沈阳师范大学

①王树人（1936—）：现任中国社会科学院哲学所研究员、研究生院教授、博士生导师，中华外国哲学史学会理事长。长期从事西方哲学特别是黑格尔哲学研究，近十多年转入以中西哲学比较研究为重点，意在探索中国哲学思想文化研究的新视角及其原创性智慧的挖掘。

王前教授（博士）（2002）从心与“象”的关系、“象思维”的层次结构、象的把握与说明等方面对象思维的机理进行了分析[①]。丁宝刚等（2013）分别从“象”的含义、分类、特点及重要性角度对“象”的相关内容进行了理论探讨[②]。邢玉瑞（2014）从4个方面（思维客体的角度、思维工具的角度、思维目标的角度、思维主体的角度）对象思维的概念进行了界定：象思维是“以客观事物自然整体显现于外的现象为依据，以物象或意象（带有感性形象的概念、符号）为工具，运用直觉、比喻、象征、联想、推类等方法，以表达对象世界的抽象意义，把握对象世界的普遍联系乃至本原之象的思维方式。象思维是客观之象与心中之象的转化与互动过程，是将获取客观信息转化为‘意象’而产生的关联性思维”[③]。另外，邢玉瑞（2014）的论文《象思维的过程》《象思维之象的含义》分别对象思维的过程、象思维之象的含义进行了解读与分析。

一些学者从中医的角度对象思维进行阐释，如北京中医药大学国学院院长张其成教授（2004）提出了关于中医乃至中国传统文化整体的“象”模型理论，并且对中医意象思维的源起、含义、特点、内涵和外延，以及与西方思维特点的对比方面，进行了大量细致入微的梳理与分析，构建了当前中国中医哲学领域中关于中医意象思维理论的最为系统的体系网[④]。王永炎（2010）从心理学视角解读了以中医意象思维为主导的中医诊疗模式及其过程，提出了心象、忆象和志象等概念，并进而指出心象和忆象是中医诊疗模式中的表层操作部分，志象则是深层的动力系统[⑤]。刘长林（2005）以中西医之争为切入点，认为时空选择是科学形态和文化之深刻的思维根源。由于中国以世界的时间特性为着眼

①王前. 论“象思维”的机理［J］. 中国社会科学院研究生院学报，2002（3）：58-63.

②丁宝刚，等. 思维之象刍议［J］. 中医杂志，2013（18）：1534-1538.

③邢玉瑞. 中医象思维的概念［J］. 中医杂志，2014（10）：811-814.

④张其成. 中医哲学基础［M］. 北京：中国中医药出版社，2004：8-70.

⑤王永炎，等. 中医意象诊疗模式诠释［J］. 北京中医药大学学报，2010（4）：221-224. //鲁杰. 中医意象思维的心理学研究［D］. 北京：北京中医药大学，2011.

点，所以就会非常重视现象，并且在现象的视角下审视世界，现象属于事物的自然整体层面。中国古人在天人合一的思想背景下，主张意象思维方法，与西方的认识路线完全不同，其目的不是到现象背后而是直接在现象层面探寻宇宙的规律[①]。孙延军（2005）认为中国古代的意象思维方法阐明了人类心理生活境界提升的直觉体悟规律，这样就从思维方式上为我们追求健康的心理生活提供了有价值的范式[②]。丁宝刚（2012）在系统复杂性科学的理论以及关于象及“象思维”的相关研究的基础上，采用象思维方法，将《温病条辨》作为主要线索，并结合《吴鞠通医案》和《医医病书》，系统分析了吴鞠通学术思想，同时，还以象思维为视角对吴鞠通认知天地万物的过程展开了深入探讨，并借鉴认知心理学的理论对该认知过程进行细致分析，最后对象思维在中医学中应用的地位、价值和方法进行了深刻剖析[③]。

一些学者则从美学的角度对象思维进行了研究。山东大学户晓辉博士（2000）研究表明，与西方传统思维方式的语言和逻辑中心主义不同，中国人的“象思维”以形象中心主义为特征，具有天然的艺术与审美特性，决定了中国人审美心理的思维定势[④]。周秋红、汪小娟（2006）认为，古人通过感性形象把握意义的思维方式，认识事物的本质。“比兴思维”是中国古代取象思维在古代诗歌创作中的艺术表现[⑤]。窦可阳博士（2009）以“象思维”为参照系，对关于接受美学理论“中国化”的相关问题进行了深入探讨，旨在以前人的研究和实践为基础进一步推进和加强接受美学的中国化研究，促使两种理论体系在生命美学之层面上寻找到相应的契合点。吉林大学博导张锡坤教授（2006）指出，“象思维”是中国特有的重象、重直观、讲体验的思

①刘长林. 中国象科学初探［J］. 中国社会科学院研究生院学报，2005（6）：47-54.

②孙延军. 中国传统意象性思维的当代价值［J］. 首都师范大学学报，2005（6）：107-112.

③丁宝刚. 基于象思维的吴鞠通学术思想研究［D］. 北京：北京中医药大学，2012：1-20.

④户晓辉. 论中国人“象思维”的审美心理属性［J］. 山东大学学报：哲学社会科学版，2000（4）：53-57.

⑤周秋红，汪小娟. 中国古代取象思维及其美学表现［J］. 许昌学院学报，2006（6）：77-79.

维传统之总结，源自《周易》的卦爻象。卦爻象对于中国美学有着鲜明的启示意义，是中国生命美学思想的发端[①]。吴新林（2008）的《取象仿生——象思维的设计表达》[②]、路鹏（2010）的《象思维在字体设计中的运用》则分别将“象思维”运用于艺术设计和字体设计的研究之中[③]。刘金高（2011）在《意境理论与象思维》一文中，对于象思维与意境的渊源、象思维与意境的内涵等进行了探讨。张翅飞（2011）在《象思维视域下的庄子美学》一文中，以象思维为视角，通过“道”“言”“心”“物”四个维度重新阐释了庄子美学思想，并且揭示了庄子美学所蕴含的象思维特色[④]。王为群等（2012）在《从“象”思维看先秦生态审美智慧》一文中认为，“象”是中国美学中一个重要的审美范畴，“象”思维在本质上体现的是一种顺天应时、天人相益相生的自然观，它所体现的生态智慧和“立象以尽意”的诗性思维，在很大程度上影响并决定了中国在审美与艺术上与西方不同的面貌与审美体系[⑤]。王燚（2013）在《中国美学象思维的逻辑演变》一文中，认为象在不同的时代被赋予了不同的审美内涵，中国美学的象思维有其逻辑的发展与演变过程。

另外有学者尝试将“象思维”用于学校教育教学的研究，如张春艺（2012）的《意象思维在中学美术教育中的意义》，黄海波、汪瑞霞（2013）的《“象思维”视野下学校艺术教育与学生创新精神的培养》，李晓娟（2014）的《象思维视野下大学教学美的特点及启迪》。

综上可知，“象思维”在中国文化传统中根深蒂固，是古代中国人所固有的传统思维模式，虽然在各种文化形态中彰显得淋漓尽致，却总是以“显诸仁，藏诸用，百姓日用而不知”的形态存在着。到了近代，由于受到西方概念思维和科学主义的冲击，慢慢地被忽视了其存在价

①张锡坤，窦可阳．“象思维”与卦爻象的美学意义［J］．社会科学战线，2006（4）：104-108.

②吴新林．取象仿生——象思维的设计表达［D］．株洲：湖南工业大学，2008：1-18.

③路鹏．象思维在字体设计中的运用［J］．艺术与设计（理论），2010（12）：57-58.

④张翅飞．象思维视域下的庄子美学［J］．阳明学刊，2011（5）：437-477.

⑤王为群，等．从“象”思维看先秦生态审美智慧［J］．兰州交通大学学报，2012（5）：2-4.

值。改革开放以后，又被重新提出来进行研究。当今对于“象思维”的研究，是在王树人提出的“象思维”系统理论的基础上展开的。后继的研究，既有对象思维的概念、机理、过程和价值的探讨，也有在不同领域对“象思维”进行挖掘和运用的研究。研究的领域主要集中在传统哲学、中医、文化、教育、教学和美学等方面。虽然关于太极拳的象思维研究尚未见到，但太极拳作为中国传统的原味文化，无处不显现着“象思维”的特征：其修炼过程需要“中止概念思维”，利用“动态整体的悟性”和“诗意性”的特征，求悟中不仅要思理，而且要在思理的基础上提升境界，然后在“诗意盎然的境界”之中才能体悟其深邃之理，这就需要借助“象的流动与转化”，达到“象以尽意”“物我两忘”，在回归“本真之我”而与“道”一体相通中去体悟、体认，从而到达“体道”“开悟”的高境界。总而言之，“象思维”的相关研究及其理论体系的构建，为中国原味文化背景下研究太极拳的一系列问题提供了新的视角和方法论，其丰富的研究成果，为我们下一步将象思维理论纳入太极拳领域进行研究奠定了基础，启发了研究思路，提供了成功的研究经验。

二、关于武术思维方式的研究综述

“对传统文化的深入讨论，必将涉及思维方式的问题，因为思维方式不仅是传统文化的组成部分，而且是它的最高凝聚或内核。换句话说，思维方式是一切文化的主体设计者和承担者”[①]，所以，探讨传统思维特征在武术中的表现形式意义重大。康戈武（1998）在《古代武术演进的文化结构研究》一文中，将武术的结构分为表层（运动形式）、中间层（武术基质）和深层（武术意识），认为最深层的武术意识（包括思维方式、价值观念等）起着指导运动形式与攻防动作的重要作用[②]。郭志禹（1999）在《对武术几种内向思维规律的探讨》一

①蒙培元. 论中国传统思维方式的基本特征［J］. 哲学研究，1988（7）：53.

②康戈武. 古代武术演进的文化结构研究［J］. 体育文史，1998（5）：24–31.

文中，从武术动作或行为等视角出发，揭示了武术运动中几种内向思维的内容及规律。这种内向思维即武术的内意——一种反求诸己的内修养和自思维[①]。杜舒书、陈青（2003）在《论传统武术之思维方式》一文中，认为整体的、感性的直觉思维和“立象以尽意”之意象思维是中国传统武术思维方式的重要特征[②]。乔凤杰（2004）对传统武术的经验思维与悟道思维进行了探讨，揭示了道与术、经验思维与科学思维的的本质联系[③]，阐明了传统武术悟道模式的实质，是在对技的训练中所实现的精神境界的自我超越[④]。袁剑龙、王美娟（2006）在《关于武术技击思维模式的探讨》一文中，提出武术技击意识概念，并构建武术技击思维模式理论。认为武术技击思维模式包括立体技击思维模式和平面技击思维模式两类，平面技击思维模式又分为横向技击思维模式、纵向技击思维模式[⑤]。周伟良（2007）认为利用内心对意象的感知经验来悟得练武要旨，是中国传统武术修炼的一个主要法则。意象训练并非一种无缘无故的苦想冥思，而是借助联想、比附、推导、判断和自我喻示的心理活动过程来作为觉悟的方法途径。其作用在于它可以激发起习武者对喻示对象所形成的日常感知能力，并由此建立起一种可思想、可会意的视角图景[⑥]。高志（2009）在《论传统武术的文化结构和思维方式》一文中，提出了武术中情感体验的“意象”思维，认为通过练武者用心对“意象”的感知来体悟习武的基本要义，是中国武术中一个重要途径，意，在具有非常明显的内向思维的中国武术中，具有显著的影响和作用[⑦]。刘鹏（2009）在《意象思维模式下的传统武术观》一文中，探讨了中国传统文化意象思维模式对中国武术的作用，阐

①郭志禹. 对武术几种内向思维规律的探讨［J］. 上海体育学院学报，1999（3）：33-36.

②杜舒书，陈青. 论传统武术之思维方式［J］. 山西师大体育学院学报，2003（2）：80-81.

③乔凤杰. 传统武术的道与术［J］. 山东体育学院学报，2004（4）：8-15.

④乔凤杰，陈沛菊. 略论传统武术的悟道思维［J］. 山东体育学院学报，2004（5）：8-11.

⑤袁剑龙，王美娟. 关于武术技击思维模式的探讨［J］. 山东体育学院学报，2006（3）：98-99.

⑥周伟良. 简论传统武术的思维方式［J］. 社会科学论坛，2007（6，上）：39-40.

⑦高志. 论传统武术的文化结构和思维方式［J］. 体育与科学，2009（3）：42-44.

明了传统武术遵循自然规律的演武之道、体悟自然现象和仿生的拳理基础[①]。范国平（2013）在《武术套路的传统思维和本质特点》一文中，认为武术套路中的思维属于形象性思维，具有注重具体现象和实用性的特征[②]。

这些研究都以整个武术为研究对象，从不同的角度对其思维特点进行了探讨，都不同程度地涉及了“象思维”的相关要素，如内向思维、感性直觉、“立象以尽意”、“意想”思维、意象思维，但都仅仅分别就某个方面进行了分析，未能充分利用前人的“象思维”的研究成果，做更加深入全面的系统研究。本研究则将在前人这些研究的基础上，突出“象思维”视角，充分利用“象思维”的研究成果，对太极拳心法之思维特点及应用规律进行系统研究。

三、关于太极拳的研究综述

1. 关于太极拳研究现状的综述

朱军达、陈育健（2008）的《2000—2007年我国体育类核心期刊太极拳研究的研究》对14种体育类核心期刊的太极拳论文进行研究，揭示了近八年我国太极拳研究的情况和特点。结果表明，排在前三位的研究内容分别是太极拳的作用、太极拳的理论文化和太极拳的教学[③]。郭强（2012）的《2000—2010年我国太极拳科研论文的文献计量学分析》研究也得出了类似的结果。太极拳科研论文的研究情况如下：关于太极拳健身价值的占39.8%，关于太极拳文化的占16.65%，关于太极拳教学的占16.15%，关于太极拳现状与发展的占11.51%，关于太极拳技术训练的占8.76%，关于太极拳竞赛方法及规则的占1.13%，关于太极拳的社

①刘鹏. 意象思维模式下的传统武术观［J］. 体育科技文献通报，2009（8）：110-112.

②范国平. 武术套路的传统思维和本质特点［J］. 体育世界，2013（5）：138-139.

③朱军达，陈育健. 2000—2007年我国体育类核心期刊太极拳研究的研究［J］. 体育科技文献通报，2008（12）：126-127.

会价值的占2.25%，关于其他方面的占3.75%[①]。任蕴、朱永光（2008）以《太极拳研究的现状分析》为题，对《武林》《武魂》《中华武术》《武当》《少林与太极》等非学术期刊2003—2007年刊登的太极拳类文章进行了分析研究，发现太极拳综合技术类最多（占13.78%），太极拳理论研究类次之（占9.49%），再次之是太极拳文化类（占9.04%）[②]。可以看出，体育学术期刊中太极拳的研究主要集中在太极拳的健身作用、太极拳文化和太极拳教学方面；非学术期刊中太极拳研究主要偏重于技术的研究。

李富刚、栗胜夫（2010）的《改革开放30年我国太极拳运动科学研究进展》，对1979—2008年间国内13种核心体育类核心期刊和《中国运动医学杂志》上有关太极拳的运动人体科学研究进行了分析。结果表明：我国太极拳的运动科学研究从无到有，逐渐攀升，研究领域和方法由单一学科研究到多学科交叉研究、技术性研究到若干不同领域的研究、描述性研究到实证性研究，而且水平逐步提高[③]。罗海燕（2005）的《太极拳在生理生化方面的研究现状》也得出类似结论：越来越多的生化生理实验手段被用于太极拳的实证研究中，这些研究主要集中在太极拳对骨骼肌、内分泌、免疫指标和心血管的影响方面，研究水平逐步提高[④]。

虞定海（2011）在《太极拳锻炼对健康促进研究现状分析》一文中，指出许多西方国家认识到了太极拳的独特魅力，如德国将太极拳纳入医疗保险系统，美国将太极拳作为研究项目，斯坦福大学养生中心的相关研究还取得了巨额国家基金资助，未来研究水平势必大幅度提高[⑤]。陆颖等（2013）在《国外太极拳临床研究现状与思考》一文中，

---

①郭强. 2000—2010年我国太极拳科研论文的文献计量学分析［D］. 福州：福建师范大学，2012：43-47.

②任蕴，朱永光. 太极拳研究的现状分析［J］. 搏击·武术科学，2008（12）：37-38.

③李富刚，栗胜夫. 改革开放30年我国太极拳运动科学研究进展［J］. 中国体育科技，2010（2）：127-133.

④罗海燕. 太极拳在生理生化方面的研究现状［J］. 浙江体育科学，2005（2）：88-91.

⑤虞定海. 太极拳锻炼对健康促进研究现状分析［J］. 中州体育·少林与太极，2011（12）：33-35.

对2011年7月之前的国外太极拳临床研究文献进行研究，发现近十年来国外公开发表的太极拳临床研究数量呈平稳上升状态，研究范围涉及肿瘤、内科疾病及生理和心理改善等方面[①]。

综上可见，关于太极拳研究的发展趋势是功法机理和实证研究的数量增多，水平提高，国外的研究水平不低于、有的甚至高于国内，基础理论及文化研究、教学研究和推广研究所占比例较高。但未见以"象思维"为研究视角的关于太极拳的系统研究及相关成果，因此这一领域存在着广阔的研究空间。我们运用象思维理论进行尝试和探索，将为拓宽太极拳的研究视野，开启新的研究思路，探索新的研究路径奠定基础。

2. 关于太极拳心法的研究综述

邱丕相（1992）研究得出，太极拳作为道艺，是以人的思想、精神、心理状态为修炼的基础。他认为心上功夫，不在吞津咽气，而虚静的心灵才称得上心。也就是说，只有将这种主观精神和心境贯通于行拳之中，才能做到"心为令，气为旗""心为主宰"的太极拳行拳境界[②]。温佐惠、冉学东、王广虎等（1999）研究得出，太极拳除了对老年人的生物衰老有延年益寿的功效之外，还对老年人的心理失衡有修心养性的功效，对老年人的精神失落有尽性知天的功效[③]。韩康（1999）认为太极拳和气功所言之心，是指精神意识，太极拳心法是指太极拳的精神修养。历代拳家丰富了太极拳"心法"内容，在不同的练拳阶段有不同的心法内容[④]。杜子宇（2005）认为传统太极牢操心法，无一不对之备加珍视和珍用。他阐释了太极拳心法的实质、功能和运用。[⑤]郭志禹、姜娟

①陆颖，等. 国外太极拳临床研究现状与思考［J］. 中国中西医结合杂志，2013（12）：1717-1721.

②邱丕相. 中国太极拳修心养性的价值与修为的效果［J］. 上海体育学院学报，1992（1）：22-26.

③温佐惠，冉学东，王广虎. 论太极拳对改善老年人生物衰老、心理失衡和精神失落的功效［J］. 成都体育学院学报，1999（1）：87-91.

④韩康. 太极拳的"心法"修炼［J］. 中国气功，1999（12）：21-32.

⑤杜子宇. 李派太极拳心法论［J］. 武当，2005（5）：13-15.

（2006）提出了中国太极拳文化系统的三个子系统，即运动健心、运动健身和运动养生。认为运动健心是联系运动养生和运动健身的一个关键环节，如果没有它，运动养生和运动健身就失去了灵魂①。曹哲、徐伟军（2007）认为练太极拳只练太极架，没有太极心法，只能是空描，只有真正领会太极心法，才能融会贯通②。王朝琼（2008）认为太极拳把精神内涵贯穿于演练过程的始终，实际上每一个动作都是一次对意识的重复和强化训练，套路练习就是一个自我熏习、自我暗示的过程。其研究还对其中的心行训练的方法、步骤进行了举例说明③。王岗（2009）在《中国武术独特的修炼方式：心法》一文中，认为太极拳等内家拳都将心法放在第一位，具体至于习练甚至竞技，心法更是关键所在④。程进才（2010）认为历代武术大师都把内功心法视为不轻易传人的秘笈，并对陈式太极拳内功心法的特点和要求进行了阐述⑤。傅仁东（2010）通过《太极拳内功心法之研究》⑥9-11、《再谈太极拳内功心法》⑥4-6两篇文章对太极拳内功心法的内涵及方法进行了论述。翁心诚（2012）对用于青少年开智启慧的太极拳心法训练方法提出了自己的见解⑦。蓝晟（2012）也对太极拳内功心法的重要性、身心调整的方略和秘要诀窍等进行了阐释⑧。许洪辉（2013）则从养生的角度，对杨式太极拳内功心法进行了解读⑨。

意念是太极拳心法的要素之一，学术期刊中相关研究为数不多。陈

---

①郭志禹，姜娟. 中国太极拳健康文化系统的研究［J］. 上海体育学院学报，2006（3）：57–61.

②曹哲，徐伟军. 太极心法养心哲学［J］. 健康人，2007（6）：124–126.

③王朝琼. 太极拳对心理健康的增进作用［J］. 贵州工业大学学报：社会科学版，2008（4）：175–179.

④王岗. 中国武术独特的修炼方式：心法［J］. 搏击·武术科学，2009（4）：10.

⑤程进才. 陈式太极拳内功心法［J］. 邯郸学院学报，2010（3）：15–19.

⑥傅仁东. 太极拳内功心法之研究［J］. 精武，2010（1）：4–11.

⑦翁心诚. 太极开智启慧的心法训练［J］. 2012（8）：44.

⑧蓝晟. 云深已知处　内功养身心——太极拳内功心法密要概说［J］. 武当，2012（7）：15–17.

⑨许洪辉. 杨式养生内功心法太极拳［J］. 少林与太极，2013（3）：45.

霞明（1998）在《浅析太极拳的练意》一文中，阐述了太极拳练意的独特意义和内涵，简要说明了太极拳的练意与气功意念的差异，与其他拳术武术意识的区别，并介绍了几种练意的方法①。关振军（1999）在《太极拳的眼神与意念》一文中，对太极拳的“神意不同处”进行了分析②。耿向林（2009）在《太极拳“意”的悟炼》一文中，对什么是意，为何炼意，怎么炼意进行了探讨③。王静等（2010）在《太极拳意念引导的内涵》一文中，对意念的概念、机制、脑电和意念力进行了研究④。蓝晟（2013）在《太极拳运动中意念的作用》一文中，对太极拳中意念造型、意发即空等用意方法及作用进行了剖析⑤。张建斌（2013）在《谈太极拳之意》一文中，简单分析了太极拳之意的含义、特点⑥。

综上，关于太极拳心法的研究，相对比较少，不够深入，学术论文发表的刊物层次不高，大多是发表在非核心期刊的文章。出版的太极拳心法的相关著作，也多是对太极拳心法以套路演练的角度从方法学上进行有保留的解读，而对太极拳心法的内涵阐释不够深入，各说各话，未形成统一的认识，未建立较完善的理论体系，尤其对太极拳心法的科学原理的解析严重缺失。本研究将在前人研究的基础上进行深入探讨，吸取经验，弥补不足。拟以中国古代“心文化”为研究背景，以“象思维”理论为研究视角，在综合分析“象思维”和太极拳心法的相关研究成果的基础上，运用符号学、心理学、隐喻学和福柯的身体规训理论对太极拳心法进行多维解析，为建立太极拳心法的完整理论体系进行努力和尝试。

①陈霞明. 浅析太极拳的练意［J］. 泉州师专学报：自然科学版，1998（3）：49-52.

②关振军. 太极拳的眼神与意念［J］. 中华武术，1999（5）：41.

③耿向林. 太极拳“意”的悟炼［J］. 少林与太极，2009（9）：24-26.

④王静，等. 太极拳意念引导的内涵［C］//经济发展方式转变与自主创新——第十二届中国科学技术协会年会（第三卷），2010.

⑤蓝晟. 太极拳运动中意念的作用［J］. 中华养生保健，2013（10）：69-71.

⑥张建斌. 谈太极拳之意［J］. 才智，2013（2）：233.

第一章　从身体说起

心法，听起来似乎总给人有些虚幻、神秘和倾向唯心主义的感觉，为了避免不接地气，我们就从实实在在的身体说起。

第一节　西方身体观的知识背景

在古希腊，关于身体问题的探讨就已经开始了。尊崇心灵贬斥肉体的身心二元论，在苏格拉底和柏拉图等人的主导下，成为西方思想的一个显著特征。这种观点主张，在身心关系中，具有“最优越理性品格”的心灵方是肉体的根本；而为物欲所充斥的肉体，则只是心灵的附庸。巴门尼德很早就创建了其抽象本体论，毕达哥拉斯阐发了最早的关于肉灵分离的观点，而柏拉图则建立了肉灵分离二元对立的理论体系。他的《斐多篇》一书中就有关于苏格拉底从容对待死亡的情节描述①。苏格拉底主张，人之为人的根本原因，不是肉体而在于其魂灵；人只有通过魂灵来识别魂灵之理性，才能真正认识自己，从而得到智慧并达到神圣②。他还认为，关心魂灵而不是肉身享受，正是哲学家与常人所不同之处。他之所以能自若从容地面对死亡，是因为他坚信魂灵不死，死亡仅仅是肉身的死亡。“死即为魂灵和肉身的离分；置于死之状态就是肉身离开了魂灵，魂灵离开了肉身单独存在”③。柏拉图对于

①复光. “身体”辩证（续）［J］. 江海学刊，2004（3）：5.

②牛晓亮. 身体哲学及其当代价值研究［D］. 北京：首都师范大学，2006：11-21.

③柏拉图. 斐多——柏拉图对话录. 杨绛，译. 沈阳：辽宁教育出版社，2000：13.

身心关系所持的是一种有过之而无不及的严格的二元立场，执着地坚信“肉身是魂灵的坟墓”——肉身和魂灵是根本对立的。他理性地认为，和肉身同处一体之时，魂灵只能受到蒙骗，知识、智慧和真理的获得必须依赖于“纯粹之思想”。也就是说，身体是魂灵境界提升的障碍。柏拉图曾经说过，“无视肉身之欢愉而转向心灵”就是所谓的“哲学生活”，“死亡即心灵于肉身之中得到解放”[①]。在柏拉图及古希腊哲学的视线中，肉身是邪恶的，魂灵是神圣的；肉身是魂灵的羁绊；肉身及其欲望是天下蠢事甚至战争产生的根本原因。只有避开肉体的干扰使魂灵解放出来，方能看清真正之实在，从而获取人类所需的智慧。因此于生前人们要保持魂灵之纯洁，死亡来临时魂灵即得到净化，便可打破梗桔得到永生[②]。这种魂灵与肉身之间、理性和感性之间的二元论，成为后来西方神学世界观的主体框架。如神学家保罗曾提出“将身体献上，当作活祭”的神学思想[③]。这种尊崇心灵贬斥肉体、高扬抽象理性的传统，由此开始延续了千百年。英国思想家怀特海总结说，“两千年的西方思想史皆为柏拉图思想之注脚”。

柏拉图的这种身心二元思想至于笛卡尔之处则被变本加厉地绝对化了。笛卡尔认为：“在肉身之概念中不包括所有归属精神的东西，同样，在精神之概念中亦不包括所有归属肉身的东西。[④228]”“我的魂灵或我的精神——之所以是我的这个东西，是真正完全与我之肉身有分别的，魂灵的存在可以不需要肉体。[④82]”笛卡尔的身心二元论的实质是心灵或精神决定论。按照他著名的“我思故我在”的观点，“我思”规定了“我在”，心灵或精神比身体更重要，决定“我”的本质的是心灵或精神，而不是肉体。也就是说，“我”这个实体的全部本性或本质只是思想。[⑤]我即使失去胳膊和腿，我的心灵上并没有失去什么，并不影响

① 柏拉图. 斐多篇［M］. 杨绛，译. 沈阳：辽宁人民出版社，2000：13.

②汪子嵩，等. 希腊哲学史：第二卷［M］. 北京：人民出版社，1993：410- 413，699- 701.

③陈立胜. 身体：作为一种思维的范式［J］. 东方论坛，2002（2）：12.

④笛卡尔. 第一哲学沉思集［M］. 庞景仁，译. 北京：商务印书馆，1986：228.

⑤车文博. 中外哲学心理学比较思想史［M］. 北京：首都师范大学出版社，2010：144.

我思的进行，所以我仍然是我。笛卡尔企图以精神、心灵的统摄作用去解决身与心的分裂，这就形成了哲学史上著名的“笛卡尔难题”。笛卡尔的身心二元理论为后人留下了一个难以解决的问题：既然“心灵”与肉体是彼此独立、性质不同的实体，二者为什么能相互作用呢？这也成为之后出现各种身心平行论的理论根源①。另外，黑格尔的泛逻辑主义的精神哲学，也认为身体是绝对精神的附属品，是为绝对精神的回归而准备的载体。在黑格尔那里，身体只是一个概念系统，是一台失去生气的机器。

可见，身心二元论的基本命题就是身体和魂灵的二分和对立：魂灵是不可见的，不朽的，纯洁的，高级的，真实的，通达善的；相反，身体则是可见的，短暂的，贪欲的，低级的，错误的，导致恶的。也就是说，身体在西方曾经是被放逐的、“退居二线”的。在漫长的西方哲学史上及其主流话语中，身体的哲学意义可以说是空缺的，心灵哲学则牢牢地把握了西方传统哲学的话语权。思想家、哲人们大多处于抽象人性的语境中去阐发观点，而身体则逐步被冷落了。从历史发展的脉络看，近代以来，在身心的二元叙事中，西方哲学主要讲身体的缺席，“身体”是不在场的、被遮蔽的②。这种传统从柏拉图开始，不断延续乃至千年。在西方的思想史和宗教史中，关于身体的研究无疑是处于漫漫悠长的黑夜之中③。

进入19世纪，西方哲学开始迈开了不断转型的步伐。一些思想家如费尔巴哈、马克思、叔本华、尼采等人，开始对西方传统的身体观进行纠偏。叔本华指明“世界是人类生命意志之表象”，先行反对黑格尔之所谓“理性”。他主张，主体认识的基点是身体感官。在他看来，人是血肉丰满之“身体”，而非单纯的理性思考。基尔凯戈尔也用具体的个体及其体会批判黑格尔之绝对精神。马克思、费尔巴哈均对黑格尔之

---

①李录志. 身心关系研究的新维度及其意义［J］. 陕西师范大学学报：哲学社会科学版，2011（4）：70–71.

②牛晓亮. 身体哲学及其当代价值研究［D］. 北京：首都师范大学，2006：11–21.

③田丰. 身体思维与礼乐文明的现代转化［D］. 苏州：苏州大学，2012：16.

"无人身的理性"着力进行了批判。同时伴随着现象学的兴起和发展，西方哲学思想中出现了"身体"转向，之前始终被抑制的感觉、欲望、身体等也逐渐被当代哲学所聚焦。"身体"逐渐由弱势演变为强势话语。其中，真正引领"身体"转向、赋予身体以基础意义并产生深远影响的，当首推尼采。尼采以叔本华的身体观作为出发点，开辟了哲学的新方向。在尼采那里身体成了所有文化的根基，他认为世界上的各种意义都需要由身体的角度来获得，从而彻底地将身体作为哲学的中心。尼采惊世骇俗地喊出"上帝死了"[①]！提倡"一切从身体出发""以身体为准绳"的主张。他还认为："人完完全全为肉体，除此无它，魂灵仅仅是对肉身中某物之称呼。""意识与魂灵都是工具与玩具。[②]"不难看出，在尼采那里，魂灵与身体不可分离，而且魂灵只是身体的工具或玩具，身体是人之为人的根本。尼采用感性的身体取代理性的主体，使身体从理性主宰的重围中突出，从根本上倾覆了西方的传统观念，因而使身体之地位在西方思想史中产生了180°的大转弯。受其影响，学者们聚焦"身体"的热情有了极大的提高，其中最引人瞩目的是梅洛·庞蒂和米歇尔·福柯二人关于身体的研究成果。

在形成超越灵肉二元分立的新的身体理论的进程中，现象学功不可没。胡塞尔开辟了在现象学语境中解读身体之先河，另外如萨特、舍勒、海德格尔、梅洛·庞蒂等人也都运用现象学理论解读过身体的相关问题。根据现象学的理论，身体不只是在世间存在的孤立个体，而是作为一个中介来呈现万物的存在，也就是说世间万物之存在乃是经由身体而呈现出来的。身体现象学是着眼于"身体是如何显现的"这一基点对身体进行研究的。

梅洛·庞蒂从哲学本体论的高度看待身体，他认为"世界的问题始于身体"，"身体是人拥有世界的总媒介"，力图消解肉体与心灵的对立。1945年梅洛·庞蒂发表《知觉现象学》，其中列举了大量事例，用以证明心灵和肉体的不可分离。在梅洛·庞蒂看来，身体并不只是生

①尼采. 快乐的科学［M］. 黄明嘉，译. 桂林：漓江出版社，2003：151.

②尼采. 苏鲁支语录［M］. 徐梵澄，译. 北京：商务印书馆，1992：27-28.

理器官，不只是一种工具，也不只是心灵的载体或心灵的形式，而是一种存在场域——身体场：一种原发的身体时—空整体。身体不仅是物质性的肉体，而且是意识化的身体，即在知觉作用下身体成为有意识的身体，身心处于同一的“模棱两可”的“暖昧状态”[①]——身、心的界限变得模糊，具有“模糊性”“含混性”，生命既是精神的，也是身体的，先有身体后有思维。对于笛卡尔提出的“我思，故我在”的观点，梅洛·庞蒂批驳道：“我思”并不是超绝地涵括“我在”，反之，而是“我思”存在于“我在”的超验性的运动之中，即“我在，故我思”。梅洛·庞蒂还指出了把身体简单地等同于肉体的观点有失偏颇，他主张身体是个体与他人、主体与客体、心理与生理的统一整体。以格式塔心理学为理论依据，梅洛·庞蒂提出了一个概念“身体图式”，力图使“身体”在“身体图式”中成为统一的“活”的有机体，从而以身体为出发点来弥合身心之间的鸿沟，“人处在一种共有状态中掌控自己的全部身体，利用身体图式来感知自己各个肢体的空间定位，因为人的所有肢体均囊括于身体图式之中”[②]。梅洛·庞蒂讲“挺身于世界”，以“世界之肉”来隐喻身体。

应该说，梅洛·庞蒂的身体现象学以及包含的方法论，使当代西方哲学在身心关系问题上产生了一个重大转变：由魂灵和肉体的“势不两立”达成了二者的“密不可分”。因此，对于被身心问题困扰已久的西方哲学来说，具有天翻地覆的突破意义。然而，新现象学学者赫尔曼·施密茨批评了梅氏“身体性”的理论，指出其感觉理论只是局限于认识论和心理学层面，灵肉或身心的关系仍然未能得以根本解决[③]。

这里不得不提及法国思想家米歇尔·福柯，是他真正把身体引入到了研究视域。福柯将身体作为认识世界和历史的基石，并把身体与疯

①梅洛·庞蒂. 知觉现象学［M］. 姜志辉，译. 北京：商务印书馆，2001：146.

②梅洛·庞蒂. 知觉现象学［M］. 北京：商务印书馆，2001：135.

③转引自：庞学铨. 身体性理论：新现象学解决心身关系的新尝试［J］. 浙江大学学报：人文社会科学版，2001（6）：8.

癫、知识、权力等关联在一起，提出了身体的规训理论，建构了谱系学和社会理论。他深入解读了围绕在身体周围的微观权力，对犯罪的惩罚、精神病学、医学等与身体规训相关的微观权力的运作机制和规律进行了深入分析。福柯眼中的身体和权力紧密相关，规训权力使得身体发生变化，从而对身体进行管理、改造和控制。到20世纪七八十年代，福柯引领的后现代主义身体观逐渐形成体系，在哲学史上产生了深远的影响①。与其同时代或之后的西方学者们，从不同的视角，如社会学、性别、思想、感情等，对身体属性、意向、形态等进行了细致的思考，出版了许多以身体为主要线索的著作。由此，“身体”演变成西方社会科学研究的焦点，关于身体的研究逐步成为“显学”。

有学者认为，80年代身体研究在欧美的社会科学领域广泛兴起，其标志性理论成果有：《现代社会中的五种身体》（约翰·奥尼尔，1985），《交流的身体》（约翰·奥尼尔，1989），《身体的政治解剖学》（大卫·阿姆斯特朗，1983），《身体》（唐·约翰逊，1983），以及《身体与社会》（布莱恩·特纳，1984）等②。概括起来，身体研究主要包括五条线索：一是，以道格拉斯和毛斯为代表人物的作为文化象征的身体研究；二是，以女性主义和社会建构主义研究为代表的作为社会建构的身体研究；三是，以福柯为代表人物的作为欲望规驯的身体研究；四是，以布迪厄为代表人物的作为社会实践的身体研究；五是，作为肉体的身体研究③。总的来说，“身体”之所以进入西方思想家与学者们的研究范畴，在一定程度上是因为西方学界对其哲学传统和不断扩张的“现代性”进行了深刻的反思。特纳在《身体与社会》一书中指出，“身体”在西方社会学和人文领域的缺席，是由于西方学术界受到了笛卡尔哲学思想的长期而广泛的影响。在社会科学与人文领域之中，“魂灵”或者“心灵”乃是研究所需要关注的，至于“身体”的研究，

①范彩霞. 大体与小体：孟子的身体观研究［D］. 上海：华东师范大学硕士论文，2014：50–51.

②莫小新. “人体文化”与“身体文化”辨析［J］. 江苏技术师范学院学报：职教通讯，2009（12）：111.

③李传奇. 身体视野下的体育修身论［D］. 南京：南京师范大学，2012：2.

则被认为属于自然科学的范畴[①]。

综上所述，西方身体观的三种致思路径包括以柏拉图、笛卡尔为代表的“重心轻身”，以尼采、福柯为代表的“褒身抑心”，以梅洛·庞蒂为代表的“身心不分”三种形态，尤其是尼采、福柯所引领的“褒身抑心”的思想范式，成为身体研究发展为显学的主要知识背景。从西方思想史来看，身体问题并非一开始就成为焦点的，因为身心二分的思维范式才是西方传统哲学所一贯坚持的。在这种二元论思维范式中，抑或重心轻身，抑或褒身抑心，却较少趋向于身心合一。西方学界是在尼采、福柯的深刻影响下，产生了身体观念变化的分水岭，从此开始侧重于将身体置于社会学视野下进行研究。受其影响，在后现代消费时代，这种身体问题的凸显也在大众文化中臻至顶峰。

第二节　中国传统的身体思维模式

一、“身”“体”和“身体”辨析

由于古希腊以来西方关于身体的观念是身心二元论，身体被人为割裂为物质性部分与超越性部分，即肉体与魂灵。随之后者产生了其特有的指代符号，逐渐从身体中脱离出来，导致“身体”演变为单纯的“血肉之躯”的代名词。

以《牛津英语词典》为例，其对身体即“body”的解释是：“whole physical structure of a hunan being or an aninal”，即“人或动物的物质结构或材料框架，该组织一般被看作一个有机实体”[②]。由此看来，西方人对“身体”的理解仅仅是“有机性”与“物质性”的生物属性，是与精神性和道德性相对的。那么在中国“身体”的内涵是否也是如

①牛晓亮. 身体哲学及其当代价值研究［D］. 北京：首都师范大学，2006：26.

②Oxford English Dictionary，volumeⅡ［M］. Oxford：Clarendon Press，1989：354.

此？古代与现代是否有所不同？“身”“体”二字的连用在中国古代经典中是不多见的。只有在现代白话文演进过程中，单音节词逐渐向复合词转换，才出现了“身体”一词。所以，“身体”是具有浓厚现代色彩的词语，偏重于身体的物理属性，在很大程度上等同于“肉体”的含义。正如台湾大学蔡璧名先生所讲：“从学校中的护理、生物等课程以及健康教育，到运动以及医疗保健，人们习惯上所认识的‘身体’很少涉及魂灵、心、神等问题。换句话说，现代意义所指之‘身体’仅仅局限在其外貌形态，是可以由扫描和解剖来进行透视的血肉之躯。[①]”杜维明先生也指出：“身体等同于英语的body。当今人们使用‘身体’一词就如同用英语单词body一样，仅剩‘躯壳’，全无深意。[②]”然而，中国古代的“身体”有着非常丰富的内涵，远非“body”可同日而语。

在中国传统文化中，关于身体问题，大多采用单音节词“身”，而较少使用“身体”一词，在典籍中，往往“身”与“体”分说。对于“身”的解释，《说文解字》：“身，躳也。象人之身。”在此躳同“躬”。“身”在篆文中是一个直立的人形，属于象形字。《辞海》：“身”有多种解释，首先指躯体，如兽身、人身、半身、全身等，还指人的品德、身份等，如修身、立身、出身等[③2375]。可见，身的本义是“身躯的总称”。对于“体”的解释，《辞海》首先释为身体，如“心广体胖”（《礼记·大学》）。其次指肢体，如“四体不勤”（《论语·微子》）。还有“体验”“领悟”“实行”之意，如“圣人以身体之”（《淮南子·论训》），“好法而行，士也；笃志而体，君子也”（《荀子·修身》）[③274]。“甲骨文中的‘人’字刻画的是侧立的人的身体形状，这表明，古汉语之‘人’字的最初含义指的是‘人的身

①蔡璧名. 身体与自然——以《黄帝内经·素问》为中心论古代思想传统中的身体观［M］. 台北：台湾大学出版社，1997：45.（转引于：范彩霞. 大体与小体：孟子的身体观研究［D］. 上海：华东师范大学，2014：5.）

②杜维明. 儒家传统现代观的转化［M］. 北京：中国广播电视出版社，1992：448.

③辞海［M］. 上海：上海辞书出版社，2000：274-2375.

体’。由此可知，中国古代思想之本原立场是以身体为奠基的。”[①]

“身”与“体”之所以不连用，首先，是因为“身”“体”各有其多义性，有时二字即便紧联在一起，如前文所提到的“故圣人以身体之”，也各有其所指，并非合为一词。其次，是因为“身”与“体”有同义性的一面。“身”被释为“全体之总称”。于1915年至1935年间由中华书局编纂的《辞海》中，对“体”的解释是：“全身之总称。”其引《礼记·祭义》解释说：“身也者，父母之遗体也。”二者常互释互用。除此之外，二者又都含有“体积”与“形状”之意。如“船身”“车身”“天体”“山体”等，都是指代物体的体积与形状[②]。

根据以上分析，在中国古代，“身”字的意义较为宽泛，除了“形体”的本义之外，更与生命、性命、自我等义相通，如“国事至此，予不得爱身”（文天祥《指南录·后序》）。儒家思想中有立身、安身、正身、省身、诚身等说法，在此话语中，“身”的涵义包括形躯和心。另外“身”字还同时兼有“我”的代词意义。如郭沫若先生曾提到：“《尔雅·释言》：‘身，我也’。[③]”而“体”字，多指血肉之躯，含四肢、四体、五体、五官、五脏之说，同时又兼具心思之意。从“四肢六道，身之体也”（《管子·君臣下》）的语句可以看出，“身”与“体”之间还是略有差别的。在我国传统文化中，身的基本词义是指人的整个身体。“身”的含义包括形体，也包括心灵，而且注重心灵之德性修养，如儒家经典中的正身、省身、修身、立身、守身、安身、诚身等说法即是如此。身体的状态是由经络、气血、阴阳、五行和心理、精神、思维等的相互协调而呈现出来的，作为一个平衡系统的稳定状态，它所强调的是物质的身和精神的心的整体性。身和心是一体的，而不是二分的，“身心合一”思想，是主客一元论哲学观念的体现。这种将人身体置于宇宙系统中做整体观照的身体观，体现了一种“天人合一”的

①葛红兵. 中国思想的一个原初立场［J］. 探索与争鸣，2004（12）：18.

②莫小新. “人体文化”与“身体文化”辨析［J］. 江苏技术师范学院学报：职教通讯，2009（12）：110.

③郭沫若. 商周古文字读本［M］. 北京：语文出版社，1989：381.

思想根源。

二、"身心合一"的身体思维模式

不同于西方文化，在几千年中华文明的演进中，中国古代的主流思想主张身与心、身与国的完整统一而非对立，坚持的是一种"身心合一"的身体政治学。古代西方的主流思想是魂灵激烈排斥欲望充斥的肉体的身心二元论，着力探究的是纯而又纯的形而上之存在。古代中国则不然，强调"身体发肤受之父母"，一向将身心一统视为至上[①]。梁漱溟说："有身即有心，身心殆无可分。[②]"中国传统文化中的"身体"内涵，包括了身心两个层面，这两个层面是相互渗透、相互联系、相互统一的。周与沉博士认为："身体应该是牵涉到无形的精神、心灵、情意，是生理、心理所交相容与、融构而成的共同体。""广义的'身体'则统摄形、气、心而为生命整体。[③]"日本学者汤浅泰雄认为中国在内的东方身体观强调"身心合一"[④]。美国著名汉学家如安乐哲等人也认为，中国传统的"身体"是一种"身心互渗的过程"[⑤]。的确如此，中国古代的身体观念与西方二元分立的致思路径有所不同，是一种整体观。认为身心是对立统一的整体，合中有分、分则仍合。即梁漱溟所言"身心浑然一体相联通，而察其性向则互异耳"[⑥]。尽管在中国思想史上有过身心断裂、抑身扬心的现象，但身心一体、心物一如才是主流，既没有与心无关的"身"，也没有脱离身而存在的"心"，身心互渗、身心一如的整体观才是其主要脉络[⑦]。

---

①田丰. 身体思维与礼乐文明的现代转化［D］. 苏州：苏州大学，2012：38.

②梁漱溟. 人心与人生［M］. 上海：学林出版社，1984：105.

③周与沉. 身体：思想与修行［M］. 北京：中国社会科学出版社，2005：87-88.

④汤浅泰雄. 灵肉探微——神秘的东方身心观［M］. 马超，等，编译. 北京：中国友谊出版社，1990：8.

⑤安乐哲. 自我的圆成：中西互镜下的古典儒学与道家［M］. 石家庄：河北人民出版社，2006：469.

⑥梁漱溟. 人心与人生［M］. 上海：学林出版社，1984：105.

⑦韩星. 论儒家的身体观及其修身之道［J］. 哲学研究，2013（3）：61.

中国古代典籍中，关于身心整体统一的论述可以说俯拾皆是。《道德经·十章》有“载营魄抱一，能无离乎”之言；庄子有“形体保神”（《庄子·天地》）、“精神生于道，形本生于精”（《庄子·知北游》）和“薪尽火传”（《庄子·养生主》）之论；《墨子·经上》有“形与知处”之语；另外，《中庸》云“诚于中，形于外”，《大学》曰“心广体胖”。其中“营与魄”“形与神”“形与知”“外与中”“体与心”“薪与火”都是指身与心两个方面。这些观点认为身与心（或形与神）同处于一个统一体之中，初步体察到二者的先后关系及相互作用，朴素地认识到二者是生命不可或缺的要素。荀子是中国首位明确指出神由形生的古代学者[①]。《荀子·天论》曰：“形具而神生。”《荀子·解蔽》曰：“心者，形之君也，而神明之主也。”在明确形先神后关系的同时，还强调了形神不可分割的生命整体观。魏末嵇康在《养生论》中说：“形恃神以立，神须形以存。”刘勰在《刘子新论·精神》中讲：“神静而心和，心和而形全；神躁则心荡，心荡则形伤。”王充认为“无无体独知之精”，即神形两不离。东晋的何承天则持“形神相资”的观点。南北朝范缜在《神灭论》中说：“形者，神之质；神者，形之用。”“神即形也，形即神也，形存则神存，形谢则神灭。”《管子·内业》说：“凡人之生，天出其精，地出其形，合此以为人。”陶弘景的《养生延命录》则认为形神相依，主张静以养神，动以养形。汉代桓谭在《新论·形神》说：“精神居形体，犹火之燃烛矣……烛无，火亦不能独行虚空。”淮南子认为：“夫形者，生之舍也……神者，生之制也。故夫形者非其所安也而处之则废……神非其所宜而行之则昧。”（《淮南子·原道训》）宋代张君房的《云笈七签》曰：“禀气含英，惟人为贵。人所贵者，莫贵于生。生者神之本，形者神之具。神大用则竭，形大用则毙。”明代著名医学家张景岳在《类经·针刺类》中说：“形者神之体，神者形之用。”王阳明说得很简明：“何谓身心之形体？

①燕国材. 中国心理学史［M］. 杭州：浙江教育出版社，2003：151.

运用之谓也。何谓心身之灵明？主宰之谓也？[①]”20世纪末出土的郭店楚简《五行》中，把儒家的核心概念“仁”写为“𢙇”，其寓意就是“身心即仁”。这一独特字形的推出，既以“以字注经”的方式阐释了“仁”之内涵，同时又将中国古老的身心整体观思想展现得一览无余。

身心相对于形神是更本源的关于身体的概念，形神相对于身心则是更感性的关于身体的概念[②]。中国古代对身心问题的探讨，往往从形神关系来展开。“形神合一论”是中国古代对身心关系的根本观点，其本质是“身心合一”的一元整体观。形，《说文解字》曰：“象形也”。这是广义的“形”，指有象可查的物质，即自然界中一切物质实体。狭义的“形”则针对人体而言，指人的形体、形质、形态[③]等血肉有形之躯，包括人体器官组织、结构功能的整体性和统一性，属于“身”的层面。“神”，《说文解字》曰：“天神引出万物者也。”之后，徐灏注解说：“天地生万物，物有主之者，曰神。”“神”亦分广义和狭义两方面。广义的“神”是指人的生命活动（包括生理和病理的变化）的全部外在表现。狭义的“神”是指人的精神、思维、意识活动和心性修养，属于“心”的层面。“神”是中医理论的一个核心概念，其含义较广。有人统计过，在《黄帝内经》中关于神的论述多达150处[④]。由此得出，“神”的基本内涵是“决定事物发生和发展变化的内在的一种主宰力量”[⑤]。

自先秦以来，形神关系就成为唯心主义与唯物主义哲学争论的焦点之一。荀子提出的“形具而神生”的命题，是先秦时期有关形神关系的一个较为彻底的唯物主义命题，成为古代“形神合一论”的先驱者。而中医学受此观点的启迪，在长期的临床观察与治疗经验积累的实践过程

①出自《王阳明全集》971页，转引自：周与沉. 身体：思想与修行［M］. 北京：中国社会科学出版社，2005：147.

②李磊.《黄帝内经》的身体观研究［D］. 长春：长春中医药大学，2010：26.

③王昊，杜渐，张振华，等. “形神合一”中医学的生命整体观［J］. 中国中医基础医学杂志，2013（3）：239.

④张艳萍. 中国传统文化对中医心理思想的影响研究［D］. 南京：南京中医药大学，2010：30.

⑤杜文东. 中医心理学［M］. 北京：中国医药科技出版社，2005：28.

中，综合各家的形神思想，经过对人的生理、心理和病理的解读，从医学的视角构建了更客观、更具体的形神理论，其认识主要集中在《黄帝内经》这本中医经典之中。李约瑟认为："中国传统医学的理论结构尽管是中古时代的产物，但却很复杂而精细微妙，它将人的身心视作一个整体，其一大原则是追求身体的自然和谐平衡。①""形神合一论"是中医对整体生命的重要观点，是对人的身心关系最全面、准确的归纳，千百年来始终指导着养生、防病与治病的实践活动，同时也成为武术的重要理论之一。

中医学的形神思想体现了形与神对立统一、不可分割的辩证关系。

（一）形是神的物质基础

形为神之质，神得以产生和依附的载体，是生命活动的物质基础。神本于形而生，形存则神存，形亡则神亡。西方传统哲学关注精神价值，而视肉身为精神超越的羁绊。中国哲学则注重对生命的关怀，从先秦开始就有养生贵己的观念，并在实践中总结出丰富的养护身体的理论与方法。如韩非子认为"万物莫如身之至贵也"（《韩非子·爱臣》），"身以生为常，富贵其可也"（《韩非子·喻老》），"能保其身，必能终其天年"（《韩非子·解老》）。后来，黄老之学也将这种思想作为重要的理论支撑。在秦汉时期，儒道两家都非常重视人身体的完整性。如道家的"性命双修"理念，以及儒家"体之发肤，受之父母，不敢毁伤，孝之始也"②的思想都是有力的证据。《黄帝内经》曰"形体不敝，精神不散"（《素问·上古天真论》）。《青囊秘録》曰"形者神之舍"。《存神炼气铭》曰"身为神气之窟宅"。《景岳全书·治形论》认为形为"神明之宅"。《黄帝内经》认为"心藏神"乃是"精神之所舍"，心为"君主之官""生之本"，"心伤则神去，神

①Rogler HL. Methological sources of cultural insensitivity in mental health research [J]. American Psychologist, 1999, 6: 422-423.

②孝经注疏[M]. 李隆基，注，邢昺，疏. 北京：北京大学出版社，1999：3.

去则死矣”（分别见《素问·灵兰秘典论》《素问·六节脏象论》《灵枢·邪客》）。《素问·宣明五气论》有云：“心藏神，肺藏魄，肝藏魂，脾藏意，肾藏志。”认为五神（神、魂、魄、意、志）分别藏于五脏，所以如果五脏受损均能伤及于神而出现神的病变。

《素问·阴阳应象大论》有云：“故天有精，地有形，天有八纪，地有五里，故能为万物之父母。清阳上天，浊阴归地，是故天地之动静，神明为之纲纪，故能以生长收藏，终而复始。”《素问·天元纪大论》有云：“故物生谓之化，物极谓之变，阴阳不测谓之神，神用无方谓之圣……在天为气，在地成形，形气相感而化生万物矣。”《黄帝内经》中的“形”有两方面含义：一是指自然界中的所有有形实体，如“夫变化之用，天垂象，地成形，七曜纬虚，五行丽地。地者，所以载生成之形类也。虚者，所以列应天之精气也”（《素问·五运行大论》）。又如“阳化气，阴成形”与天之精气相应，大地承载由五行之气所造的有形物类（《素问·阴阳应象大论篇》）。二是指人的形体。如“人始生，先成精，精成而脑髓生，骨为干，脉为营，筋为刚，肉为墙，皮肤坚而毛发长，谷入于胃，脉道已通，血气乃行”（《灵枢·经脉》）。《黄帝内经》将人体之形概括为经络、脏腑、津液、气血、五官九窍、筋、脉、骨、肉、皮及肢体等方面。这些认识以传统文化形神思想为基础，肯定了心理精神产生于物质形体及其机能活动之上，准确地把握了形神间的先后关系，体现出了唯物主义形神一元论①。

（二）神对形具有反作用

形神理论强调在形为神的物质基础的同时，也极其重视神对形的反作用，而且把神对形的作用提升至决定性、主宰性的高度。稽康的《养生论》认为“精神于形骸，如国之有君也”，同时指出“安神静志”的

①张艳萍. 中国传统文化对中医心理思想的影响研究［D］. 南京：南京中医药大学，2010：30.

手段在养生中具有积极的作用。稽康认为神对形具有主导作用，也就是《素问玄机原病式》所说的“神能御其形”。《韩非子·喻老》曰：“神明之不离其实。”是说人的精神不能脱离身体。《韩非子·喻老》曰：“空窍者，神明之户牖也。耳目竭于声色，精神竭于外貌，故中无主。”意思是说精神如果都消耗在仪表外貌上，内心就会失去主宰。所以，神是生命的根本。《素问·灵兰秘典论》认为心为“君主之官”，又说“主明则下安”，而“主不明则……形乃大伤”。人体气机运转和复杂的脏腑机能活动，正是在“心神”的调控下完成的。《素问·五常政大论》曰：“神去则机息。”也概括地指出了人身之神对人体气机运转具有主导的重要作用。人体之形以精为基础，在神的主导之下，后天水谷才能转化为精气，这即是《素问·阴阳应象大论》所讲的“精归化”“化生精”。倘若没有神的主导，脏腑机能就会紊乱，气化功能失常，精气自然无从化生，导致身形也无以得养。《类经》讲，神虽化生于精气，而吾心之神是统驭精气和运用的主宰者。可以说，人体的各种生理功能，没有神的主导作用将无法实现。所以《灵枢·天年》说：“失神者死，得神者生也。”《素问·上古天真论》曰：“精神内守，病安从来。[①]”张景岳也说：“无神则形不可活。”（见《类经·针刺类》）由此可见，神在正常生命活动中起着至关重要的主宰作用：有神则生，无神则死，守神则健康。中医理论认识到了“神”（形的功能）的重要性，“粗守形”“上守神”，“神”成为中医学揭示生命规律的一个重要着眼点。

人的心理活动和精神状态都与“神”有密切联系，都会对人的各种生命活动和身体机能产生影响，关系到人体生命力的强弱盛衰。太极拳的训练也需要通过人的心理活动来调整生理过程，改善精、气、神。中医学所谓的“情志”，指喜、怒、忧、思、悲、恐、惊七情和喜、怒、忧、思、恐五志。《素问·阴阳应象大论》有言：“人有五脏化生五气，以生喜怒忧思恐。”五脏藏精，精化为气，气的运动应答外界环境而产生所谓“喜、怒、忧、思、悲、恐、惊”七种情志活动，属正常

①魏涛. 中国古代养生理论述要［J］. 中国气功，1999（1）：15.

的精神活动。七情虽然是人之常情，但如果超过一定限度则会导致“悲哀忧愁则心动，心动则五脏六腑皆摇”的脏腑病变。《黄帝内经》说“怒则气上，喜则气缓，悲则气消，恐则气下，惊则气乱，思则气结”（《素问·举痛论》），还有“怒伤肝、喜伤心、思伤脾、忧伤肺、恐伤肾”的论述，都说明了消极的心理状态和过度的情志活动，对人体的脏腑、气血均有不同程度的损害，在一定的条件下可导致各种病理变化，引起各种躯体不适。所以良好的精神和积极的心态，可对脏腑气血进行调和，促进人体生理功能的增强，不但有利于防病和养生，而且对疾病的康复也有一定的辅助治疗作用。由于中医学对这种神对形的反作用已经有了比较深刻的认识，所以在实践过程中尤其强调心理活动和精神状态对身体产生的关键作用。受其影响，这一理论被运用于武术的理论和实践之中，并对之产生了重要的指导意义[①]。

（三）形神合一

中医所考量的对象是“心身互动”“形神合一”的人，而不是单纯血肉形躯的人。因为人是形神互动的有机整体，形神二者缺一便不成为人。《灵枢·天年》认为，只有达到“魂魄毕具”的条件之后，“乃成为人”。《素问·上古天真论》云：“故能形与神俱，而尽终其天年，度百岁乃去。”认为先有五脏血气等形体，而后神气产生，强调“神气舍心”才能形成有生命的人，“形与神俱”才能健康长寿。《黄帝内经》把形和神统一起来，主张形神不可分离，相互依存、相互为用，是一种科学的唯物辩证观。这种形神关系是《黄帝内经》的精髓所在。道教修炼最高的境界是“形神俱妙，性命双修，与道合真”，由此追求成为“仙人”或真人。唐以前的道教只称炼形养神，唐以后则多称性命双修。理论上讲，性命是关于形神概念的进一步深化。所谓“性”是天或道在人身之上的体现，指人的精神意识，即心神、心性；“命”指生

①王昊，杜渐，张振华，等．“形神合一”中医学的生命整体观［J］．中国中医基础医学杂志，2013（3）：239-242．

命，即作为血肉之躯的人的生理存在形式。所谓性命双修，强调的是人的命与性（即形与神）的统一体，也是形神合一思想的具体实践。英国学者李约瑟曾指出，道家对长生的追求，并非认为精神永恒，而是追求实体之长生；同时认为长生并非只是解决人生问题的途径之一，而强调“是惟一的途径”。他对“性命双修”的思想给予很高的评价：“这种不死思想对科学具有难以估计的重要性。”“而世界上其他国家没有这方面的例子。[①]”中国古代哲学对形神关系的认识在主张“形神合一”一元论思想下，还存有“形而上者谓之道，形而下者谓之器”（《周易·系辞》）的观念。在形神二者，器为形而下的、有形质的东西即“形体”；而形而上的、无形质的道即“神”。所以，形与神俱即为道器合一。

综上所述，“形神合一论”对于形神关系问题，始终坚持物质第一、意识第二的唯物主义观点，在承认精神实体不能脱离物质基础而存在的同时，又强调意识对物质的主观能动作用，这与马克思辩证唯物主义理论是一致的。

三、“身心合一”的逻辑起点

“天人合一”是古代中国哲学思想不同于西方的一个重要观点。著名文化人类学家张光直先生认为：“贯通天地是中国古代宇宙观里一个最重要的焦点。[②]”张世英认为：“中国哲学史长期以天人合一为主导。包括天人合德、天人一性、天人一体、天人感应几个方面。[③]”张岱年指出，中国哲学的基本观点和核心思想就是天人合一，相信人和天本来就是合一的，古人将自觉达成“天人合一”的境界作为人生追求的最高理想，物我一体，内外无隔[④]。在中国历史上，据张岱年先生考证，

①刘秀丽. 传统道教形神观研究［D］. 上海：华东师范大学，2007：2.
②张光直. 中国青铜时代［M］. 北京：三联书店，1999：477.
③张世英. 天人之际［M］. 北京：人民出版社，1995：14-15.
④张岱年. 中国哲学史大纲［M］. 南京：江苏教育出版社，2005：8.

是北宋理学家张载首次明确提出了“天人合一”的命题：“儒者则因明致诚，因诚致明，故天人合一。”（《正蒙·诚明》）但学界普遍认为“天人合一”思想的源头实际上在于《周易》。

尽管《周易》中并未明确出现“天人合一”四字，但其中蕴含着浓厚的“天人合一”的思想基调。《周易·系辞上》曰：“天尊地卑，乾坤定矣。卑高以陈，贵贱位矣。动静有常，刚柔断矣。方以类聚，物以群分，吉凶生矣。在天成象，在地成形，变化见矣。”又曰：“与天地相似，故不违。知周乎万物，而道济天下，故不过。旁形而不流，乐天知命，故不忧。安上敦乎仁，故能爱。[①]”《周易·系辞下》曰：“古者包牺氏之王天下也，仰则观象于天，俯则观法于地，观鸟兽之文与地之宜，近取诸身，远取诸物，于是始作八卦，以通神明之德，以类万物之情。”《周易》始终把天、地、人及万事万物当作一个统一整体来观察和考虑问题。认为天地自然和人是有机联系的整体，万物生生不息，和谐生存。人和外在的天道同源、共生、一体，天地万物、人自身、人与人、人与社会都是紧密联系、密切结合的。根据孔子《易传》的解读，八卦的构成和性质、六十四卦的组合排列和结构布局就体现着天地人之间的内在紧密联系，天地宇宙与人存在着深刻的统一性，共同构成一个有机的、不可分割的宇宙整体[②]，是古代贤圣对宇宙万物演变发展规律的总体把握和简化概括。例如，《周易》有云：“易有太极，是生两仪，两仪生四象，四象生八卦，八卦化万物。”世界的起源是在一个整体有序的系统中萌发的，万物就是一个有机整体。《易经系传别讲》曰：“易与天地准，故能弥纶天地之道。”《周易·乾卦·文言》有云：“‘大人’者与天地合其德，与日月合其明，与四时合其序，与鬼神合其吉凶。[③]”这里的几个“合”字，是讲大凡圣贤者都能与天地、日月、四时等协调、协和，和谐相处，而且恰到好处，相其机、合其

①转引自：窦仲军. 论东西文化交流的可能性［J］. 陕西师范大学学报：哲学社会科学版，2009（7）：25.

②刘霞，崔勿骄.《周易》与《内经》天人合一整体观［J］. 中国中医基础医学杂志，1999（7）：9.

③马宗军.《周易参同契》思想研究［D］. 济南：山东大学，2006：20-35.

宜，不超乎万物之常势。不难看出，这种“天地合气，人生于其间”，以人证天与以天证人的双向互动过程，体现的思想即是“天人合一”：天地作为一个大宇宙，人作为一个小宇宙，天地与人息息相关，甚至可以说，天是大人，人是小天。总之，“天人合一”的思想在《周易》的整个体系之中贯穿始末。

有学者认为，《周易》的“天人合一”思想最初体现在卦的内涵上。卦的基本构成元素是阴爻和阳爻，通过阴爻和阳爻的组合形成卦，即每三爻构成一卦，三爻则分别代表着天、地、人三个方面，卦实际上是在推演天地人的内在联系。《系辞》有言：“有天道焉，有人道焉，有地道焉。兼三才而两之，故六。六者非它也，三才之道也。”[①]所谓“三才之道”体现的是“天人合一”的理念及其内在规律。《易传》将天、地、人称为“三才”，它认为三才之间是对立统一的，既相互区别又相互联系、相互影响，在此基础上构成了一个不可分割的整体。即《周易》以太极、乾坤为元素构建出了这样一种朴素的自然本体论，从而形成了天、地、人相融的机体化、系统化的独特思维模式。由此可见，“天人合一”观当始于《周易》[②]。

文王演《周易》被认为是中国文化的开端。作为文化元典，《周易》直接影响到了中国文化的发展走向和历史进程，意义重大。古有“易为群经之首”“经中之经”“大道之源”之美誉，《汉书·艺文志》中有类似的评价，认为“五常之道”中“《易》为之原”[③]。孔子曾说，如果“五十以学易”那么就会“无大过矣”。中国思想史的发展表明，中国古代经典均受到了《周易》的深刻影响，包括军事、医学、天文、地理、文学、艺术等无一例外，尤其是中国古代哲学发展的契机更是以“易经”为根基。既然《周易》对中国文化如此重要，那么，它所倡导的“天人合一”思想也必然会对中国思想史产生极其深远的影响。正因如此，中国古代哲学的重要范畴，必然离不开“天”“人”，

①马宗军.《周易参同契》思想研究［D］. 济南：山东大学，2006：20-35.

②袁红霞，刘思毅，赵阔.《周易》天人合一理论对中医整体观影响的临床体现［C］//科学发展　生态文明——天津市社会科学界第九届学术年会优秀论文集：下，2013：1084.

③郭继民.《周易》缘何被尊为“群经之首”［J］. 中国社会科学报，2014（3）：22.

“天人之辩”可以说是中国哲学运动的逻辑起点，几乎是诸子百家以及后世的众多哲学流派所必然参与讨论的一个核心话题[①]。“天人合一”的思想可以说无处不在，乃至于在中国特色的茶文化中也无例外，如茶盏由盖、碗、托三件套组成，寓含深意，暗指天、人、地的和谐统一，所以缺一不可。在中国思想的历史发展进程中，儒、释、道、医、武无不主张从整体观念出发，强调“天人合一”。

《周易》对儒家之影响是非常显著的。孔子把《周易》提升为流传千古的《易经》，并配以“十翼”形成了作为义理体系的《易传》，为后世理解和把握《周易》的思想精髓提供了便利。儒家追求“天人合一”，偏重于从“道德”入手，以“仁”为核心，强调“以德配天”的整体仁爱观，重视伦理修养，通过“正心诚意”“修身齐家”“克己复礼”的修养，以达到“内圣外王”，从而实现“治国”“平天下”之天人和谐、整体有序的社会。《礼记·中庸》之“诚者天之道也，诚之者，人之道也”，《中庸》之“赞天地之化育”，孟子之“万物皆备于我”，荀子之“参与天地”，董仲舒之“以类合之，天人一也”（《春秋繁露·阴阳义》）、“天人之际，合而为一”（《春秋繁露·深察名号》），朱熹之“天人一物，内外一理”，王夫之之“君子以人合天”，还有周敦颐将宇宙的演变总结为“无极—太极—阴阳两仪—五行四时—天交万物的过程”，都充分体现了儒家所理解的“天人合一”。

“道”是道家的核心论题。老子提出了“万物负阴而抱阳，冲气以为和”“故道大、天大、地大，人亦大。域中有四大，而人居其一焉。人法地、地法天、天法道、道法自然”（《道德经》第二十五章），进一步说明了“天”“人”和“道”的辩证关系。庄子所提出的“齐万物”，也是对老子的人效法地，地效法天，天效法道，道本身则自然而然思想的进一步发挥，总之，都是讲天地人处在一个普遍联系的效法系统之中。道教则偏重于“生理”的修炼，通过“内丹修炼”“修真炼性”“性命双修”而达到“长生不老”的神仙境界，其所遵循的也是人道合天道的“天人合一”路数。

①李磊.《黄帝内经》的身体观研究［D］.长春：长春中医药大学，2010：18.

佛家则主张从“智慧”入手，强调“心理”的觉悟，并以“戒定慧”为主要的修持方法，追求“真空妙有”的涅槃境界。佛家文化中最能体现“天人合一”思想的就是佛家的一个用语——缘起。佛家主张天地万物都是处于相互作用、相互联系的因果链条中，世间的人和一切事物都是不可分割、相互联系的有机整体。一切皆有因缘，缘起而生，缘灭而亡，本是一种朴素的、和谐的“天人合一”观。

“天人合一”思想也影响到了中医理论的构建，成为中医学的根本观点，同样认为天地自然与人是一个有机的整体。中医学经典《黄帝内经》就是以“天人合一”的思考模式对于人的身体及病理进行理解和分析的，对后来中医的诊断与治疗形成了极其重要的影响。例如，《灵枢·本藏》曰：“五藏者，所以参天地，付阴阳，而连四时，化五节者也。”《灵枢·逆顺肥瘦》指出，圣人为道，要上合天，中合人事，下合地，即要将天地人三者协调好。由此可见，中医理论也讲究“三才”之说。天、地、人三者，天人相应，人是自然的人，人与自然是相统一的；同时，人又是社会的人，人必须与社会相统一、相适应。天候地气等生态环境，世俗人情等社会环境，还有七情六欲等心态环境，都对人的健康和疾病有直接的影响。因此这就要求中医大夫在望闻问切和确定治疗方案时，必须要有“天人合一”的整体观念，不仅要整体把握病人自身的情况，还要在天人一体的大环境、大系统中来进行考量，以求达到“天人合一”的理想状态①。

以上列举了在《周易》影响下，儒、道、佛、医均沿袭和发展了“天人合一”的思想。实际上不仅仅这些，中国传统文化的方方面面，可以说，都流淌着被“天人合一”思想所浸染的血液。台湾著名学者钱穆说过：“中国文化特质，可以‘一天人，合内外’六字尽之。”需要说明的是，以《周易》为代表的中国文化所指的“天”和西方人所讲的“天”的含义并不相同。西方人之“天”是指神灵所主宰的天，是上帝的天、超人的天；而中国人的“天”并非神灵主宰的天，是自然的天、

①吴晓明，吴寒斌，徐辉. 整体观在中医哲学中的地位与作用［J］. 江西中医学院学报，2006（6）：5.

宇宙的天。所以，西方人在天（或上帝）面前是一种匍匐的、仰望的姿态，人与天（或上帝）在位格上是不等同的；而中国人在天（或自然）面前并不低劣、自卑，因为天人之间并非截然断裂分开的，而是相契相合、合而为一的。

以“天人合一”为主导的整体性思维是中国传统文化的核心和精髓，古人素来以追求整体的和谐作为致思倾向。李约瑟说：“当希腊人和印度人很早就仔细地考虑形式逻辑的时候，中国人则一直倾向于发展辩证逻辑。[①]”蒙培元认为中国传统思维方式是“整体思维”，“天人合一”是这种整体思维的核心特点。人与自然并非主客对立，而是处于完美统一的整体结构中，同时，它也并非西方模式的身心二元论，将物质与精神、肉体与魂灵作为两个实体，相反，而是身心合一的结构——功能系统[②]。龚鹏程在《中国传统文化十五讲》中认为，在重视整体的中国传统文化的影响之下，中国古代的身体思维方式始终是“不以形体为崇拜对象，不以人体为审美对象，不以心体为二元对立”[③]。中国古代思想一开始就把身心设想成体用合一的、混沌不分的整体，一元地而不是截然两分地对待身心问题。这使得中国文化在其思想的发端处就拒绝平行论，没有把身心作为两个相互独立、互不影响的实体来看待。

在“天人合一”这种整体思维方式的影响下，中国传统文化呈现了偏重综合的特点，而古希腊哲学却远非如此。普里高津（耗散结构理论的创始者）曾说：“西方科学一向强调实体（如生物分子、基本粒子、分子、原子等），而中国传统的自然观并非如此，而是以关乎物理世界之更加‘有组织的’理念为基础。[④]”也就是说，分割论是西方认识和把握客观世界的主流哲学观。它从逻辑概念出发，重在将对象的属性和基质进行分析，认为任何事物都能通过将其分割成部分的途径来认识其

①何建华. 论中国传统思维方式及其变革［J］. 浙江社会科学，1991（10）：28.

②蒙培元. 中国哲学主体思维［M］. 北京：人民出版社，1993：185.

③龚鹏程. 中国传统文化十五讲［M］. 北京：北京大学出版社，2006：66.

④普里高津. 从存在到演化［M］. 上海：上海科学技术出版社，1986. 88. //袁运开. 中国古代科学技术发展历史概貌及其特征［J］. 历史教学问题，2002（12）：15.

本质。西方科学发展的300多年来，前200年分割论始终是作为推动力的主力哲学观。历时千年的中国“天人合一”的整体观，则认为这种分割论只能用于简单事物，对于人体生命（如身心问题）等复杂事物而言，就不再适用。因为一旦将其分割，必将导致许多信息的丧失而失真。而且事物越复杂，由分割而造成的失真程度就越严重。中国传统医学即中医，就是依据“天人合一”整体观而形成的，而西医则以分割论为指导。由于整体观和分割论的致思路径不同，导致传统西方哲学主张天人对立、身心分离的二元论，而中国古代哲学历来主张“身心合一”的一元论。

综上所述，“天人合一”的思想充分体现了中华民族的整体思维模式，是一种泛和谐价值观。归纳起来，包括“人与自然的和谐统一、人与人、人与社会的和谐统一、人自我身心的和谐统一”三个层面。“身心合一”的身体观体现的正是其中的“人自我身心的和谐统一”。据此，我们得出结论，天人合一就意味着身心合一，“天人合一”是“身心合一”的逻辑起点。

四、“身心合一”的实现媒介

汤浅泰雄说：“于中国传统哲学中，人是气的能量之容器。[①]”中国的身体观不同于西方之处，是人包括形、气、心，多了一个中间层面——气。气一元论可以说是中国传统身心合一观的理论基点，气是沟通身心的媒介和物质基础，是避免身心二元分化的重要因素。

气是中国传统哲学中最基本、最重要的范畴之一。中国古代的文化、艺术、科学都受气论的影响。据考证，在早期的甲骨文和青铜器的铭文中已经有“气”字出现，主要指空气、烟气、云气、水汽、蒸汽、呼吸之气等可感之气。西周末期，天地阴阳二气被人们用来解释地震等各种自然现象。逮至春秋战国，“气”被抽象化，成为哲学概念，如儒

①杨儒宾. 中国古代思想中的气论与身体观 · 汤浅泰雄：“气之身体观”在东亚哲学与科学的探讨［M］. 高雄：巨流图书公司，1993：76.

家的“正气”“浩然之气”“节气”等。而后随着“元气”“精气”等名词的出现，“气”慢慢具有了本体论和普遍性的意义，被看作世界万物之本原。

中国传统文化认为，万物均为一气流转所成。身体作为生命意义之原点，同样也是由不断流动的气构成的，而且，人通过气与天地万物相互联系，天人合一。同时气在身心之间起到沟通作用，使得身心成为一气之两端的统一体。

道家把气看作构成人和万物的基本质料，所以对身心的探讨必然是联系着气而展开的。老子说，“道生一，一生二，二生三，三生万物”（《老子》第42章），将道作为其哲学的最高范畴，接着又说“万物负阴而抱阳，冲气以为和”（《老子》第42章），在道之框架内引入气的概念，将气当作道生万物的物质材料，首次明确提出了气为化生万物之元素的思想。庄子说，“气也者，虚而待物者也”（《庄子·人世间》），即气是无所不包、无所不容的；“气聚则物生，气散则物亡”“人之生，气之聚也；聚则为生，散则为死”（《庄子·知北游》）。他也认为气是构成人及天地万物的基本元素。此外，庄子认为人是形、气、心的统一，在生命活动中，形体是物质基础，心是控制和主宰，而气则是动力和源泉。这一思想被葛洪所继承，他说，“夫人在气中，气在人中，自天地至于万物，无不须气以生者也”（《抱朴子·内篇·至理》）。《管子·内业》将老子的道与气联系起来，认为“道”就是精气，精气是化生天地万物的本原。淮南子说，“形神气志，各居其宜，以随天地之所为”（《淮南子·原道训》），认为形、气、神三者互相依赖、各当其位，从而构成了人的生命结构。

《周易》和《黄帝内经》均认为世界统一于气，气乃构成世界的基本元素，宇宙万物包括人的机体演化，都是由气的变化而决定的。在《黄帝内经》理论体系的形成过程中，吸取“精气”说，除了用“气”来说明天、地、人的构成和运动之外，还以“气”的形成、运转和变化来解释人体的生理活动，以之为基础进行疾病的诊断、治疗和养生，构建了以“气”的概念作为核心的理论体系。《黄帝内经》进一步丰富和发展了中国的气论思想。相比于西方，《黄帝内经》推崇气论的一个后果是发展出一套独特的医学眼光，身体成了精气往来运作的系统。

台湾学者杨儒宾先生于儒家思想中归纳出由“形—气—心”构成的三元身体结构，认为在孟子的身体观中，形和心由内在之气进行贯通，气的作用体现了身躯和心志的一体两面性，这种“气化”的身体观更加贴合中国传统身心思想的本来面目①。孟子身心观视野中，气是身心之间的联络，身心整体都为气所涵化，气既受心之统率，又反作用于心，同时又充盈于全身，心对身的主宰是借助于气的流动而达成的。

中国古人对身心关系的认识，乃是身心一体，所谓一体并非二者混同，而是合中有分、分而归合，其内在机制在于一气流通。总而言之，由于气的媒介作用，才使天人之间、身心之间的鸿沟得以弥合，由此使天人合一、身心合一得以最终实现：首先，天地是大宇宙，人是与之息息相通的小宇宙，大宇宙与小宇宙通过一气贯通而形成合一的整体；其次，人身小宇宙的外在形躯知觉和内在心灵情意，乃是一气流行互通、一体两面的关系；最后，在这一气流行的经脉通路中，形体与心灵的相济为用，可激发潜在的神明之能而与天地宇宙之大道相通。

第三节　当代身体的“转向”和异化

一、身体的“转向”

自20世纪80年代以来，随着科学技术和全球消费的迅猛发展，在西方（尤其是尼采、福柯）关于身体的知识背景之下，中国也出现了所谓的身体“转向”，即身体问题开始引起人们广泛的关注，逐步进入公共话语，并被纳入学术研究的范畴。虽然经历了一个由外到内的引进过程（即在西方影响下先由日本学者发起、台湾学者和西方汉学家跟进，最后大陆学者加入行列），但是对于中国传统身体观的研究与思考并非完

①杨儒宾. 儒家身体观［M］. 台北：“中央”研究院中国文史哲研究所，1996：161.

全照搬西方模式，而是能够依据中国传统身体观的自身特点来进行。

日本学者汤浅泰雄早在1977年就出版了专著《身体：东洋的身体论》（后译作中文出版：《灵肉探微——神秘的东方身心观》，1990），是最早对东方身体进行研究的成果。汤浅泰雄站在本土化立场，通过东西比较来解读包括中国在内的东方身体观，而且已经不是简单地跟着西方身体研究的模式进行模仿。尽管对中国传统身体观的论述篇幅有限，但对于开启这一研究进程具有重大意义。除汤浅泰雄外，丸山敏秋、坂出祥伸、池田知久、栗山茂久、石田秀实等日本学者，也对中国身体进行了颇具启发性的论述。还有，小野泽精一等人也通过梳理与“气”的论述相关的中国古代文献，对心物、心身的复杂关系进行了探讨。可以说，日本学者们输出了一批关于中国身体与“气”的比较完整的研究成果。

受日本学者的影响，20世纪90年代开始，中国台湾学者也兴起了研究中国身体观的热潮。如杨儒宾1993年编著了第一部中文学界全面探讨中国身体观的论文集《中国古代思想中的气论与身体观》。其中收录了以“中国古代思想中的气论与身体观”为主题的国际研讨会[①]的优秀成果。它引领了台湾学界对身体观这一论题进行研究的致思进路，导致此后涌现出一批质量上乘的研究成果。这些研究主要有：杨儒宾（1997）对儒家身体观进行了系统研究；蔡璧名（1997）围绕《黄帝内经》素问篇对古代身体观进行了阐释；黄金麟（2001）从历史与国家的视角探讨了中国身体在近代的形成与发展；黄俊杰（2001）的一篇论文以古代思想史为线索对中国“身体政治论”的特质与涵义进行了深入阐发，另外两篇论文分别从政治和修养两个视角对古代儒家相关“身体隐喻”的问题进行专门探讨。近年来，从不同视角和层面来探讨中国身体观，也成为台湾地区硕士和博士论文选题的一个时尚潮流。

几乎与此同时，西方汉学界也对中国身体观进行了研究，也产生了诸多成果。比如：Kristopher Schipper（1993）的著作《道家身体观》；Roger T Ames（美国学者）（1993）的论文《中国古典哲学中身体的意

①会议时间：1991年5月31日至6月2日。

义》；Angela Zito与Tani E Barlow（美国学者）（1994）编著《中国的身体、主体与权力》，其中共收录10篇论文，分别从不同视角讨论中国传统的身体观；还有华裔美籍学者吴光明（1993）的论文《庄子的身体思维》、专著《中国的身体思维：一种文化阐释学》（1997）。这些成果都具有一定的代表性。

近年来受到尼采、梅洛·庞蒂、福柯等人及现象学思想的影响，中国大陆学者方逐渐开始关注和探讨身体观问题，出现了为数不多的研究成果。其中最具代表性的当属周与沉（2005）的《身体：思想与修行》①，是探讨我国古代传统身体观的首部著作。作者吸收了日本及中国台湾学者的相关研究成果，对中国传统的身体观进行了思想与修行相交融的审视和思考，梳理了中国传统的身心观念与修行实践，并在跨文化语境中以“形—气—心”的三元结构来整合并呈现出中国身体观的基本特征②。张再林（2008）的《作为身体哲学的中国古代哲学》③，在海德格尔的现象学的视野下，从中国古代身体与宇宙论、伦理学、宗教观等的密切联系，阐释了中国传统研究范式所经历的“身体哲学”的变革走向。陈立胜（2002）以思维范式的视角对身体进行研究，（2004）以王阳明思想为线索对“身体隐喻”进行探讨，（2010）以身—体的视角，对王阳明的身体思想进行研究，他的这些研究在学界都有较大的影响。另外谢有顺、葛红兵、汪民安、杨大春、刘小枫、郑震等学者从不同角度探讨了身体问题。也有少数博士在学位论文选题方面涉足这一身体研究领域。

可见，在对身体问题进行研究时，西方学者和东方学者都不谋而合地将尼采和福柯关于身体的社会学理论作为参照系，强调身体之社会属性，注重身体分别与政治、社会、权力等方面的复杂关系④。

---

①周与沉. 身体：思想与修行［M］. 北京：中国社会科学出版社，2005.

②李清良. 中国身体观与中国问题——兼评周与沉《身体：思想与修行》［J］. 哲学动态，2006（5）：21-27.

③张再林. 作为身体哲学的中国古代哲学［M］. 北京：中国社会科学出版社，2008.

④齐林华. 中国古代文化中的身体观念及其发展［D］. 长沙：湖南师范大学，2013：22.

二、身体的异化

随着不断加剧的现代化进程以及信息化、全球化高速发展的步伐，很多西方的消费模式、思维方式、政治理念、价值观念等不断渗透到我们的生活之中。西方的身心二元论，尤其是从“我思故我在”到“一切从身体出发”的身体转向，刺激和引领了西方的身体消费观念，作为身体官能的直觉、习惯、本能、欲望都开始了一个全面放纵和消费的时代。“二战”结束后，西方的青年一代以反传统方式消费自己的身体，从而走向另一个极端。如在50—60年代，嬉皮士文化蔚然成风。当时，为数不少的年轻人以留长发、蓄长须、着奇装异服、跳摇摆舞、同性恋、群居村、吸毒品等极端行为，来抗拒传统反抗社会。生产力的发展和产品的丰富激发了人们的消费欲望，社会上充满了惊险刺激的电影电视和光怪陆离的广告[①]。“二战”后的西方社会被法国后现代学者鲍德里亚称为“消费社会”，在此语境下提出“身体消费”这一概念。鲍德里亚在《消费社会》之著作中把身体比喻为“最美的消费品”。从禁锢、封闭到如今的解放、狂热与放纵，身体地位的提升，离不开消费的能动作用。关于身体的价值估量、审美、自恋等特征在消费的指导下，正逐渐成为一种具有社会价值、经济价值的常态的社会行为[②]。

我国融入当今世界的进程，堪称被现代“化”了的一部挫折史。中国传统与西学观念的猝然遭遇，导致中国文化史无前例的大变局、大裂变，使得传统的文化理念不断被质疑、被颠覆。就像一句名言所说的：“消费社会之文化冲突乃是围绕着身体而展开的。”[③]西方文化中

①田丰. 身体思维与礼乐文明的现代转化［D］. 苏州：苏州大学，2012：18.

②张灏艳. 消费社会视域下太极拳的身体文化研究［D］. 成都：成都体育学院，2014：8.

③凯瑟琳·艾莉斯语，引自：汪民安. 后身体：文化、权力和生命政治学［M］. 吉林：吉林人民出版社，2003：441.

人/神、身/心、物质/精神、身体/理念的二分形式，也被强行移植到我国社会转型阶段的心理层面之中，而“现代的就是进步的”“传统的就是落后的”这种二元分判，逐渐生发并弥漫于中国民众的思想之中[①]。毫无疑问，这也对我们中国传统的身心思想形成了严重挑战。人们的身心取向大有从灵魂至上的极端走向身体至上的另一个极端的势头。尤其是20世纪以来，伴随世界经济的迅猛发展，特别是美容技术、医疗技术、健身技术的飞速提高，个人身体的衰老和延年、疾病和病痛、塑形和美容等问题越来越成为人们关注的焦点。在经济迅猛发展的同时，人们的道德操守日趋淡化，欲望消费与身体享受越来越凸显，而固有的身心合一的思想传统趋于弱势。周与沉博士指出，原处在“前现代”进程中的中国却也显露出一些“肉体社会”之特征，人们“对于身体的偏颇关注致使身体之肉体化倾向——摆脱精神的羁绊后又陷入肉欲之放纵”[②]。人们对身体的高矮、苗条和胖瘦等表面现象越来越看重，越来越多地强调感官刺激和身体享受，过于追求肉体欲望的满足，却顾不上观照杂草丛生的心灵，使得身心在整体上产生了分化。周瑾指出，作为欲望和感性载体的身体，变成了现代“思想—社会”织体的基点，使身体之写作、身体之行为以及身体之话语融入主义争论、知识更新、生存行为和商业模式之中，形成了当今中国社会中一个关键结构性因子。而从本能、感性、欲望和身体出发，对于传统思想进行尖锐控诉的腔调也不断涌现。另外，在身体对精神和理性的价值倾覆过程中，人们对于身体关注的有失偏颇，导致身体被简单化地与肉体（body）等同，其丰富韵味被冲淡为空洞的欲望。至此，在中国与世界接轨的同时，身体之异化在某些区域竟也成为一种普遍存在的现象[③]。

①周瑾. 多元文化视野中的身体——以早期中国身心思想为中心［D］. 杭州：浙江大学，2003：11.

②周与沉. 身体：思想与修行［M］. 北京：中国社会科学出版社，2005：12.

③周瑾. 多元文化视野中的身体——以早期中国身心思想为中心［D］. 杭州：浙江大学，2003：11.

三、武术的身体

（一）武术：身体的文化

自古人类对其身体实际上始终都很关注、始终都很在意。并且，在人类文明的历史长河中，这种关注和在意也始终在发展着。尽管在很长时期内，这种关注与在意处于一种无意识状态，但是却始终很认真。而且，人类对自己身体关注的认真一直以不同的方式体现出来。如绘画、雕塑、舞蹈、戏剧、运动等，都生动证明了这一点。中国的武术就是经过中国古人对于自己身体的这种认真关注，从无意识到有意识，逐渐发展起来的。后来人们才忽然感觉到，这种对身体的关注已经衍化发展为一种文化，有学者称之为“身体的文化”——作为一种身体技术所反映的文化。戴国斌教授认为：“武术是一项身体的文化实践，无论散打或套路均非自然行为，乃为‘人文化成’之体现，是军事搏斗行为之文化的结果。[①]”武术身体是一个文化的身体、自我控制的身体。王岗教授认为，中国武术的“内敛而不张扬、追求整体而不抵拒局部……等文化特征，一定程度上是几近完整的民族精神和民族文化意蕴在身体文化里全面的寓言，乃是民族文化于身体语言里的文化归宿”[②]。李印东博士认为：“在理论上，武术文化受到中国文化传统的指导；而在行为方式上，武术文化受到中国文化传统的制约……既有中国文化的共同特征，还形成了自身的独有特征……是人与自然和谐完美结合的典范。[③]”赵岷认为：“身体作为武术起源和发展的基础和灵魂，其产生首先需要满足的是身体之需要。因此，武术的深奥精微也恰恰反衬出

①戴国斌. 武术：身体的文化［M］. 北京：人民体育出版社，2011：30-66.

②王岗，田桂菊. 回归主流文化的中国武术发展战略［J］. 中国体育科技，2007，45（5）：553-64.

③李印东. 论中国武术发展的先进性［J］. 北京体育大学学报，2007，30（5）：592-596.

身体存在差异性。[①]”通览武术发展足迹，身体为武术承传、发展和推广的主要载体。武术既然是一项身体文化，那么，中国传统的身体思想必然影响着武术“身体”的展现，影响着武术技法的生成、发展和演变[②]。

法国著名学者马塞尔·毛斯（Marcel Mauss）说过：“身体是人的一种最自然的也是最重要的工具，抑或，更准确地说，人最自然、最重要的技术手段与技术对象乃是其身体。[③]”他认为：“所谓‘身体的技术’是指不同社会中的人们，依靠传统认识和使用其身体的不同方式。[④]”也就是说，任何事物的发展脱离不开社会环境的母体，由于人所处的国家、历史、民族和社会的差异，加上传统文化的惯性作用，所以会对身体产生不同层次的认识和理解，从而导致身体观念和身体文化的各不相同。所以，武术这种隐含文化的身体技术，是带有“传统”意义的，可以说是中国传统文化与之融合的见证和缩影。武术不可能脱离中国文化而成为一种单纯的体育运动。正如邱丕相教授所言：“武术是中国传统文化的重要组成部分，其生产和发展紧紧跟随着整个中华民族文明的进程。[⑤]”武术技法不仅彰显了中国特有的传统思维方式，而且更是传统文化与民族精神相结合的一种“活化石”。

“拳起于易，理成于医”。中华武术是在中国文化母体的滋养和哺乳下发生、发展和形成体系的，可以说它是中国传统文化精华的聚合体。既然如此，那么中国传统的文化理念（诸如“天人合一”等思想）必然对武术产生过深远而重大的影响。正因如此，武术自古就遵循“道法自然”“寓道于拳”“以拳入道”修炼法则，“天人合一”乃是其

①赵巘. 武术的身体——从身体哲学角度出发对武术的再认识［G］. 第二届世界传统武术报告会，2006.

②唐美彦. 中国传统身体观对武术的影响研究［D］. 苏州：苏州大学，2014：10.

③马塞尔·毛斯. 社会学与人类学［M］. 佘碧平，译. 上海：上海译文出版社，2003：306.

④霍尔麻. 跨越文化障碍：交流的挑战［M］. 麻争旗，等，译. 北京：北京广播学院出版社，2003：29.

⑤邱丕相. 中国武术史［M］. 北京：高等教育出版社，2008：9.

追求的最高境界。其中“天”是一个“大宇宙”系统，“人”是一个“小宇宙”系统。只有通过武术修炼将身体进行开发整合，使之更好地融合到大宇宙的运行图式之中，才能“道法自然”“天人合一”，无往而不胜。孙禄堂说：“因为人一小天地，无不与天地之理相结合。”（《拳意述真》）陈鑫说：“拳为小道，而太极大道存焉。”（《陈式太极拳图说》）追求身体与宇宙自然的内外统一，即所谓“物我合一”“天人合一”，是武术认识论和方法论的根本观点之一，也是追求的终极目标。这里“天人合一”的主旨是要求武术人之身体内外要与宇宙自然保持高度的和谐一致，吸收天地万物精华以充养身体、开发潜能。正是因为这种藏在文化母体中的“和谐”的潜质，促使武术人本能地把天然相应、物我相合作为生命追求的终极指向和自我超越的人生课题去认真对待。其具体体现，首先，传统武术对练功的时间、地点、方位、气候、环境都有较高的要求。如《八卦拳学》要求，修炼人“须择地利、天时、方向和气候而练之”。其次，武术先贤们将阴阳、八卦、五行等宇宙自然变化规律运用于拳法，以之来比喻相配武术的运动变化，而产生出动静急缓、进退开合、刚柔虚实、闪展腾挪、往返折叠等具体操作方法，如太极拳、八卦掌、形意拳等就是典型的例子。再次，武术主张师法万物，从自然生灵中获得灵感和启迪，提取各种人物、动物的动作、形象和攻防内涵，将其融入其技法之中。诸如鸡腿、熊膀、龙身、猴相、虎扑、鹰捉、懒扎衣、揽雀尾、打虎式、斜飞式、开门式、猴爬杆、虎洗脸、玉女穿梭、金刚捣碓、金鸡抖翎、燕子抄水、大鹏展翅、白鹤亮翅、野马分鬃、青龙出水、黑虎掏心等拳术术语，以及以象形取意为主要手段的鲁智深拳、武松脱铐拳、醉八仙拳、鹰爪拳、螳螂拳、鹤拳、蛇拳、鸭拳、虎拳、虎鹤双形拳等象形拳法，都是有力的证据。这种融身体与自然生灵为一体的拳术技法，是“天人合一”思想最直观的身体表征，是尊重生命、崇尚自然的切实体现，因为其终极目标无非就是求得人与自然的和谐统一。武术人随着修炼水平的提高和功力的增加，就会逐渐使身体发生脱胎换骨的变化，并在精神上实现自我的内在超越，不再以争强好胜、征服他人作为其习武的目标，而是通过武学修为来体悟人生的真谛，提高道德、完善人格从而与道合一，达到“从心所欲不逾矩”的“天人合一”境界。

“身体和文化，乃是相互体现或塑造的关系”[①]，不同文化、不同民族的思维特点会在人的身体技术中充分体现出来，由于文化环境的不同，其塑造出的身体文化也会千差万别。武术深受传统文化“天人合一”整体思维以及中医学、阴阳五行理论的影响，表现为“身心兼备”“内外兼修”“形神合一”的整体身体观，从而区别于其他的各类体育项目。武术把人体生命看作一个完整的系统，认为身与心是合而为一的，提出“心者身之王”“身者心之躯”的主张，要求心不离身，身不离心。因此，武术的身体并非一个物理的或生理的单纯肉体，乃是一种物质和精神的有机结合体。“外练筋骨皮，内练精气神”成了武术练功的主导思想和行为准则。这种“心意诚于中，肢体形于外”的“全身的思考”，会通的不仅是五官感知的“通感”，更是形神内外的一体呈现[②]。这一点在太极拳中体现得尤为显著。

（二）武术的身体规训

著名社会学家、哲学家福柯在其著作《规训与惩罚》中系统阐释了他的身体规训理论。“规训”一词直译于英文单词“discipline”，其含义是“纪律”“规范”或“时间的积累”。福柯所提出的“规训”，指的是“近代形成的一种特别的权力技术，它既是权力干涉、训练与监视肉体之技术，又是生产知识的手段”[③]。在此，权力不再是政治意义上的法律权力，而是指一种微观权力，这种微观权力却是规训的常规形式。他认为：“规训权力是不同于君权的一种权力新形式，其具备高度程序化、专门化技术，全新的工具以及别具一格的设备，普遍存在于

①周与沉. 身体：思想与修行——以中国经典为中心的跨文化观照［M］. 北京：中国社会科学出版社，2005：448.

②张艳艳. 先秦儒道身体观与其美学意义考察［M］. 上海：上海古籍出版社，2007：123.

③米歇尔·福柯. 规训与惩罚［M］. 刘北成，杨远婴，译. 北京：三联书店，2012：375-376. // 乔玉成，常乃军. 人类体质的文化规训［J］. 中国体育科技，2011（9）：10.

社会的每个角落。[①]”“规训是身体政治技术学中的一种方式，主要目标是人的身体。[②]”“暗含在身体各种运动之中，对时间的积累、对空间的安排，通过时间的有序性、相关姿势和动作的运作，使身体大多时间控制于‘规训’意义的范围之中。[③]”Rail等认为：“福柯的‘规训’理论乃是影响时下盛行的身体探索的重要思想资源，它为关于体育的社会学理论研究拓展了新的领域，开拓了新的途径。[④]”不仅在国外，在中国也有许多学者已经开始运用福柯的规训理论框架去解析体育领域的相关问题，并以此产生了大量的研究成果。例如，张大志[⑤]从身体的视角对中国体育文化中的身体政治现象进行了研究；李晓智、王永[⑥]总结了体育社会学从福柯身体研究的思想中所得到的启示；陈璐等[⑦]研究得出：体育成为福柯观点中规训权力作用于身体的最佳例子；高美琼、李洋[⑧]认为，“身体的规训与体育教学存在互动与支撑的关系”。唐韶军、戴国斌[⑨]的研究福柯式地解读了武术教化的相关问题。

传统武术是土生土长的民族传统体育项目，是中国传统文化宝库中的一朵奇葩，承载着中国传统文化的丰富内涵。“拳起于易，理成于

①Michel Foucault. Power/Knowledge：Selected Interview and Other Writings 1972–1977［C］. Edited by Colin Gordon. trans. by Colin Gordon. Leo Mepham. Kate Soner，New York：Pantheon books，1972：104.

②米歇尔·福柯. 规训与惩罚［M］. 刘北成，杨远婴，译. 北京：三联书店，2012：160.

③高美琼，李洋. 诠释现代体育教学过程中对身体“规训”的运用［J］. 通辽：内蒙古民族大学学报：自然科学版，2013（1）：116–118.

④Rail，Genevieve & Harvey，Jean. Body at Work：Michel Foucault and the Sociology of Sport［J］. Sociology of Sport Journal，1995，27（12）：164–179.

⑤张大志. 身体的规训与救赎：运动休闲的社会学解读［J］. 中国体育科技，2011（5）：86–89.

⑥李晓智，王永. 福柯身体思想对体育社会学研究启示［J］. 体育与科学，2012（1）：24–27.

⑦陈璐，张强，陈帅. 从身体规训到生存美学：福柯身体观的转变及对体育实践的启示［J］. 体育与科学，2013（2）：31–56.

⑧高美琼，李洋. 诠释现代体育教学过程中对身体“规训”的运用［J］. 通辽：内蒙古民族大学学报：自然科学版，2013（1）：116–118.

⑨唐韶军，戴国斌. 规范、监视、检查：武术教化的福柯式解读［J］. 成都体育学院学报，2014（7）：13–16.

医”，对传统武术的解释话语，往往都围绕着太极阴阳、五行八卦、儒释道思想及中医理论展开，尤其是对身体的解读，大都是采用独具民族特色的话语介质（如中医术语）来进行的。“不识庐山真面目，只缘身在此山中”，也许跳出一个既定圈子，从一个崭新的视角来审视，反而有利于看清传统武术的“全貌”。既然福柯关于身体的社会学理论在体育领域的研究方兴未艾，不妨将其用于对传统武术的研究。在福柯的视角下，结合“象思维”，对传统武术身体各项运动中规训权力、空间安排、时间积累的特征以及境界追求进行解读，梳理和总结传统武术修炼的要素和规律，为其实践活动提供参考和借鉴。

1. 武术身体规训的特征

（1）封闭性

福柯[①]认为“一个与众不同的、自我封闭的场所”，是实施身体规训的最佳场域。自古各武术门派对练功环境同样有着可谓苛刻的封闭性要求。正如李仲轩在《逝去的武林》里所讲到的：“唐维禄教拳循古法，规矩非常大，要在没人的地方教，树林里都不行，一定要在四面有墙的院子里，完全与外界隔离，不准第三双眼看到，而且要在夜里练。[②]”有些拳师有过之而无不及，甚至带徒弟深更半夜到坟地练功。还有的则与世隔绝，或卧于中野，或宿于山林，在人迹罕至之地进行闭关修炼。如此高的封闭性要求，原因主要有三：一是为了保密。老辈拳师不随便将技艺示人，更不轻易传授于人，即使传授，也是“法不传六耳”，谨慎提防他人偷学。二是为了保持环境的安静。形意拳专家曹志清[③]认为，“在寅时（凌晨3点至5点）练拳，鸡不叫、狗不咬、夜静人稀，环境十分安静，没有什么外界的干扰，容易集中思想进行练习”。三是为了达到特殊的规训目的。以前练家子比武与交流不同，关系生

①米歇尔·福柯. 规训与惩罚［M］. 刘北成，杨远婴，译. 北京：三联书店，2012：160.
②李仲轩. 逝去的武林［M］. 徐皓峰，整理. 北京：当代中国出版社，2006：24.
③曹志清. 形意拳理论研究［M］. 北京：人民体育出版社，1993：294.

死，什么意外都有可能发生，光靠眼睛照顾不到，必须周身敏感才能应变自如。形意拳老谱上提到："世之练艺者，必目有所见而能有所作为，故白昼遇敌尚能侥幸取胜，若黑夜猝遇仇敌，目不能视，将何以应之？唯形意拳，处黑夜间，随感而发，有触必应。[①]"黑暗的夜色环境有利于训练视力、听力、灵敏的感应力和气定神闲的专注力，以便在特殊的环境中对敌时有触必应、随感而发。少林拳歌诀[②]曰："莫看面前仙女行，莫思门外玩活龙，莫惧金刀取首级，仿似独侠深山行。"这是对练拳者"锁心猿""拴意马"的能力提出的要求。心意拳称之为"不动心"[③]。过去老辈人后半夜到坟地练功，就是求这个极端的专注能力：泰山崩于前而心不动，麋鹿兴于右而目不瞬，然后方能真气充塞全身。这种环境还能锻炼胆量、激发潜能，练功效果事半功倍，顶得上普通环境下的几倍功夫。

（2）"极权性"

福柯视身体为"一个可以分解，甚至可以不断再分解的集合体""将人视为一种个案物件来精读、分析，以知识加以分类、拆解、重组"[④]。传统武术以阴阳、三节（梢节、中节、根节）、四梢（骨梢：牙齿；筋梢：手指、脚趾；肉梢：舌；血梢：毛发）、五行（五官、五脏）、六合（内外三合）、七星（头、肩、肘、手、胯、膝、足）等不同的标准，将身体分类并拆解为若干个体，然后通过规训手段将其重组为新的集合体，并将权力渗透其中，形成一种独特的"微观社会"。在这个微观社会中，心是最高"权力机构"，以其来"统治"每一个个体，它的权力是专制的、细致的、弥散的、无微不至的，四肢百骸都受其支配和控制，可谓"极权"统治。因此，规训是习武者实施于自身的

①李仲轩. 逝去的武林［M］. 徐皓峰，整理. 北京：当代中国出版社，2006：39.

②德虔，德炎. 中国少林武术大全［M］. 北京：北京体育大学出版社，2006：3.

③马琳璋. 心意拳练功窍要［M］. 马天巧，整理. 北京：人民体育出版社，2005：33.

④陈璐，张强，陈帅. 从身体规训到生存美学：福柯身体观的转变及对体育实践的启示［J］. 体育与科学，2013（2）：31-56.

一种“自我技术”，即福柯所说的“个体按照自己的方式，对自己的身体、精神等实施一定的操作，以改变自我，从而达到一种幸福完美状态的技术”①。

各个拳种均有对这种“极权性”的规定。例如，少林拳认为：“人之一身，其主宰全在乎一心。心者，君也；手足者，臣民也。君有乾纲独断之明，而后臣民效指挥如意之势②。”戚继光说：“人有此身，先有此心。气发于外，根原在心。”（《练兵实纪·杂集卷之一·储练通论上·练心气》）吴殳说：“手足运用，莫不由心。”（《手臂录·附卷上·治心篇》）张孔昭说：“心在何处力随往，上下一线似金梭。”（《拳经·问答歌诀二十款尽其中之秘》）《峨眉十二庄·天地庄合诀》中说：“大小开合，惟妙于心。”太极拳更是把心之“专治”地位强调得淋漓尽致。《十三势行功心解》云：“心为令，气为旗，腰为纛。”“先在心，后在身。”“以心行气。”“以气运身。”“神舒体静，刻刻在心。”陈鑫说：“打拳心是主。”“运用在心，此是真诀。”“以心为主，而五官百骸无不听命。”“运化全在一心中。”“动静缓急，运转随心。”“妙机本是从心发。”“主宰于心。③”用福柯的话语来讲，心是武术身体之“全景敞视建筑”④224的中心点，可以说“既是照亮一切之光源，又是全部必须被了解的请客的汇聚点”，同时又“是一只洞察一切的眼睛，又是一个所有的目光都转向这里的中心”④197。

“心之官则思”。古人所讲的“心”，实际上是指今天我们所说的大脑。“人的大脑功能在主导的‘君主’的位置，它主宰全身的机能”⑤。传统武术身体规训的“极权性”，作为一种比喻，实际上是对

①詹姆斯·D. 马歇尔，米歇尔·福柯. 个人自主与教育［M］. 于伟，李珊珊，译. 北京：北京师范大学出版社，2008：91.

②尊我斋主人. 少林拳术秘诀//无谷，刘志学. 少林寺资料集［M］. 北京：书目文献出版社，1982：233.

③人民体育出版社. 太极拳全书［M］. 北京：人民体育出版社，1988：265-266.

④米歇尔·福柯. 规训与惩罚［M］. 刘北成，杨远婴，译. 北京：三联书店，2012：197-224.

⑤马琳璋. 心意拳真谛［M］. 太原：山西科学技术出版社，2003：23.

训练大脑中枢神经系统功能的重视，旨在通过训练提高其自主活动的敏感性、协调性、灵活性，建立和完善相应肢体活动的神经通路，最终使大脑与效应器之间成为一种信号传递的关系。如福柯所讲："令行禁止，雷厉风行，不存在对于命令的理解问题，其需要的单单是依据某些人为的、先前编排好的符码，获取信号并即刻做出反应。人身被放在一个无形的信号世界中，任何信号都与对应的反应相联系。[①187]"也就是说通过强化"心"的训练，从而达到"拳无拳意无意""有感必应""感而遂通"的高度自动化状态。

（3）单元性

传统武术的身体被划分为许多单元，作为进行规训的基本单位。如福柯所讲："它必须被分解成较小的因素，其目的在于增大其生产功能：使监视具体化并切实可行。[①197]"

传统武术中一般通过两种方式将身体进行"分解"。一种是通过空间单位把肉体划分为不同单元。每一个单元（肉体的每一个部位）就像汽车零配件，都要被精雕细琢，直到打造成符合整部机器正常运转所需要的成品，然后才能组装应用。如少林拳对人体各部位，包括头、面、眼、耳、口、牙、舌、发、鼻、顶、肩、肘、手、臀、胯、膝、足等都有具体的要求[②]和专门的训练方法。如一指禅、铁砂掌、铁臂功、铁头功……号称"少林72艺"。形意拳则根据五行原理，将人体的五脏（心、肝、脾、肺、肾）五官（眼、耳、鼻、舌、口）也分别作为规训单元进行有目的的训练。例如，以劈拳练肺和鼻，以崩拳练肝和眼，以钻拳练肾和耳，以炮拳练心和舌，以横拳练脾和口（人中）[③]。戴氏心意拳还注重对丹田进行专门训练，其方法有"养丹田""站丹田""翻丹田""滚丹田""砸丹田"等[④]。太极拳则把身体分得更细，讲究

①米歇尔·福柯. 规训与惩罚［M］. 刘北成，杨远婴，译. 北京：三联书店，2012：187-197.

②释大悲. 佛武百拳［M］. 太原：山西科学技术出版社，2008：8-14.

③曹志清. 形意拳理论研究［M］. 北京：人民体育出版社，1993：165-207.

④郭瑾刚. 戴氏心意拳［M］. 太原：山西科学技术出版社，2003：56-65.

"节节分家，节节贯串""要求大小关节、关节间、骨骼间、骨缝间、肌肉、肌肉间、肌骨间、随意肌和不随意肌之间、脏腑中的气道、血液循环通道、经络、大肠、小肠等器官都要一一放松"[①]。而且每个单元，包括穴位和体内脏腑，皆有一阴一阳的对立划分。"阴阳不是只在手上，即脚上、腿上、膝上、胯上、腰上、肩上、肘上、腕上、掌上、指上，以及体内；即窍穴真气都是一举动间，阴阳连接变化"[②]。蔡龙云则将身体不同单元的规训方法总结为"八法"，即"手眼身法步，精神气力功"，与人体的头部、上肢、下肢、躯干、力量、呼吸、精神相对应，实际上就是指眼法、手法、步法、身法、劲力、气息、精神和功力八个方面[③]。

另一种是通过时间单位来将身体动作划分为不同的单元。福柯认为："时间单位被分得愈细，我们就愈容易监视与部署其相关因素以划分时间，愈能加速一项运作，起码可以依据一种适宜速度来协调运作，依此形成了一种对于每个任务的时间控制。[④]"传统武术各拳种（尤其是内家拳）均有慢速练功的阶段。慢练实际上是增加了时间单位的数量并细致划分，每个时间单位内安排相应的内容，充分将规训权力和知识渗透到各空间单元的每一个细节。武术的桩功就是细致划分时间单位的典型代表。站桩时看似不动，实际上是一种"不动之动"。好像不动，其实在微微慢动，只是因为极慢而看不出来。形意拳大师李仲轩讲："站桩的要点是'学虫子'，冬天虫子钻进地里死了一般，等到春季，土里生机一起，虫子就又活了。站桩要站出这份生机，如虫子复苏般萌动，身上就有了精力。[⑤]""不动之动，才是生生不已之动"。打拳时也是这样，"动作被解构为各种因素，四肢、关节和身体的位置都被定位，任一动作都被规定好时间、力度和方向，动作的衔接亦被预先规定，时间渗透于身体之内，各种精细的力度把控也同时

①祝大彤. 太极内功解秘［M］. 北京：人民体育出版社，2004：56.

②张肇平.《太极拳语录》注解［M］. 北京：北京体育大学出版社，2011：17.

③蔡龙云. 武术运动基本训练［M］. 北京：人民体育出版社，2013：207.

④米歇尔·福柯. 规训与惩罚［M］. 刘北成，杨远婴，译. 北京：三联书店，2012：175.

⑤李仲轩. 逝去的武林［M］. 徐皓峰，整理. 北京：当代中国出版社，2006：25.

渗透进去。[①171-172]”传统武术套路实质就是把各种形式的桩串联起来进行练习，是以桩功为基本单元的组合练习。最典型的就是太极拳套路，在微动、慢动中融入丰富的细节内容，对诸多空间单元进行逐一细致的调节和控制，以达到相应的要求。武术界有“拳即是桩，桩即是拳”之说，各门派无不以站桩作为入门的基础。

（4）有机性

武术谚语有云：“要知拳精髓，首由站桩起。”“盖楼先打夯，打拳先练桩，练拳不练桩，似铁未加钢。”武术站桩所进行的规训控制不只是限于教授或强加一系列的特殊姿势，如无极桩、太极桩、浑圆桩、马步桩、三体式、降龙桩、伏虎桩等，它还将头、肩、肘、手、胸、腹、背、腰、臀、胯、膝、足，乃至毛发、牙齿和内脏器官等独立小单元专项规训的成果整合起来，促使每一种姿势与各单元之间建立最佳联系，同时将规训权力渗透到身体整体的各个细节中去，并形成有效的运行机制。这样，身体被塑造成各单元合理配置的有机整体。《黄帝内经·上古天真论》有云：“提挈天地，把握阴阳，呼吸精气，独立守神，肌肉若一。”“肌肉若一”是王芗斋创立的意拳站桩所追求的境界之一，即“通过独立守神的站桩训练，最后使全身的肌肉统一完整起来，动作时就像一块肌肉一样灵活有力”[②]。这样就具备了保障动作运行效率和运行速度的前提条件。所以，王芗斋认为“持桩而达于‘体整如铸，身如铅灌，肌肉如一，毛发如戟’之境界方可开始谈拳”[③]。用福柯的话语来解释就是：“在正确地使用身体从而可能正确地使用时间时，身体的任何部位都不会闲置或无用：全身都应调动起来，支持所要求的动作。[①172]”

传统武术套路，是以桩功规训出的身体为基本单位，进行串联练习的特有规训形式。可以将其看作各种形式的桩的集合，包含了桩的所

①米歇尔·福柯. 规训与惩罚［M］. 刘北成，杨远婴，译. 北京：三联书店，2012：171-172.

②于永年. 站桩［M］. 石家庄：河北科学技术出版社，1996：173.

③王芗斋. 意拳拳学［M］. 刘涛，李全有，整理. 北京：北京体育大学出版社，2005：61.

有元素，融入衔接转换的动态规则，以相对固定的活动程序进一步强化和超越桩的整合作用。其规训的过程就是通过严格细致地划分时间、空间和活动编码，并以纪律的形式来实施。用福柯的话语讲，套路即是传统武术身体规训的时间表，通过规定动作节奏、安排活动内容、调节重复周期，从而使得各单元、各种形式的桩有机地联系起来，并生产出新的规训规则和作用机制。“太极如摸鱼”“形意如捉虾”“八卦如推磨”“八极似崩雷”“翻子一挂鞭”。不同拳种规定的节奏、活动内容、重复周期都不尽相同，形成了各具特色的套路形式，以各自的方式将各种动作有机地组织起来，编码成为有机的规训程序。虽然套路形式不同，但异曲同工，不同套路对身体规训的有机性要求是一致的。不外乎：争裹相合，开合有致；起承转合，完整一气；向前退后，得机得势；一动无有不动，一静无有不静；形断意不断，意断气还连。同时将“虚灵顶劲、沉肩坠肘、舒指坐腕、含胸拔背、松腰敛臀、尾闾中正、圆裆松胯”等各个小单元的规训状态贯彻到套路的始终，形成一个环环相扣、完整统一的有机过程。正如拳谚所讲：“一节动，节节动，节节贯串，一处不对，全身不对。”

除了站桩、套路训练之外，传统武术还包括拆招和散手两个规训阶段。拆招，即将整套动作重新拆解开，对原本寓含其中的技击用法进行解码。散手，是武术本质——技击性的体现形式，即“不按套路出牌”，是将拆解的招数灵活运用的对抗性操练或实战，是传统武术身体规训的高级阶段。可见，站桩、套路、拆招和散手环环相扣，构成了传统武术身体规训的完整过程，缺失任何一个环节，都将破坏其有机性特征。

（5）组合性

传统武术各拳种均讲究“合”，即注重身体各单元的组合运用，其目的如福柯所言：“建造一种机制，应能通过其各基本构成因素的协调组合而达到最大效果。[①]”很多拳种（如少林拳）讲究“明三

①米歇尔·福柯. 规训与惩罚［M］. 刘北成，杨远婴，译. 北京：三联书店，2012：184.

节”“齐四梢”“闭五行”①14-15，六合门讲究“五行四梢合一处，六合一气丹田中”；形意拳以“二十四法”为其技法的核心要求，“岳武穆九要”②也强调“三节”“四梢”“五行”“六合”等要求；太极拳则讲究“阴阳”组合的对立统一；还有宋氏三皇炮捶拳的“一身之法”、祁家通背拳的“三折九扣三尖对”等，都是对“组合性”的要求。

“三节”是将身体和四肢分别分为梢节、中节和根节三个环节；“明三节”就是根据“梢节起、中节随、根节催”的运行法则进行组合运用。“四梢”是指发为血梢、牙为骨梢、舌为肉梢、指（趾）为筋梢。“齐四梢”就是做某一动作或发劲时，同时要做到“发欲冲冠”“牙欲断筋”“舌欲摧齿”“指欲透骨”，这样能激发人的潜能，产生超乎寻常的气势和能量。“闭五行”是指对心、肝、脾、肺、肾五脏（对应五行）的要求，以此产生“心一动浑身俱动，心动如飞剑，肝动如火焰，肺动成雷声，脾肾夹力攻，五行合一处，放胆必成功”③的效果。“六合”一般是指“内外三合”：“内三合”即心与意合、意与气合、气与力合；“外三合”即肩与胯合、肘与膝合、手与脚合。不同拳种讲法略有不同，如六合八法拳的六合是指“体合于心，心合于意，意合于气，气合于神，神合于动，动合于空”①182。南拳则是“五合”，即“手与眼合，眼与心合，肩与腰合，身与步合，上与下合”④。八卦掌讲“八合”，即“肩与胯合、肘与膝合、手与脚合，手与肘合、手与腿合、神与意合、气与力合、内与外合”①197。阴阳是指身心、内外、动静、松紧、虚实、开合、刚柔、疾缓、进退、顾盼等各对立两方面相辅相成的组合法则。形意拳“二十四法”是指“三顶、三扣、三抱、三摆、三垂、三曲、三挺”，是不同的三个部位或动作相组合的

①释大悲. 佛武百拳［M］. 太原：山西科学技术出版社，2008：14-197.

②李仲轩. 逝去的武林［M］. 徐皓峰，整理. 北京：当代中国出版社，2006：179-185.

③曹志清. 形意拳理论研究［M］. 北京：人民体育出版社，1993：317.

④朱瑞琪. 南拳入门与提高［M］. 北京：人民体育出版社，1999：5.

技法要求[①]。宋氏三皇炮捶拳则讲究“紧五把，表六节，七节沉，八节挺，九节灵，十节攻，十一节蹬，十二节拔，十三节心、肝、脾、肺、肾，十四节肠肚入槽”[②]。此41个字被称为“一身之法”，也即全身各“节”的整合方法。祁家通背拳讲“三折九扣三尖对”，三折是“臂折、身折、腿折”；七扣是“指扣、腕扣、肩扣、胯扣、膝扣、踝扣、趾扣”；三尖对是指“手尖、鼻尖、足尖相对”[③]。王培生的吴式太极拳则运用穴位的组合来产生内劲。如命门穴和神阙穴组合，则能中定劲以稳定重心；命门穴与实腿环跳穴相合，则会产生掤劲；祖窍穴与虚腿一侧的肩井穴相合，则会产生捋劲。尽管各拳实现组合性的方法不尽相同，但其主旨却是完全一致的，即通过组合运用身体部位而达到接骨斗榫，从而求得“整劲”。通背拳认为“整”是劲的总纲，包括势整和劲整，“势整，通过六合、内外相合、浑身整合求得。劲整，发劲时内从五脏六腑，外从足梢、指梢到顶梢、发梢，从舌到齿，大小三节在瞬间皆须由松变紧，周身成为一体，这样发出的劲才整”[④]。正如福柯所说：“把单个力量组织起来，以期获得一种高效率的机制。[⑤184]”

（6）创生性

“所有这一切都是为了制造出受规训的个人。[⑤354]”福柯这句话道出了“创生性”是其规训权力的本质。传统武术的规训过程，也是“致力于生产、培育和规范各种力量”[⑤89]，通过时间的积累，创生出“驯服”的身体，使之“可以被驾驭、使用、改造和改善”[⑤154]，并且“能够驯顺地适应最细微的运作”[⑤175-176]，然后使之成为既具有创生性又带有规范性的社会群体的一员。

---

①李仲轩. 逝去的武林［M］. 徐皓峰，整理. 北京：当代中国出版社，2006：217.

②张成仁. 宋氏三皇炮捶拳［M］. 太原：山西科学技术出版社，2005：30-33.

③单长文. 祁家通背拳［M］. 北京：人民体育出版社，2004：15.

④单长文. 祁家通背拳［M］. 北京：人民体育出版社，2004：17-18.

⑤米歇尔・福柯. 规训与惩罚［M］. 刘北成，杨远婴，译. 北京：三联书店，2012：89-184.

传统武术对身体的规训，并不像西方体育那样高度重视对肌肉的改造和改善，而是把对于筋（筋指人体中韧性极大的软组织，包括肌腱、韧带、筋膜、关节囊和滑膜等结缔组织）、骨功能的开发和训练放在首要的位置。如武术谚语所讲"宁练筋长三分，不练肉厚一寸""打拳壮筋骨，踢腿活四肢""外练筋骨皮，内练一口气"。外在筋骨的锤炼是传统武术内外兼修的起点，并为后续"精、气、神"的内在修炼铸造"熔炉"。这个规训过程将生产出什么样的身体？形意拳有三步功夫："易筋，易骨，洗髓"，三层道理："练精化气，练气化神，练神还虚"。少林五拳则各有分工：鹤拳练精，龙拳练神，蛇拳练气，虎拳练骨，豹拳练力。筋骨的练习被视为"练功的根基""练形的首务"。形意拳、八卦掌名家钱松龄先生对此有过论述："易骨者：扎实练功固根基，壮腰健肾强身体，肾水足则骨质壮。易筋者：常习伸展柔活之功，以腾其膜，以长其筋，以增伸缩自如之力。[①]"清代武术家苌乃周先生认为："练形之首务，筋骨为先，盖骨节不松活，筋道不舒长，欲屈而骨不能屈，欲伸而筋不能伸，往来牵扯，何以灵动捷便？[②]"易筋易骨的方法，苌乃周称之为"展筋脱骨"，即"舒展全身各部位之筋，待功夫练成会有'筋肉与骨相脱离'的内景象，这样做各种攻防动作及其变化时，自身内就没有各部位彼此牵扯拉动的障碍发生了"[③]。现代我们称之为"抻筋拔骨"法，又称"骨响齐鸣"法，练成后可达到"柔若无骨"的境界。如"峨嵋道人拳歌"所云："翻身直指日东亭，缩首斜占针眼透，百折连腰尽无骨，一撒通身皆是手。[④]"说的正是这种"柔若无骨"的功夫。孙禄堂之子孙存周，自幼得童子功，筋长脉通，周身极柔，脚尖翘起，能将脚背贴在小腿胫骨之上[⑤]。太极拳对筋之松柔的追求可谓达到极致。《太极拳论》中所云："极柔软，然后极坚刚也。"

---

①高银鹤. 八卦掌秘传拳谱拳法［M］. 太原：山西科学技术出版社，2004：28-29.

②苌乃周. 苌家拳全集：上［M］. 陈万里，等，整理. 郑州：中州古籍出版社，2013：13.

③马国兴. 古拳论阐释［M］. 太原：山西科学技术出版社，2001：81.

④苏学良. 童蒙正身［M］. 北京：首都经济贸易大学出版社，2014：24.

⑤童旭东. 中国武学之道［M］. 北京：中国文联出版社，2012：153.

也就是先达到“柔若无骨”般的“极柔软”，然后方能“积柔成刚”，达到骨质的“极坚刚”。拳经所谓“意气君来骨肉臣”，即是在全身松开、松透的基础上，达到四肢百骸柔若无骨，节节轻灵，节节贯串，成为“驯服”的身体。杨澄甫先生在《太极拳说十要》一文中说：“盖人身之有经络，如地之有沟洫，沟洫不塞而水行，经络不闭则气通，如浑身僵劲充满经络，气血停滞，转动不灵，牵一发而全身动矣。若不用力而用意，意之所至，气即至焉，如是气血流注，日日贯输，周流全身，无时停滞，久久练习，则得真正内劲。”可见，“柔若无骨”的训练除可提高肢体的运动能力之外，还可疏通气血运行之“沟洫”，为“练精化气”“练气化神”“练神还虚”的高级阶段修炼创造条件。

综上所述，传统武术规训过程所创生的“产品”有两种，一种是有形的“直接产品”，即福柯所说的“驯顺的身体”，一种“柔若无骨”的身体（注：武术的“柔若无骨”与杂技的软功不同，杂技的软功仅是追求筋的长度和软度，但软而无力；武术不仅要把筋练长，而且要练粗，要具有极强的韧性、弹性和力量）；另一种是无形的，即以“柔若无骨”的身体作为载体而生产出的“精、气、神”和“内劲”等“间接产品”。这两种“产品”内外合一，武可以用于技击，“筋长一寸，力长千斤”“由招熟渐悟懂劲，由懂劲阶及神明”；文可以用于养生，“筋长一寸，延寿十年”，求得“益寿延年不老春”。所以古人讲（这样的身体）“万两黄金不予人”。

2. 传统武术身体规训的手段

福柯认为，规训使用了三种简单的手段：层级监视、规范化裁决和检查[①]。传统武术身体规训也不外乎这三种手段。

（1）层级监视

传统武术的身体规训中外在的层级监视主要体现在：首先，是老师的言传身教过程中进行的纠错和监督。其次，是师兄弟之间的互相监

①米歇尔·福柯. 规训与惩罚［M］. 刘北成，杨远婴，译. 北京：三联书店，2012：193.

督和提醒。再次，是利用镜子和视频手段来自我纠错。“师傅领进门，修行靠个人”。在此我们要讲的是习武者内化的自我的监视，即将他人监视的目光（他人的要求），慢慢内化为自我监视的规则，由“心”来执行规训权力。这是传统武术中的“内视”技术。如三线放松法就是一种分别沿着三条路线（身体前面，从头顶到脚趾；身体侧面，从头顶到手指；身体背面，从头顶到脚心）逐一监视肉体的技术。“目光”（意识）每到一个部位，都要从皮肤、皮下组织、肌肉、肌腱、韧带、神经、血管、毛细血管……此部位所有的组织甚至每一个细胞，逐一进行“监视”，并“命令”每一个细胞都“停止工作”“面带微笑”“进行休息”。全身上下、内外、皮肉、关节和脏腑都处于层层监视的网络之中。练拳的动态过程中，这种监视也是随时在进行。学拳初期之所以要慢练，就是要建立这种监视的机制。每个姿势摆好后，监视的“目光”都要依次“扫描”到每一个细节，检查其是否就位，比如，头是否虚领，下颌是否微收，颈部是否竖直，肩是否松开，胸是否内含，背是否外拔……乃至心、肝、脾、肺、肾是否松开等。然后再接下一个姿势，再“扫描”一遍，以此类推。初期，扫描一遍需要较长时间，所以练拳速度也就快不起来。如此操练多了，各单元也就自觉到位了，监视任务执行起来就会逐渐熟练和顺畅，在动作完成的瞬间，自上而下的扫描也就同时完成了。监视的目的就是促进身体各部符合规训的要求。

（2）规范化裁决

规范化裁决是福柯规训理论中的小型处罚机制，即通过监视来发现被规训身体与规范化标准之间的距离，实施必要的惩罚。这个规范化标准就是由规训规则确立的各种内部要求。传统武术身体规训的惩罚措施，也如同福柯所讲的“偏爱操练惩罚——强化的、加倍的、反复多次的训练”[①]。正如拳谚所讲：“拳打千遍，身法自然；拳打万遍，神理自现。”只有通过长期反复操练，才能不断地纠正缺点，改进动作质量，

①米歇尔·福柯. 规训与惩罚［M］. 刘北成，杨远婴，译. 北京：三联书店，2012：203.

使其不断规范化，并逐步体悟到武术的内涵和神韵。“功夫者，工夫也”。本来“功夫”一词就含有“工夫”（时间）之意，要出功夫，必下工夫。所谓“久练功自纯，勤悟理自通，久久为功，撂下稀松”。一代意拳宗师王芗斋年轻时师从郭云深学艺，每天带着干粮到山上站桩，一站就是多半天。其在练功上花费的时间，是寻常人难以想象的。据记载：“郭云深冬季起床后，第一件事是查看王芗斋站桩时脚底下的湿润程度，若不够，必怒目而视，王芗斋则要继续站桩，等湿润程度符合要求后方可休息。[①]”可见，这是以脚底下积累汗水的多少作为操练量的衡量标准。可见，要练得真功夫，非经“苦、严、勤、恒”的重复操练不可。拳谚讲：“冬练三九，夏练三伏。”“一日练一日功，一日不练十日空。”“练功如打铁，百炼成纯钢。”“练拳要起早，打铁要趁热。”“架子天天盘，功夫日日增。”“欲学惊人艺，须下苦功夫，深功出巧匠，苦练出真功。”“拳不离手，曲不离口。”“若要功夫好，一年三百六十早。”这些都是往昔武者刻苦操练的真实写照。

（3）检查

福柯说：“检查把层级监视的技术与规范化裁决的技术结合起来。它是一种追求规范化的目光，一种能够导致定性、分类和惩罚的监视。[②]”古代的“演武厅”是古代武将练武的室内场所，“演武场”一般是士兵操练和检阅军队的室外场地。《水浒传》第十二回：“教军政司告示大小诸将人员，来日都要出东郭门教场中去演武试艺。”“演武”就是古代对习武人员进行的一种仪式化的检查机制，用以检验武艺水平是否达到一定规范化标准。如武举考试，是为了检查是否达到武术人才选拔的标准；“打出木人巷”则是少林派检查弟子是否达到“出师”的标准；今天的武术段位制考试，则是检查习武者是否达到晋升高级别段位的标准。“它（检查）确立了个人的能见度，由此人们可以区分和判断个人。这就是在规训的各种机制中检查被高度仪式

①王芗斋.“意”无止境［M］.海口：海南出版社，2014：1.

②米歇尔·福柯.规训与惩罚［M］.刘北成，杨远婴，译.北京：三联书店，2012：208.

化的原因”[①]。

除了仪式化的检查之外，传统武术的检查是贯穿在师父身传口授的整个过程之中的，无处不在。其检查的方式，借用中医术语，可以将其归纳为：望、闻、问、切。望，就是用眼睛来观看，包括观看弟子练武时的外形姿势、手眼身步和精神气质。闻，就是用耳朵听，包括听弟子的疑问，听其是否响骨齐鸣、听发声（如南拳里有发声呼喝，形意拳有“雷声”，太极拳有哼、哈二气）、听呼吸等。问，是师父主动询问弟子的感受，如站桩后或动作完成时身体各部位有何感觉和反应。切，即用手或其他部位来与弟子接触，以体会弟子身体内在的变化。如给弟子“喂劲”以检查某种技法是否正确、功力是否纯正，或通过推手检查其“听劲”“化劲”的能力以及劲路的变化是否符合要求。通过“望、闻、问、切”四法，师父在授艺的过程中随时随地对弟子的表现进行检查，并及时作出判断，若不符合规范化标准，则及时加以纠正和改进，并进行操练的惩罚。实际上，检查过程中处处体现了师父的规训权力，即福柯所讲：“检查把权力的仪式、试验的仪式、力量的部署、真理的确立都融为一体。[①]”古代真正的衣钵传人是要和师父住在一起的，这叫“登堂入室”，只有这样才能真正继承师父的部分技艺。其原因可用福柯的理论解释：“登堂入室”有利于弟子持续地接受师父的“监视”“规范化裁决”和“检查”三种配套技术对其身体进行的规训。

通过在福柯的视角下解读传统武术的身体规训，借助于其独特的理论框架，我们不难总结出：传统武术修炼的核心要素包括封闭练功环境、突出心意训练和单元训练、重视有机训练和组合运用、追求创生性效果；传统武术修炼的手段包括外在和自我内化的层级监视和检查，以及由此导致的规范化裁决——操练的惩罚。不难看出，与老辈武术人相比，现代大多习武者对于练功环境的封闭性以及心意训练和单元训练的重视程度是远远不够的，往往只重学习和练习套路，更是忽视了拆招和散手的训练，从而与前人原有的修炼过程的有机性相去甚远，所以难以

①米歇尔·福柯. 规训与惩罚［M］. 刘北成，杨远婴，译. 北京：三联书店，2012：208.

创生出“柔若无骨”的创生性身体，也难以将修炼过程升华到对人生境界的追求上去。

3. 武术身体的异化

回顾世界发展史，因为生活环境和文化体系的不同，中国和西方国家身体文化的演变发展表现出完全不同的面貌。在长期的历史发展过程中，身心合一论和身心二元论的根本分野，决定了中国武术和西方体育不同的身体文化特质，形成了对于身体的不同价值取向。

武术深受传统文化“天人合一”整体思维以及中医学、阴阳五行理论的影响，表现为“身心兼备”“内外兼修”“形神合一”的整体身体观，讲究内修外炼，正所谓“修身养性”。中国人讲究隐匿身体，重视身体韵味之传达，引导身体对于“心”的点亮。由此，武术人采用特有思维方式把原本单纯的“搏人”之术巧妙隐匿于套路演绎之中，武术由实用的“技击”之术转向含蓄“写意”的技艺。“武术转变为以意识为指导的身体技术，原先的‘用力’演化为‘存心用意’‘用意不用力”[①]。所以，相对于西方体育项目，“中国武术其目的不是积极地引向外在的显示，而是导向内在的自审”[②]，更加重视深邃的精神内涵，追求的是诗情画意的意境，充满了朦胧、含蓄的象征意味。也就是说，中国武术具有明显的内倾特征，“拳以载道，拳以载德”，在以身体动作为载体的基础上，强调向内的审美情趣；练中求养，练外养内，以延年益寿为旨归，并以有形的身体修炼最终促成无形的心灵的升华和人生境界的提高。中国武术崇尚的是精神与肉体的统一，人与自然的和谐，弘扬的是一种保养和爱护生命的传统理念。

如前文所述，二元论即身/心、物质/精神、身体/理念的二分构架，是西方身体观念的基本特征。西方关于身体的知识背景决定了其古代体育的发展走向。从古希腊开始，人们迫切希望把魂灵从肉体的洞穴中解

---

①唐美彦，王岗. 身体视角下中国武术与西方体育的差异性比较［J］. 体育科学，2014（3）：85.

②王岗. 中国武术：一种理想化的技击艺术［J］. 体育文化导刊，2007（2）：21-23.

放出来，从而摆脱肉体的阻碍。古希腊城邦间战争频发，严格的军事训练不断挑战着士兵的身体极限。受其影响，西方体育强调对身体极限的不断超越。形体的外在美和高超的力量是竞技场上人们所关注的对象。柏拉图即是一名健壮的角力手，曾经在伊斯特摩运动会上夺得佳绩。苏格拉底说："不能表现身体的力量和美是一种耻辱。[①]""西方体育由古到今存有二种价值取向，那就是参与和获胜。[②]"参与提供了获胜必需的前提条件，而获胜既可展示身体的强壮与健美，又能获得荣誉，受力量和利益的驱使，参与者往往不惜代价地去挖掘身体极限。奥林匹克运动也以"更高、更快、更强"作为最高的追求目标，永不停息，永不满足，崇尚竞争，甚至不惜以对身体和生命的损害为代价。因此，对于西方体育来说，竞争和超越是它的主题，惊险性、刺激性和功利性是它的主要特征，外在的"健"与"美"是它的身体价值取向。

全球一体化的发展趋势，东西方体育文化的融合与交流不可避免地日益增多。当今奥林匹克运动会是世界上影响力最大的体育赛事之一，中国武术也正努力争取成为其中的比赛项目。由此，中国武术界以竞技武术作为大发展龙头，进行了迎合西方口味的一系列改革。毫无疑问，西方体育的价值取向不可能不对中国武术理念产生重大的影响。换句话说，西方体育理念对中国传统的武术身心思想形成了严重挑战，由此导致了中国武术身体的异化，已经不可避免。中国武术也显现出"肉体社会"的某些特征，"对身体的片面关注导致了身体的肉体化——挣脱精神的束缚后又滑向肉欲的放纵"[③]。

原本"内敛""内向"、注重"内在坚守"的中国武术，开始向"张扬""外在超越"的西方体育之身体特质转化，从而将身体引向"现实化"和"外向化"。"高、难、美、新"成为这种转化的主导思想。由于竞技武术难度动作的数量、质量是比赛成绩的决定因素，各种平衡、转体、空翻一拥而上，从360°到540°，再到720°，

①唐美彦，王岗. 身体视角下中国武术与西方体育的差异性比较［J］. 体育科学，2014（3）：86.

②于涛. 体育哲学研究［M］. 北京：北京体育大学出版社，2009：85-98.

③周与沉. 身体：思想与修行［M］. 北京：中国社会科学出版社，2005：12.

1080°……不一而足，导致传统武术本身的元素越来越少，舞蹈化和体操化的痕迹则越来越重。为了给裁判以视觉上的冲击，提高整个套路的观赏性，从而获得更高的加分，运动员势必把大量精力放在了发展难度动作上，造成了重形式、重外形、重“舞”而轻内涵、轻特点、轻“武”的恶性循环。“这些高难美新的动作不但脱离了拳理，还容易使完整套路看起来不伦不类。这就导致竞技武术失去了武术的本质特征而朝着舞蹈和体操的方向发展。[①]”

竞技武术作为中国武术发展的龙头，起到了引领整个武术发展的风向标作用。武术学校、体育院校甚至民间武术都在竞技武术这种异化的身体观影响下，走了不少弯路。包括内涵最丰富的太极拳在民间的发展也受到严重困扰，片面注重外在的表演效果和动作外形的规范，不太注重功力的要求，更是对太极拳论所云“全是用意不用力”“意气君来骨肉臣”和“反者道之动”的内在心法全然不顾。这种照猫画虎，只重外表，不求内在，平淡无味的太极拳被行家称为“太极操”。正如《太极文武解》所言：“武事文为，柔软体操也。”也应了《太极拳论》中“此技旁门甚多”之语，成了偏离正轨的旁门左道。

另外，武打影视、武侠小说也热衷于追求武术的“蒙太奇”效果，其中的神功护体、刀枪不入、飞檐走壁，将武术的身体神秘化、娱乐化。武术逐步变得脱离本质，舍弃内涵，它不再作为中国人身体修养的一种手段，也难以体现武术的身体教化功能，却发展成一种单纯的身体消费和身体活动的方式。“武术身体的现实最后还是皈依到一种现实的‘存在’，被引入‘消费时尚’之中，最后武术身体文化被引向世俗。[②]”

总之，武术的身体从隐匿变成显现，由传统步入现代，表露出当代社会特有的一种“身体形态”。竞技武术、演艺武术被人们片面地当

①陈国亮. 对当代竞技武术体操化现象的思考［J］. 体育世界，2014（6）：63.

②刘同为，龚茂富. 身体——武术的场域［A］//第八届全国体育科学大会论文摘要汇编：二. 2007. 转引自：唐美彦. 中国传统身体观对武术的影响研究［D］. 苏州：苏州大学，2014：15–16.

成了武术之全部，导致武术身体的审美与消费功能得到大幅度提升。使得武术人也变成像古希腊人那样热衷于身体的“亮相”，推崇强健的体魄，追求惊险和刺激，表现为外拓、张扬、开放的泛身体化追求。至此，中国武术在迎合了“更高、更快、更强”的奥林匹克精神的同时，原本自身得以立足的根本性的文化特质也消失殆尽，这样势必危及武术自身的发展。因此，从身体的视角充分认清武术的社会性和时代性，有助于我们确立武术以及太极拳发展的正确方向，从而引导其在当今时代稳步前行、健康发展。

本章小结

中国传统的身体思维模式，不同于西方的身心二元论，认为人的身心是整体合一的。溯本逐源，“天人合一”思想是“身心合一”的逻辑起点，而气一元论则是“身心合一”的实现基础，气是沟通身心的媒介，是避免形成身心二元分化的重要因素。“身心合一”是以心使身的前提条件，若在西方的身心分离且互斥的思想观念下，则不存在产生“心为主宰”理念的土壤。太极拳心法形成的理论根源在于中国特有的身心合一思想。随着当代身体的“转向”和异化，产生了重身抑心的倾向，即人们的身心取向大有从灵魂至上的极端走向身体至上的另一个极端的势头。在数字化、信息化飞速发展的今天，虽然社会前进了，但精神世界却愈发孱弱——环境恶化、物欲横流、信仰危机、工作压力大，世界局势越来越纷繁复杂。人们在疯狂地追逐外物的同时，忽略了心灵世界的内在修养。受其影响，武术的身体也产生异化现象，太极拳的心法体系逐渐被人们所忽视，身体的表现欲望逐渐大行其道。因此本章从身体说起，为的是对传统身体观、武术身体观以及太极拳身体观进行正本清源，通过辨明太极拳应该具备的身心关系，为进行太极拳心法的研究形成良好铺垫。

第二章　太极拳心法的理论基础

第一节　“心的文化”

“心”是中国文化之中的核心范畴之一。“心”字在汉语中具有悠久的历史和丰富的内涵。据侯玲文[①]的研究，“心”字使用频级为1级，使用频率是1.6382%，构词能力等级是6级（最高级）（《汉字信息字典》）；共计751个以“心”为语素的词语（包括成语）收录在《汉语大词典》和《常用构词字典》（逆序部分）之中，39条关于“心”的惯用语句收录于《汉语惯用语词典》，298条含有“心”的歇后语收录于《歇后语大辞典》，以“心”（忄）为部首的字多达数百个。可见“心”字在中国文化中具有独特的价值。“心”字以其自身为中心，与人体、社会和自然建立了一个动态关系系统，具有与自然和社会的全息性联系，体现了中华民族的人文精神和整体观念[①]。

中国古人对人的问题的探讨始终是围绕着“心”展开的。蒙培元充分肯定了“心”这一范畴的重要性，认为“中国哲学及其思维的根本特征，主要体现在‘心’这一范畴上，或者围绕‘心’这一范畴而展开”[②]。徐复观先生说：“中国文化认为人生价值的根源即在于人的

①侯玲文.“心”的文化探索［J］.汉语学习，2001（3）：54.

②程志华.形而中学及形而上学与形而下学——纪念徐复观诞辰110周年笔谈（一）［EB/OL］.（2013-02-26）http：//blog. sina. com. cn/s/blog_4b5860d901019xh9. html.

‘心’。[①]”钱穆先生指出，中国的人生观是以“人心”为本位的[②]。也就是说，尽管中国文化是一种典型的人文文化，“以人为本”是其所体现出的基本特质，但中国文化终极关注的不是人的形躯之“身”，而是人的无形之“心”，讲究精神的修炼和心性的超越。所以，徐复观在其论文《心的文化》中强调：“中国文化之最基本特性，应该讲是‘心的文化’。[①]”“心的文化”不仅蕴含着东方人的聪明智慧，还浓缩了东方生命科学、体验科学、心理学、哲学以及宗教思想的精髓，潜藏着儒、释、道、易、医、武各家追求精神超越和人格完善的所有要义。

中国传统的“心的文化”，肇始于《尚书》。其中的《禹书·大禹漠》所记载的“人心惟危，道心惟微，惟精惟一，允执厥中”，被后人称为“中华心法”，被学界认为是中国“心的文化”的精髓。这句话出自尧、舜、禹时代关于禅让的故事。当帝位由尧传给舜，再由舜传给禹之时，嘱托的是对天下和百姓所应负的责任，而谆谆善诱世代传承的是关乎“心”的中正之道。十六字心法蕴含着丰富的哲学意义。“人心惟危”是说人在一生中会产生各种欲望，会出现各种复杂的情绪或情感，所以人心是变化莫测的、危险的。“道心惟微”是说道的变化是细致微妙的，所以道心是难以把握的。因此，人要想通达“天人合一”之境是步履维艰的，需要我们用一生来潜心悟道，而“惟精惟一”就是悟道的主要途径，只有心无旁骛地固守对于生命的理想和信念，方可至于“允执厥中”即与天相合的中正境界[③]。

“心”是儒学的一个重要概念。儒家乃安心立命、揭示本心之学问，强调“心上功夫”，儒者们对“心”的观照远超过身体。虽然《论语》较少提及“心”，仅出现6次，如“七十而从心所欲，不逾矩”（《论语·为政》），但孔子已经开始用“仁”来解释“心”，赋予

①徐复观. 中国思想史论集［M］. 台北：台湾学生书局，1993：242.

②钱穆. 灵魂与心［M］. 桂林：广西师范大学出版社，2004：19.

③朱春鹰. 中国传统文化“心”之思想解读——身心灵全人健康模式文化探源［D］. 哈尔滨：黑龙江中医药大学，2014：14-15.

“心”以道德含义。孔子所言的“心”包括仁人之心、利欲之心、思虑之心、天命之心等。由于孔子关注的是整全的自我和人格，并没有对“心”展开论述，未成体系，但孔子已经触发了“心论”这一命题，引发孟子及后学进行深入阐发。

《孟子》中出现“心”字多达117处。代表性的有“尽心”“存心”“求放心”和“四端之心”等说法。“尽心”“存心”二词见于《孟子·尽心》：“尽其心者，知其性也。知其性，则知天矣。存其心，养其性，所以事天也。夭寿不贰，修身以俟之，所以立命也。①”尽管“尽心”这一名词在《孟子》书中仅出现一次，但却备受历代学者们的重视②。这句话的意思是：如果能够充分对心进行修养，就能体悟到人的本性。悟到人的本性，就能懂得天命了。保持对心的这种修养，涵养本性，就能做到不违反天命。不管短命还是长寿，都要坚持通过修身来遵循天命，这样就能达到安身立命的目的。“求放心”源自孟子之语：“学问之道无他，求其放心而已矣。③”是指要用自身之自觉灵明之心去求其“本心”或“仁义之心”，实际上是孟子对孔子内省路线的继承。《孟子·公孙丑上》还有“四端之心”之说：“恻隐之心，仁之端也；羞恶之心，义之端也；辞让之心，礼之端也；是非之心，智之端也。”孟子认为人处在不同的环境和具体情境中时，会表现出与“仁、义、礼、智”之四端相对应的“恻隐”“羞恶”“恭敬”“是非”四种具体心境，然后将“仁、义、礼、智”四种道德境界自我扩张开来，因此具有先天自律的道德意义。

荀子提出了“诚心”之说：“诚心守仁则形，形则神，神则能化矣。④”其所指也是“诚心而形外”的修行路径，与“诚则形，形则着，着则明，明则动，动则变，变则化”（《中庸》）如出一辙。《大学》中的“正心”之说，是儒家关于“心论”的经典论述，即做人要坦坦荡荡、光明磊落，并努力坚持自省。在儒家看来，“正心”是其实现

---

①赵岐. 孟子注疏［M］. 孙爽，撰. 上海：上海古籍出版社，1996：229.

②张艳婉. 儒家身心观研究［D］. 长沙：湖南师范大学，2012：169.

③赵岐. 孟子注疏［M］. 孙爽，撰. 上海：上海古籍出版社，1996：203.

④章诗同. 荀子简注［M］. 上海：上海人民出版社，1974：21.

“修”“齐”“治”“平”远大理想的前提和必要条件，是人生修行道路上必经的重要里程碑。

宋代之后，儒家发扬“心的学问”可谓酣畅淋漓，尤其是宋明理学在身心二者中更重视精神、心灵的活动，被学界称为“心性之学”。程朱（程颢、程颐和朱熹）理学展开了“人心”与“道心”的讨论。二程（程颢、程颐）提出“主敬”之说，“人心不能不交感万物，亦难为使之不思虑，若欲免此，唯是心有主，如何为主？敬而已矣”，以使人心专一不二，不被外物所诱惑。陆王（陆九渊和王阳明）心学在理论核心与修养路线上异于程朱理学，但在重心灵、重精神这一点上则是相同的，而且更甚于程朱。陆九渊主张通过终日静坐、闭目塞听、冥思苦想收摄此心，然后将物欲“剥落”，认为“人心有病，须是剥落。剥落得一番清明，即一番清明，后随起来，又剥落，又清明，须是剥落的净尽，方是”[①]。认为这样便能达到“此心澄莹中立”的理想境界[②]。

道家讲道法自然，关于心则是即心即道。老子对于“心”的论述虽也不多见，但从其不多的论述中足以看出他对“心”的主张。如《道德经·八章》中出现的“心善渊”，其意是指心要善于保持虚静，即心不外驰，静如深渊止水。老子从突出人之自然本性入手，强调“静心”——虚静之心。他的修养方式不是在心上“作”功夫，而是要保持心原本的虚灵清静，达到“虚之极”“静之笃”（《道德经》第十六章）的自然而高深的境界。这是老子经过体察自然万物生发循环之道，由此告诫天下人，在熙攘忙碌的万象生活中莫忘本真之我；只有返璞归真，才能达到人与人、人与社会、人与自然的和谐统一，即所谓“天人合一”，然后开启一个万物与人类新的起点。这就是“静心”的深层含义。

道家另一位代表人物庄子在老子的基础上，对“心上工夫”进行了更为具体和完整的阐述。“心”在《庄子》中出现大约180次，成为贯通始末的核心范畴，并生发出丰富多彩的内在意蕴，有“成心”“修心”“虚心”“师心”“机心”“游心”“静心”“常心”“知心”

①陆九渊. 陆九渊集（卷三十五）［M］. 钟哲，点校. 北京：中华书局，1980：458.

②张艳婉. 儒家身心观研究［D］. 长沙：湖南师范大学，2012：168.

“忘心”“心斋”等多种用法，但其根本宗旨仍在“人心返道心”的构架中展开。庄子崇尚自由之心，重视心与形、心与身、心与神的关系。在庄子多姿多彩的心法体系中，“心斋”“坐忘”“吾丧我”等尤为独具特色而为后学效法。

在《庄子·人世间》中，庄子借经过“道”的洗礼而被重新塑造的孔子来表述“心斋”的内涵。何为“心斋”？回曰：“敢问心斋。”孔子所作的描述是：“若一志，无听于耳，而听之以心；无听之以心，而听之以气。耳止于听，心止于符。气也者，虚而待物者也。唯道集虚。虚者，心斋也。”所谓的心斋，就是以“集虚”来体“道”，生发出超越功利的审美心境和审美态度，并进而达到“道通为一”的境界，可以说与老子的“致虚极，守静笃”思想是一脉相承的。《庄子·大宗师》中，庄子又借颜回之口说出了自己的心声，即“坐忘”：“堕肢体，黜聪明，离形去知，同于大通，此谓坐忘。”也就是说，庄子认为通过“忘形”“弃聪”，而摆脱形躯和智能的羁绊，才能进入大道之境。“忘”是一种状态，是用身心证悟到的实然的生命状态，而非做作的自我陶醉或自我麻醉，乃是一种体道的境界。“今者吾丧我，汝知之乎？”语出《庄子·齐物论》，“吾丧我”也是形容人臻入忘我的至高境界时的一种状态，所谓“形如槁木，心如死灰”。“心斋”之“虚”，“坐忘”之“忘”，“吾丧我”之“丧”，都是一种心的超越。

佛教是以善于治心而著称于世的，讲究的是“明心见性”。“明”的这个“心”就是平常心、慈悲心、虚空心、清静心，也即人的本心。尤其是中国化、本土化的佛教代表——禅宗，被学界称为“心宗”，其对心的重视程度不言而喻。“心”在禅宗经典《六祖坛经》中，可以说是使用频率最高的词，有“佛心”“本心”“自心”“净心”“直心”“心迷”“心悟”等称谓。禅宗还持有“不立文字，以心传心”“但用此心，直了成佛”的独特修行观。在六祖慧能看来，“心”有染净或迷悟之分别，本心是人所固有的“本真之心”，它“本自具足”“本自清净”[①]，所以又称“自性”“如来佛性”。也正是在这个意义上禅宗强

①金刚经·心经·坛经［M］. 陈秋平，尚荣，注译. 北京：中华书局，2007：115.

调“即心即佛”，人人皆有佛性，学佛成佛的关键就在于如何发掘被蒙蔽的本自具有的佛性，以见性明心。为此，慧能提出了所谓“三无”的修炼心法，即“无念、无相、无住”。

从禅宗的角度来看，所谓“念、相、住”都是执著，或者是僵化，因而遮蔽了人之自性。所以要通过“三无”之法来破除执著，破除僵化。禅宗这种破除执著和僵化，就是为了回归人之本心、人之本性，即回到“空无”状态。这中“空无”的心境，就是禅宗所推崇的“平常心”，即“未被染著的本心”。正如大珠慧海禅师所讲“饥来吃饭，困来即眠”的用功方法，讲的是，如果饮食睡眠等任何生活之事，都能心无旁骛，不旁“生彼”，除了做那件事外，没有别的杂念，而非“吃饭时不肯吃饭，百种须索；睡时不肯睡，千般计较”，那么，就进入到“平常心”的禅境，或者说，回到了自身的心、性，也就是回归“本真之我”。在本真之我状态下的人，能与道、天、地一体贯通。这种从精神僵化的不自由自在，进而到破执的自由自在的过程，就应该在“不离世间觉”中修悟并超越这种“世间觉”①。

儒、道、佛，是中国文化三大传统思想，尽管各有其特色，它们却有着共同的思想渊源，那就是“心”。尽管孔子、老子并未对“心”进行展开论述，但《论语》《道德经》已经提出了儒、道两家关于“心”的论题和基本思想，为后学孟子、庄子等对“心上工夫”的深入阐发埋下了种子，并间接影响到了佛教禅宗“重心”的发展路径。可以说，至于后来的孟子、庄子和惠能时期，分别是儒、道、佛“心的文化”的“轴心时期”，三家各自建立起了既有联系又有区别的“心”的思想体系。这些思想分别体现在《孟子》《庄子》和《六祖坛经》之中。逮至宋明时期，“心的文化”可谓发展至巅峰。陆九渊、王阳明融合儒、道、佛三家心论思想精髓，形成陆王心学，而程朱理学也展开了“人心”与“道心”的讨论。

易学关于修心的工夫，叫“洗心”。何谓“洗心”？《易·系辞

①王树人. 回归原创之思——“象思维”视野下的中国智慧［M］. 南京：江苏人民出版社，2005：226-227.

上》有句话："圣人以此洗心，退藏于密，吉凶与民同患。""洗心"者，洗刷、涤净人心之谓也，以此喻指修行的实质在于"心上工夫"。修行的过程就是要除去人心的浮躁、杂念或恶念，使之变为"干净"。用什么来清洗呢？这种用于洗心的"洗涤剂"，应该是乾坤二卦所体现出来的易道精神——自强不息，厚德载物。实际上这种"洗心"的旨归，同儒家的"尽心""诚心"，道家的"静心""游心"，佛家的"明心""净心"异曲同工，都是为了使人实现自我超越，回归本真之心，而与大道一体相通。

中医养生领域也形成了独特的"养心"文化。中医学主张"治未病不治已病"，注重养生，防患未然。在中国民间流传着一些说法，如"中医的最高境界是养生，养生的最高境界是养心""养生莫善于养心"，还有"下士养身，中士养气，上士养心"等。这些都表明了中医养生的核心理念——养生之要，首在养心。中医经典著作《黄帝内经》对此阐明得非常深刻。《素问·上古天真论》记载了"无思想之患"是"圣人"的养生之道，《素问·上古天真论篇第一》中讲："志闲而少欲，心安而不惧，形劳而不倦，气从以顺，各从其欲皆得所愿。"《素问·阴阳应象大论》说："怒伤肝。""喜伤心。""思伤脾。""悲伤肺。""恐伤肾。"《素问·生气通天论》说："大怒则形气绝，而血菀于上，使人薄厥。"总而言之，其大意是说，人的七情六欲等精神和心理因素，调节不当就会成为致病因素，如果生活中能恰到好处地对其进行调节，对于养生来说能达到理想的效果。

然而中医里的养"心"，又不仅仅是指精神和心理调节能力的层面，而又包含着"修道"的高级层面。这里所谓修道就是"心与道相契合，道与心相融汇"。《黄帝内经·素问·上古天真论》云："恬淡虚无，真气从之，精神内守，病安从来。"指明了养心修道以养生的最高境界。我们可以看出，"恬淡虚无""精神内守"是心上的修为，"真气从之""病安从来"是身体状态的呈现。"恬淡虚无""精神内守"的境界，无论与道家的"虚极静笃，离形去知"、儒家的"澄莹中立，以致中和"，还是佛家的"清静虚空，无念无住"本无二致，实际上都是通过"心"的修炼而体道的至高境界。

受中医养心思想的影响，历代很多养生家都将养心视为养生长寿的秘诀。道教的养生观就主张“修心为先”，而并不止于“存养形神”的层次。《了心经》曰：“若夫修道，先观其心，心为神主，动静从心。”此处“心”不只是心理的层面，而是指向心性修养和意义价值的精神灵性层面。可以说，心即道，道即心，即追求心与道契合，道与心相融汇。所以说“心上功夫，不再吞津咽气”。道教养生家们也把“治心”“识心”“修心”“炼心”作为养生的重点，将心作为修炼的核心，称得上“以心为本”。正如周与沉博士指出的“生命的学问，亦可说作‘心的学问’”[①]。这也许就是美国心理学史专家墨菲之所以把中国誉为“世界心理学的第一故乡”[②]的根本原因吧！

作为中国传统文化载体之一的中华武术也特别强调治心。明代军事家戚继光说，“人有此身，先有此心。气发于外，根原在心……练心则气壮”（《练兵实纪·杂集卷之一·储练通论上·练心气》）。明末清初以研究枪法见长的吴殳说，“用技易，治心难，手足运用，莫不由心”（《手臂录·附卷上·治心篇》）。古人的武术著述和拳法歌诀都证明了这一点。《拳经拳法备要》的作者张孔昭说，“心在何处力随往，上下一线似金梭”（《拳经·问答歌诀二十款尽其中之秘》）；少林拳也讲究“练身不练心，大树没有根”（梁以全《嵩山少林拳法歌诀集锦》）；《峨眉十二庄·天地庄合诀》中说，“象天法地，圆空法生，大小开合，惟妙于心”。王芗斋先生创立的意拳，更是把内在的心意活动提高到特别突出的位置。正如邱丕相教授总结的：“武术中的许多拳种都讲究心为主宰，认为形体动作是受心志活动支配的。[③]”王岗也认为：“中国武术在其历史的进程中，‘内’炼即心法的训练一直占据首要的地位。[④]”中国武术强调“治心”，重视身心合一，是与中国传统文化一脉相承的。

①周与沉. 身体：思想与修行［M］. 北京：中国社会科学出版社，2005：148.

②转引自：张艳萍. 中国传统文化对中医心理思想的影响研究［D］. 南京：南京中医药大学，2010：5.

③邱丕相. 武术理论基础［M］. 北京：人民体育出版社，1997：122-132.

④王岗. 中国武术独特的修炼方式：心法［J］. 搏击·武术科学，2009（4）：2.

在中华武术的众多拳种中，太极拳更是把内在的心意活动放在极其突出的位置，“用意不用力”“全凭心意用功夫”，正道出了太极拳的主旨。《十三势行功心解》云，“心为令，气为旗，腰为纛”“先在心，后在身”“以心行气”“以气运身”“神舒体静，刻刻在心”。《十三势歌诀》曰：“势势存心揆用意，得来不觉费功夫。”陈鑫说，“打拳心是主”“运用在心，此是真诀”“以心为主，而五官百骸无不听命”；“运化全在一心中”“动静缓急，运转随心”“妙机本是从心发”“主宰于心”①。《太极拳体用全诀》开篇即说：“太极拳术重用意。”《武禹襄太极拳论》曰：“凡此皆是意，不是外面。”杨澄甫《太极拳说十要》讲：“此全是用意不用力。”《拳法·刚柔篇》说：“刚柔转换，全在用意。”可见，太极拳旗帜鲜明地强调用心、修心，因此素有“思想者的运动”“意识体操”“运动冥想”（moving meditation）等美称。乔凤杰的研究也得出：“太极拳把修心与整个拳术运动融为一体，以无极为前提，无极而太极，以意导动，自然而然，使整个术的运动变成道的发挥过程。②”

第二节　“心”的丰富内涵

《说文解字》曰：“心，人心，土藏，在身之中。象形。”“心”是象形字，象心脏之形，从殷商甲骨文与西周金文来看，心的字形与心脏的构形确实很相像，乃至心脏上的血管纹路都有表现。所以其本义是指人的生理器官心脏，即所谓“肉团之心”。中医认为心（心脏）主神

①人民体育出版社. 太极拳全书［M］. 北京：人民体育出版社，1988：265-266.

②乔凤杰. 复归于无极——志同道合的武术与道家［J］. 山东体育学院学报，2006（8）：30.

明，主血脉，为一身之主宰。《素问·灵兰秘典论》："心者，君主之官，神明出焉。"所谓"君主之官"是指心（心脏）在脏腑中具有"统治"地位，正如张景岳所云"脏腑百骸，惟所是命"（《类经·藏象类》）。在语义演变发展中，"心"由"心脏"衍生出"思维器官"之义。《孟子·告子上》："心之官则思，思则得之，不思则不得也。"从孟子开始，"心"便和心理和认识活动联系在一起，其功能包括知觉、思虑、情感、意志等，所谓"聪明智慧，莫不由之"（《类经·藏象类》），同时还贯通着超越感知和形上精神。可以说，此种意义之"心"，乃是"心的文化"形成发展的逻辑起点。历代学者们从不同角度将"心"归纳为不同的层面。

明代刘宗周开创的蕺山之学将心分为三个层面：一是感性欲望之心，即肉体的自然本能之心；二是灵明觉知之心，即能思能虑的认知能力之心；三是道德本心，即本体之心。北宋张载将心之知分为两个层面，即闻见之知与德性之知。"闻见之知乃交物而知"，即闻见之知在别的感官的配合下，也可以导向内心思考。而德性之知则能"体天下之物"，属不依于闻见之内心直觉，能够径直知性知天。在宋明理学中，对心的解读主要是形上层面，但也有形下的成分，如"心体""本心"本是形上的意蕴，但又具有其实在性的一面。即王阳明所说"心之发也，遇父便谓之孝，遇君便谓之忠，自此以往，名至于无穷，只一性而已"①。

新儒家代表人物之一、中国台湾的蔡仁厚先生，将心分为感性层的习心、知性层和超知性层的智心以及德性层的仁心；同时，他还把"心"分为有限心和自由无限心两种。著名哲学史家张立文教授将"心"的原典含义总结如下：一是心脏，又为思维器官，兼含道德义蕴；二是主体意识；三是董子提倡的天心；四是玄学解释的无、有；五是佛学阐发的唯识、唯心；六是理学的心即理；七是近代受西方心理学影响的知、情、意。总结这些含义，可以进一步抽象为四个层面，即主体意识、心理活动（或状

①王阳明. 王阳明全集［M］. 上海：上海古籍出版社，1992：15.

态）、道德伦理观念、万物本原（或本体）[①]。

徐复观认为："中国文化中说的'心'，指的是人的生理构造中而言，即指的是五官百骸中的一部分，在心的这一部分所发生的作用，认定为人生价值的根源所在。[②]"作为人的生理构造中的一部分，心是实体，它表示了心脏，控制着全身的血脉。但不仅如此，老子的"心善渊"、孔子的"从心所欲不逾矩"、庄子的"无听之以耳而听之以心"、孟子的"尽心知性知天"，都表明心已经超越了心脏，完成了心理学的"心"。张岱年先生认为："心之能知、能思，是中国哲学中'心'的学说之中心观念。[③]"心的主要功能就是思虑、认知，用来表达个人的思想、情感、态度、意识、意志和性格，等等。而且在孟子看来，心还是道德善端的潜藏者，通过心之思能够反照德性之本心，从而使之自觉显发。从心性学的寓意上来讲，心可表示或包含一种天下的至理，包括人对宇宙和世事的认识和理解[④]。所以徐复观说，中国文化认为人生价值的根源即是在人的自己的"心"[⑤]。

可见，中国文化之"心"，意涵十分丰富。心，既是自在的实体（心脏），又是自为的主体（心意、心志）；既是存在，又是作用。所以在古人那里，唯有心具备这种能力，而不是身体的所有部位都具有的。依古人所见，心可以涵盖脑，脑不能涵括心，脑只有思维、记忆等功能，心之官则思却不止于思[⑥]。中国思想中的"心"既含摄知性思考，又充溢德性诉求，并为情意的体验所涵润。这在西学所转者看来是不明晰、非逻辑、反概念的，提升不到知识论高度，更经不起理性反

①张立文. 心［M］. 北京：中国人民大学版，1993：1-5. 转引自：李维武. 徐复观对中国史学精神的阐释［J］. 思想与文化，2001（9）：30.

②徐复观. 中国思想史论集［M］. 上海：上海书店出版社，2004：211.

③张岱年. 中国哲学大纲［M］. 北京：中国社会科学出版社，1982：249.

④申荷永. 中国文化心理学心要［M］. 北京：人民出版社，2001：20-120.

⑤程志华. 形而中学及形而上学与形而下学——纪念徐复观诞辰110周年笔谈（一）［EB/OL］.（2013-02-26）http：//blog. sina. com. cn/s/blog_4b5860d901019xh9. html.

⑥朱春鹰. 中国传统文化"心"之思想解读——身心灵全人健康模式文化探源［D］. 哈尔滨：黑龙江中医药大学，2014：14-15.

思和批判，从而既非纯粹抽象的，亦非完全经验的[①]。复光认为，如果按现代科学所认定的意识在脑不在心，用“脑子”或“脑”（mind，brain）替代“心”（heart，mind），那么就要大大地缩减和修正关于传统身心观中的丰富意蕴，弱化情感的因素包括“自爱”的向度，而强化其认知和智力的维度[②]。

安乐哲、罗思文在《论语》的英文版中，将“心”译为“heart-and-mind”。黄宗智也认为孟子之“心”兼具“mind”（“理性”的心智）与“heart”（“感性”的心情）的双重内涵[③]。赵汀阳认为，西方思想从知识论框架出发，重视属于“mind”（心智）经验的或纯粹的知识问题，在它的概念体系中发展出普遍原理和公理、逻辑论证和证明、科学分析和证实系统来生产知识，而中国传统则关注“heart”（心事）问题，讲究体悟，通过隐喻的、浓缩的、暧昧的、“迂回”的或默会的话语来进入情感[④]。

钱穆则认为，中国人所谓心，“乃人之整体全生命之活动”“非心房亦非脑部”“养神即养其心，心亦即是神”[⑤]。蒙培元指出，中国哲学所谓的心，是‘那能知能觉的’，即‘灵明知觉’之心，‘虚灵不昧’之心，‘神妙不测’之心，或‘操舍存亡’之心”。这种界定可以帮助理解中国文化中的“心”，“既不是‘一团血肉’，也不是观念实体或精神实体，更没有不死的‘灵魂’”[⑥]。

所以正如复光所言，“心是人身的极富张力，甚至无法穷尽、难以言喻的境域”[⑦]。事实上，我们难以将古人视域中的心作非常清楚的界定。但话又说回来，中国文化之所以是“心的文化”，不在于“心”域之概念透析得多么清澈，而是在于心的感发和体悟是否已化为日常中的

---

①周与沉. 身体：思想与修行［M］. 北京：中国社会科学出版社，2005：232.

②复光. “身体”辩证（续）［J］. 江海学刊，2004（3）：5-6.

③转引自：周与沉. 身体：思想与修行［M］. 北京：中国社会科学出版社，2005：232.

④赵汀阳. 心事哲学之一［J］. 读书，2001（3）：108.

⑤钱穆. 现代中国学术论衡［M］. 北京：三联书店，2001：45.

⑥蒙培元. 心灵超越与境界［M］. 北京：人民出版社，1998：10.

⑦复光. “身体”辩证（续）［J］. 江海学刊，2004（3）：5.

真得受用。离开这一点，则所谓哲学见解即使如何精密、系统，那也只是与身心、人生毫无关涉的言谈而已[①]。

第三节　太极拳心法的逻辑起点

身心合一，是心法的逻辑起点。或者说身心合一理论是心法理论的基石，没有这块基石，心法就无从谈起。在西方身心二元论的背景之下，身心之间缺乏建立联系的中间环节，身心二者呈分离状态就谈不上以心主身，也就不存在所谓心法。心主身并非以居高临下监督、操控的姿态，而是身心合一，在作为人的生命整体的语境下而发展进行。这样就需要在身心之间预设某种媒介来居间沟通两者。

中国的身心合一思想中恰恰具备了这种理论预设。中国的身体观不同于西方之处，是在身心之间多了一个中间层面：气。中国传统文化认为，万物均为一气流转所成。身体作为生命意义之原点，同样也是由不断流动的气构成的，而且，人通过气与天地万物相互联系，天人合一。同时气在身心之间起到沟通作用，使得身心成为一气之两端的统一体。也就是说气就是在身心之间所预设的这种居间沟通的媒介。

由于气的媒介和沟通作用，使身心合一成为可能。因此，中国的身体是“形—气—心”的三元结构，气是身心之间的联络，身心整体都为气所涵化，气既受心之统帅，又反作用于心，同时又充盈于全身，心对身的主宰是借助于气的流动而达成的。相关内容在前文已经阐释，在此不再赘述。

总之，身心合一（而不是身心二分）这一前提，使得心主宰身成为可能，然后才有了心主宰身的方法即心法的产生，所以我们说，身心合一是太极拳心法的逻辑起点。

①周与沉. 身体：思想与修行［M］. 北京：中国社会科学出版社，2005：153.

第四节　太极拳心法的思维基础：象思维

一、“象”的内涵

“象”，作为我国古代专有的民族文化结晶和范畴，对于传统哲学、文艺学和美学的发展，具有非常重要的作用。中国“象文化”历史悠久，内涵丰富，对中国人传统的思维模式、表达形式甚至整个文化发展史都产生了极大的影响。周晓明教授认为：“可以毫不夸张地说，中国的民族文化、文明和思维，带有浓厚的‘象本位’倾向与色彩。[①]”

何谓“象”？据《新现代汉语词典》[②]的解释，其本义是指一种于陆地上生存的最大的哺乳动物（elephant）。“象”是象形字，在甲骨文里，象的字形，就是描画的一头大象。地球上的象只有两种，一种是亚洲象，另一种是非洲象。追溯至殷商时期，据专家研究，亚洲象就已经生活在中国的黄河流域了。当时的大象，就类似于后来的牛或马，存在于当时人民的日常生活中，用于占卜、祭祀、生产、艺术，等等。这是众多旧石器时代考古遗址出土的文物和相关专家们的考古论证[③]得出的结论。象的这种客观存在，奠定了“象”作为汉字的自然基础，也为其意义不断得以发展、演化提供了前提条件。

---

①周晓明. 象论——兼述一种“表现学”构想［J］. 华中师范大学学报（哲社版），1990（6）：98.

②孙天赦. 新现代汉语词典［M］. 武汉：崇文书局，2008：794.

③徐中舒. “中央”研究院历史语言研究所集刊〈殷人服象及象之南迁〉：第2本，第1分册［C］. “中央”研究院历史语言研究所，1930；王宇信，杨宝成. 甲骨探史录〈殷墟象坑和“殷人服象”的再探讨〉［M］. 北京：三联书店，1982；德日进，杨钟健. 安阳殷墟之哺乳动物群［J］. 中国古生物杂志：丙种第12号第1册，1936；杨钟健，刘东生. 安阳殷墟之哺乳动物群补遗［N］. 中国考古报：第4册；周明镇，等. 中国象化石［M］. 北京：科学出版社，1974；文焕然. 中国历史时期植物与动物变迁研究［M］. 重庆：重庆出版社，2006.

中国文字学专家唐兰的研究[1]表明，原始文字是由实物的图形构成的图画式的表意符号，即是“以象表意”的象形字。在约5000—6000年之前，这些象形文字已经达到了完备形态。尽管在汉字的演化过程中，逐渐加强了“意”的内涵，而减弱了“象”的作用，但汉字象形性的根基却一直保留下来。除了象形，关于造字法还有“象事”“象声”之说。唐代著名画家张彦远主张“六书”之中“其三曰象形，则画之意也”。班固在《汉书·艺文志》中提到，“指事”即是“象事”，“会意”即是“象意”，“形声”即是“象声”，清代著名文字学家王筠认为此说最为“公允”。宋代史学家、目录学家郑樵于《六书证篇》也曾提到“书与画同出……六书皆为象形之变也”。可见，汉字与“象”有着不尽的渊源。汉字作为思维的物质符号和载体，由于具有“象”与“意”双重流动的特点——人们既可感受形象刺激，又可领会其表意，从而对中国人以形象主义为中心的传统思维方式的发展起到了潜移默化的正面影响。

后来“象”字历经《尚书》《周易·系辞》《老子》《庄子》等著作的不同解读，其语义不断得以衍生、扩大，从而超越了其生物学意义。

《尚书》中阐述的“象”义有两方面：一是外物之形貌；二是模拟、象征。《周易·系辞上》曰：“见乃谓之象。”也认为“象”是指能观察到的客观事物的形象。先秦时期出现的“象贤”“象天地”的运用，是由“模拟”引申为“取法”之义。东晋出现的有“乃审厥象”的用例（梅颐：《说命上》），其“象”是指外物形象所投射到人之心头的心理形象，与刘勰之“窥意象而运斤”的用法基本相似。

《周易·系辞传》说：“易者，象也。象也者，像也。”“见乃谓之象。”还说：“是故法象莫大乎天地，变通莫大乎四时。”这里“法象”一词，作为动词，是“取法”“取象”之意。《周易·系辞下》说：“古者包牺氏之王天下也，仰者观象于天，俯者观法于地，观鸟兽之文与地之宜，近取诸身，远取诸物，于是始作八卦，以通神明之德，

①唐兰. 古文字学导论：增订本［M］. 济南：齐鲁书社，1981：75-80.

以类万物之情。圣人有以见天下之赜，而拟诸其形容，象其物宜，是故谓之象。”这句话是说古人通过“观物取象”的方式来把握事物的规律。《周易·系辞上》说：“立象以尽意，设卦以尽情伪。”“子曰：‘书不尽言，言不尽意。’然则圣人之意，其不可见乎？”“子曰：‘圣人立象以尽意’。[①]”这句话则提出了“立象尽意”的思想，暗示这种借助“象”的思维方法相对于概念思维具有优势。《周易》根据阴爻、阳爻的排列组合形成八卦学说，演绎了自然万物的抽象之“象”。

《道德经》中也提到了“象”的概念，老子对“大象”进行了阐发：第二十一章：“道之为物，惟恍惟惚。恍兮惚兮，其中有象；惚兮恍兮，其中有物。窈兮冥兮，其中有精，其精甚真，其中有信。”第三十五章说：“执大象，天下往，往而不害，安平太。”老子认为，“道”的运行精微玄妙，仅靠概念和语词是难以穷尽的，只能凭借象去体认，即“执大象，天下往”。对于这里的“大象”，河上公注：“象，道也。”成玄英注：“大象，犹大道之法象也。”林希逸注：“大象者，无象之象也。[②]”所谓“大象”亦即“道”之象，具有“惟恍惟惚”“无形”“无状”的超越经验的形而上性质，在恍惚之中又“有象”“有物”“有精”“有信”。这种若有若无之“象”，要全靠直观感悟来捕捉。

《论语·阳货篇》说，“予欲无言”“天何言哉”。孔子是以天象比喻人伦，教导人们要以行体仁，取象于无言之天。庄子在《庄子·齐物论》中说：“天地与我并生，万物与我为一。”也是通过法象天地而达到与自然同体的意思。庄子提出了“象罔”一词，《庄子·天地》曰：“黄帝游乎赤水之北，登乎昆仑之丘而南望，还归，遗其玄珠。使知索之而不得，使离朱索之而不得，使吃诟索之而不得也。乃使象罔，象罔得之。”意思是说，用视觉、言辩、思虑不能所得的道，而

①郭志菊，扬清．“取象类比”与戏曲行业词语的比喻义［J］．内蒙古社会科学（汉文版），2003（9）：30.

②转引自：王树人，喻柏林．论“象”与“象思维”［J］．中国社会科学，1998（4）：44-45.

用"象罔"却得到了。"象罔"即"象"若有若无、一片混沌，"似有象而实无，盖无心之谓"，是对老子的"大象无形"的深入解读。"道象"是"象"的最高范畴。因此，"象"之义，几乎囊括了整个自然万物之象。

中国古代哲学以"象"为素材的思维方式也渗透到《黄帝内经》中，如"天地阴阳者，不以数推，以象谓之。"（《素问·五运行大论》）"五藏之象，可以类推。"（《素问·五藏生成论》）"远者，思外揣内，近者，思内而揣外，是谓阴阳之极，天地之差。"（《灵枢·外揣篇》）"藏象学说"是"象"辐射到中医领域而形成的，是中医理论的核心。"藏象"一词，最早见于《黄帝内经》："帝曰：藏象何如？岐伯曰：心，生之本，神之变化……。"张仲景注曰："象，形象也。藏居于内，形见于外，故曰藏象。"（《类经·卷三》）[①]另外中医学名词还有"脉象"，指脉搏的动态与形象，为中医诊断和辨证的主要依据之一。大概分为浮脉、沉脉、迟脉、数脉四大类。到了晋代，王叔和细分为二十四脉（《脉经》），至于明代，李时珍增为二十七脉（《濒湖脉学》），李中梓又增至二十八脉（《诊家正眼》）。脉象的形成与五脏六腑的功能活动以及气血运行密切相关，所以通过辨识脉象即可把握五脏六腑的变化，以判断疾病的相关情况。脉象的把握主要依靠手指的感觉，即中医的切脉。脉象要素的准确把握，对于理解各种脉象的形成机理及特征，进而对疾病进行辩证施治，可起到执简驭繁的作用。

中国的书画艺术，也莫不以象尽意，如东晋卫夫人的《笔阵图》，即以阵云、坠石、枯藤、崩浪之象来形容书法点画的特征。

横：如千里阵云，隐隐然其实有形。

点：如高峰坠石，磕磕然实如崩也。

竖撇：陆断犀象。

---

①吴玉泓. 象系统论是一个完整的统一的科学理论体系——以中医学理论为例［C］. 全国第十二次中医诊断学术年会论文集，2011：18.

斜勾：百钧弩发。

竖：万岁枯藤。

乙：崩浪雷奔。

横折勾：劲弩筋节。[①]

从以上分析看出，象由具体事物演变而来，作为最初的生物之象，在殷商时代与人们日常生活建立了密切联系，其内蕴逐渐得以丰富，这在《尚书》中可见其端倪。老子对“象”首次进行了哲学上的熔铸和提升，而后经过《易传》的系统发挥，“象”正式成为一个影响中国哲学精神的重要范畴。经过发展，更是辐射到天文、医学、音乐、诗歌、绘画、雕塑、农业、采矿、武术等几乎所有的领域，彰显了中国文化的独特魅力。

根据前人研究，“象”可以归纳为四种：即“卦象”“物象”“心象”和“无形之象”。《易传》根据阴爻（--）、阳爻（—）的排列组合形成的8种卦爻之形，然后演变成64卦，是演绎和归纳了自然万物的抽象之“象”，即是“卦象”。对象客观存在之显现，即为“物象”；对象在主体之内的直观映现，即为“心象”[②]；“无形之象”则是作为最高范畴的“象”，如“太极”之“象”，“大象无形”（老子的“道象”）之“象”，“无极”之“象”，均是“无物之象”[③]。

周晓明教授将心象分为感象、表象和意象三个层级。

（1）感象。作为直观映现的最初环节，指主体对于物象（包括一切具体可感的事物形象）的感性直观，如树木、房子、桌子等，是在当下具体可感的直接形象，也就是观物的同时，直接产生的“象”，它是心象世界与物象世界的交界带，有赖于物象作为对象的同时存在。它是全部心象系统最低之层级。

---

①金玉甫．形象与象形——中国书法艺术特征之解读［D］．北京：中国美术学院，2004：13-15.

②周晓明．象论——兼述一种“表现学”构想［J］．华中师范大学学报：哲社版，1990（6）：101-105.

③王树人．“象思维”视野下的“易道”［J］．周易研究，2004（6）：55.

（2）表象。指作为直接刺激物的物象缺失时，被保留、存贮在主体直观映现系统中的并可重构和唤回之“象”，即对非当下的、曾经的感象的再现。表象完成了“物”与“象”的分离，实现了物象至心象的转化。表象仍未脱离物象感性材料的规定性，较大程度地受制于物象的特征，这是它与“意象”所形成区别的地方。表象乃直观映现之中间环节，称为“中介心象”。

（3）意象。是“意”与“象”的有机统一，是“立象尽意”之象，来自对表象的进一步抽象和一般化，它是心象系统中的最高环节①。所以“象”的产生，可以说既是一个认识过程，同时又是一个创造过程。

王树人认为，“象思维”之象，在这种思维发生过程之中，其起点或初级阶段，虽然与感象、表象和意象相关，然而，在“象思维”之思在原发创生的高级阶段，其象则与物象之象、感象之象、表象之象、意象之象不同，而是远远高于这4种象的“原象”，也就是老子所言“大象无形”之象②。太极拳心法就是以心象为基本素材，在其心法训练的不同阶段，分别要涉及感象、表象和意象，而达到高级境界后则能体会到“大象无形”之象。

①周晓明指出，此处所谓的“表象”，与西方哲学中的“表象”概念，有重要的区别。在西方哲学中，“表象”的用法较为混乱：有时，它等同于“现象”，如叔本华；有时，它还包括“观念”，如洛克、黑格尔等。更普遍的是，在西方哲学中，“表象”往往被含混地指涉一切存在于意识中，而与现实存在对等的心理产物（这里当然也相关于国内翻译界的混乱）。而我所谓的“表象”，仅指心象系列中一个特定的层级；直观映现中一个特定的环节。像表象概念一样，此处所谓的“意象”，有自己特有的规定性，它既不完全等同于中国古典美学中的同名术语（后者强调“情”与“景”的内在统一），更与西方哲学（如胡塞尔、萨特等人的“意象”观）、西方文学（如“意象派”之“意象”）中的“意象”概念形成区别。周晓明. 象论——兼述一种“表现学”构想［J］. 华中师范大学学报（哲社版），1990（6）：98-105.

②王树人. 回归原创之思——“象思维”视野下的中国智慧〈绪论〉［M］. 南京：江苏人民出版社，2005：3.

二、“象思维”理论阐释

张岱年教授指出：“‘象’在中国人的思维方式中有特殊的地位。[①]”中国古代无论是科学技术，还是哲学思想、文学艺术领域，到处都有“象”的影踪。谈天文讲“天象”，谈医学讲“藏象”“脉象”，谈美学讲“意象”，谈思维讲“想象”。因此，“象”被认为是“中国文化的基元”。由《周易》卦爻辞所筑之“象”，已涉及丰富多彩的不同层面，如自然中的走兽、飞鸟、草木、山河、雷电、风雨、日月、星辰等存在，社会中的战争、商贸、狩猎、农耕等事态；人的生、老、嫁、娶、婚、丧、病、死等世间现象，等等，几乎所有这些方面都有借助于“象”的富有诗意的描述[②]。以“象”为元素的思维模式一直主导着中国古代文化的主流方向。

清代的两位学者总结了“象”在中国文化中的广泛存在和重要地位。王夫之曰：“乃盈天下而皆象矣。诗之比兴，书之政事，春秋之名分，礼之仪，乐之律，莫非象也，而《易》统会其理。[③]”章学诚曰：“象之所包广矣，非徒《易》而已，六艺莫不兼之。盖道体之将，形而未显者也。”（《文史通义》内篇一《易教》下）学界认为，中国文化之所以能包容如此丰富的“象”的文化内涵，是源自于《周易》“观物取象”和“立象尽意”之思维特征。

“象思维”这个名词出现于20世纪80年代，是由王树人[④]先生通过

①张岱年，成中英. 中国思维偏向［M］. 北京：中国社会科学出版社，1991：83.

②王树人. “象思维”视野下的“易道”［J］. 周易研究，2004（6）：55.

③王夫之. 周易外传：卷六［M］. 长沙：岳麓书社，1996：1039.

④王树人，是当代中国象思维（Xiang Thinking）研究创始人。毕业于北京大学哲学系。研究生在中国科学院哲学所师从杨一之先生与贺麟先生。曾在德国慕尼黑大学、波鸿大学、波恩大学作访问研究。现任中国社会科学院哲学所研究员，研究生院教授、博士生导师，中华外国哲学史学会名誉理事长。学贯中西，长期从事中西思想文化比较研究，他精通易老庄禅，通晓诗道书画。王先生提出的“象思维”概念及其理论，既是对中国传统思想文化基本特征的概括，也为这一思想文化研究开拓出一个新的方法论和视角。王树人. 国学培训网. 2006-6-5［引用日期2014-01-6］.

总结中国传统思维方式的特点而最早明确提出的，得到了学界的广泛认可，引领众多学者参与到进一步的相关研究之中。这种思维方式自古就有，只是此前被称为“意象思维”“取象思维”或“具象思维“而已，后由王树人对其本质进行提炼，构建形成了“象思维”的系统理论。所谓“象思维”，简而言之就是以“象”为细胞或基本元素的思维，而区别于人们熟悉的“概念思维”——以概念为细胞或基本元素的思维方式[①]。邢玉瑞对“象思维”的界定是：以自然客观事物整体呈现于外的现象为根据，以物象和意象（形象的概念或符号）为工具，运用直觉、象征、隐喻、推类、联想等方法，来表达宇宙自然的抽象意义，把握宇宙自然的普遍联系，以至于最终把握本原之象的思维方式[②]。

“象思维”超越主客二元对立，体现了中国传统思维的基本特征与本质内涵，因为有别于逻辑思维或概念思维，所以可以称之为非理性思维，或非概念思维。动态的整体直观是其典型形态，具有“非实体性、非现成性、非对象性、诗意性”[③]。

爱因斯坦有句名言，概括了想象（象思维）与逻辑（概念思维）的区别，即“逻辑带你从A走到B，想象力则带你云游四方”。

象思维与概念思维的区别具体体现在：

首先，“象思维”诉诸于非对象化的思维模式，所要把握的是太极、气、道等非实体，属于动态整体，追求“物我两忘”、回归“本真之我”而与“道”一体相通；而概念思维则诉诸于主客二元分立的对象化思维模式，所要把握的是对象、客体等实体，属于静态局部。

其次，“象思维”于求悟之中不仅思理，而且更重要的还要提升人的境界，往往将其深邃之理寓含于诗意盎然的境界之中；而概念思维并不涉及人的境界如何，其涉及的主要是认识之理。所以，象思维在思理

---

①姚春鹏. 象思维的基本特点［J］. 中医杂志，2014，55（18）：1531-1534.

②邢玉瑞. 中医象思维的概念［J］. 中医杂志，2014，55（10）：813.

③李安泽. “象思维”视野下的中国智慧——读王树人近著《回归原创之思》. 学术研究［J］. 2006（12）：142.

之认识功夫的基础上，还要有更重要的“体道”功夫①6。

再次，在思维方式上，象思维富于诗意联想、混沌性和超越现实的特点；而概念思维具有严格的规定性、逻辑性、执着性和现实性的特点。

最后，概念思维运用概念进行思考学习、分析推理、逻辑判断，是适合科学研究的最好的思维方式；象思维则要求悬置概念思维，中止逻辑推理，是适合于修身悟道、练功修行、艺术创作的思维方式。所以有学者认为，象思维是悟道思维，概念思维是解决具体问题的思维②。

“象思维”与“形象思维的关系：

王树人先生认为，象思维与形象思维有联系，在一定程度上包括“形象思维”，但不能归结为形象思维。“象思维”之象，在思维发生的开始，与形象相关联，或者说形象思维是“象思维”的初级阶段。在“象思维”的高级阶段，其象则是远远高于“形象”的，如《周易》的卦爻之象，老子的“大象无形”之象（道象），禅宗的开悟之象（禅象）。这种“象”是非现成的、非实体的、非对象的，是原发创生之象，也是“生生不已”的动态整体之象①3-4。“象思维”本真而不具形，被认为是人类最本原的思维方式，是中国传统文化的主导思维，是提出和发现问题的思维，所以被称为“原创之思”“原创性的源泉”。

可以说，中国的“象思维”传统，绵延既久，生生不息，以“百姓日用而不知”的方式存在着。中国的先哲们运用这种独特、自然的思维方式探索宇宙规律，取得了许多成就③。只不过，近代以来，在接受西方文化时，“象思维”逐渐被人们所丢弃。王树人明确指出，他主张唤醒“象思维”，而回归原创之思，并不是反对理性思维、反对概念思维

①王树人. 回归原创之思——“象思维”视野下的中国智慧［M］. 南京：江苏人民出版社，2005：3-6.

②王树人. 文化观转型与“象思维”之失［J］. 杭州师范大学学报（社会科学版），2008（3）：6-9.

③王新彦. 浅析孙思邈的“象思维”方法［J］. 河南中医，2005（2）：249-250.

或取而代之，而是反对概念思维对"象思维"之压抑，即他所说的概念思维的异化。在处理概念思维和"象思维"二者的关系时，王树人主张，要坚持"会通以超胜"的指导思想，既反对"全盘西化"，又要避免"国粹主义"。

王树人认为，借助于"象的流动与转化"，实现"立象以尽意"，是"象思维"的显著特点。艺术家所进行的艺术创作，禅宗的"开悟"，以及道家的"体道"，可以说都是通过"立象"来"尽意"，从而达到目的。然而，应该怎样把握"立象以尽意"？其实"象"包含了很多的层次，如内在或外在所感知之象[①]、意象、整体气象、感知气象、大小宇宙的整体之象。这只是粗略地对"象"进行划分。对于各种层次之"象"来说，每一层次又可再分成更多层次，以此类推，可达到无穷。此"象"并非静态的，而是不断"流动与转化"的动态之象。由于象的"流动与转化"是"象思维"的显著特点，所以对其进行正确理解就至关重要。象在同一层次的运动，称为"象的流动"；象在不同层次的运动，称为"象的转化"[②]。

就本真而言，象思维之"象"，是"大象无形"，即"无物之象"。这种所谓"原象"其思所开辟的，不仅是高境界，还是大视野。在象之意义上，欲趋近这种高境界和大视野的"原象"境域，必须从实际生活中的物象和感象起步，由此向高级的"原象"过渡。庄子在庖丁解牛而得"道"的故事中（《庄子·养生主》），对这种过渡做了很生动的描述："始臣之解牛之时，所见无非全牛者。三年之后，未尝见全牛也。方今之时，臣以神遇而不以目视，官知止而神欲行。"可以说，庖丁由"见全牛"至"未见全牛"，而后达到"官知止而神欲行"这一

①所谓外在感知之象，是指眼睛所见的天地人等万事万物之象。所谓内在感知之象，是指耳听之声象，舌感之味象，鼻闻之气味之象，皮肤受触所感之"象"，例如中医大夫诊脉所感之脉象，等等。这些都归结为感知之象。气象不凡，气象万千，气韵生动，已经是超越直感之象的整体之象，或者说，已经是具有"情志"之象意味的"意象"。参见：王树人. 回归原创之思——"象思维"视野下的中国智慧［M］. 南京：江苏人民出版社，2005：292.

②王树人，喻柏林. 论"象"与"象思维"［J］. 中国社会科学，1998（4）：45.

过程，正是从物象到意象，然后到“大象无形”之“象思维”的过程。“官知止而神欲行”，即是思超越物象到意象，进而跃升至“大象无形”之“原象”境域，也即得“道”之境域[①5]。

王树人主张，要以“象思维”为视角，回归到中国文化原味，才能真正领会和体悟中国传统文化中的基本范畴。[①2]然而要想唤醒并进入“象思维”，进行“象之思”，那么就必须训练中止或悬置概念思维的功夫，这是禅宗所谓“开悟”、道家所谓“体道”的前提条件。禅宗的“自性”、道家的“道”、儒家的“仁”都是以“象思维”进行体悟的结晶。这些基本范畴乃是属于非实体性范畴，它们的根本特征即在于超越概念思维的言说。如老子之“道可道，非常道”（道不可言），禅宗之“不立文字，以心传心”，以及答非所问和棒喝等，王树人认为，都是在于“悬置”概念思维之言。儒家“一日三省吾心”，以此而“近仁”，亦是体悟的范畴[②]。由此得出，只有无言之“体”[③]，方可回归“本真之我”，体现“生命之本真”。

三、太极拳心法是“象思维”的运用典范

太极拳是中国传统文化的结晶，根据王树人的观点，自然也要依赖“象思维”回归中国文化原味，才能真正领会和体悟太极拳之精髓。而事实上也恰恰如此，太极拳心法是不折不扣的“象思维”的典范。

实际上，太极拳本身就是通过“观物取象”这种形式而形成的拳术。“观雀蛇相争后，张三丰根据蛇的运动意向进行了武术的文化生

①王树人. 回归原创之思——“象思维”视野下的中国智慧［M］. 南京：江苏人民出版社，2005：2-5.

②王树人，喻柏林. 论“象”与“象思维”［J］. 中国社会科学，1998（4）：45.

③王树人认为，“体”是个多义词。它的动词否定意义，就在于“体”而不作概念思维之言，也即“悬置”或终止概念思维。“体”作为动词在这里的肯定意义，则是指回归“本真之我”而与“道”一体相通。这种相通，既是大智慧的开启，也是跃升到“生命本真”的高境界。见：王树人. 回归原创之思——“象思维”视野下的中国智慧［M］. 南京：江苏人民出版社，2005：3.

产，生产了以柔克刚的太极拳。[①]”武术家王培生所传的原式十三式太极拳[②]，传说由张三丰传于甘凤池，由甘之曾孙甘淡然再传至李瑞东，然后再由李瑞东传播开来的。这是一种以蛇、狮、雀、龙、凤、虎、猿、鹤、熊、蟾、马、猫、鸡等多种动物与飞禽的动作姿态，配合八门五步等十三法进行演练的拳术，被认为是现在流行太极拳的原始形式。其代表性动作均采用了不同动物和飞禽之“象”：单鞭——猴形、揽雀尾——蟾形、白鹤亮翅——鹤形、倒撵猴——熊形、斜飞式——凤形、上上式——蛇形、撇身锤——猫形、下式——鹊形、打虎式——虎形、野马分鬃——马形、金鸡独立——鸡形、云手——龙形。可以看出，使用生命喻象实际上是去取法于人体之外的自然界生命世界，以激活形式背后的生命活力。所以，太极拳本身就是“象思维”原发创生的产物。

随着不断的演变发展，除了部分动作名称仍保留了象形拳的些许余味（如“野马分鬃”“白鹤亮翅”“白蛇吐信”、青龙出水、三环套月、揽雀尾，等等）之外，太极拳在外形上模仿动物之象的痕迹逐渐淡化，然而“象思维”却在太极拳心法中得以发挥，而且体现得淋漓尽致。明代高濂有“求神似于形似之外，取生意于形似之中”（《闲情赏笺》）之言[③]。清代赵翼《瓯北集·论诗》亦有“意取象外神”之说。即戴国斌教授所说的：“在武术的仿生学生产中，表层是对动物形态和动作的模仿，中层是对动物能力的模仿，深层是对动作特性和运动神态特性的模仿。[①]”显然，太极拳心法之“象”是这种“神似”的高级阶段。

太极拳心法的构成是以“象”为基本元素的。从点、线、面以至于自然万物之立体事物均可以取作太极拳心法之“象”。如人体的穴位点，连接不同穴位点形成的直线，腰间的圆圈形成的平面，还有气球、钟鼎、杠杆、磨盘、平准、车轴、山岳、江河、孔雀、白鹤、鹞子、

①戴国斌. 武术的仿生性生产［J］. 上海体育学院学报，2009（11）：10.

②张耀忠，潘建林. 精功十三式太极拳［M］. 北京：北京体育大学出版社，1997.

③王岗，吴松. 中国武术：传统审美的文化归属［J］. 体育文化导刊，2007（5）：23.

老虎、青龙等立体事物，都可以通过“观物取象”成为太极拳心法之“象”，然后“立象以尽意”。这从孙禄堂的弟子孙振岱为孙式太极拳所作的诗中即可一见端倪。

《题孙家太极拳》[1]

诗一

身如桅杆脚如船，（身法）
伸缩如鞭势如澜。（身势）
神藏一气运如球，（劲势）
吞吐沾盖冷崩弹。（劲意）

诗二

临敌如游鱼戏水，（闪战）
出手似弹灰抛捶。（发力）
彼若抢来我先去，（截意）
忽成铁楔入脊髓。（劲道）

诗三

封肘管肩引虚处，（随法）
偷步进身欺彼中。（进法）
钓住彼意气落踵，（提法）
送彼将就在一松。（放法）

诗中，既有静态之象，如船、桅杆、鞭、鱼、铁楔、链子锤等；又有动态之象，如弹灰抛捶、铁楔入骨、游鱼戏水等，形成不同层次的象，生动地体现了孙式太极拳应用时的虚灵、闪战的特点。

太极拳心法是通过“象的流动与转化”来表达意义的，这正是“象

①童旭东. 孙氏武学研究［M］. 北京：中国书籍出版社，2008：426-427.

思维”的重要特征和显著特点。如“身如钟鼎”的心法，就是通过钟鼎之象的平移、旋转，以及钟锤的升降、摆动，来引领身形的平移、旋转和气机的上下、前后之运作。再如“立如平准”的心法，就是利用平准（天平）之象，来隐喻身体在动态之中的中正平衡。还有起势时的“气球升腾”的心法，就是利用氢气球向上升腾之象，来引领两手自动地向上提举。这些都是利用了“象的流动与转化”，体现了“象思维”的根本特征。

太极拳心法运用的各种“象”，当然均是非实体，属于非对象化的思维模式，目的是将人的注意力集中在虚拟之“象”上，中止或悬置概念思维，不再进行逻辑思辨，在完成动态整体的太极拳动作的同时，追求“物我两忘”之化境。练拳人的境界提升后，太极拳的深邃之理就会在诗意盎然的境界中得以映现。正如陈鑫所讲：“无极者，一物未有也。太初以上，浑浑穆穆，混混沌沌，所谓大混沌者，即此时也。学者上场打拳，端然恭立，合目息气，两手下垂，身桩端正，两足并齐，心中一无所著，一念无所思，穆穆皇皇，浑然如大混沌无极景象，故其形无可名，名之曰‘无极象形’也[①]。”在思维方式上，太极拳心法体现出“象思维”的诗意联想、混沌性和超越现实的特点。

实际上“象”和“心”是有一定内在联系的。根据王树人的理论，笔者认为“象”在“体道”中起着重要的作用，它是“身”衔接“心”，“人心”通往“道心”的桥梁。著名哲学家、中国哲学史专家、文化史专家庞朴先生说：“在‘形而上者谓之道、形而下者谓之器’之外或之间，更有一个‘形而中’者，它谓之象！[②]”庞朴先生认为“象”具有中观性质，正如赵天一博士所言：“‘象’不仅具有哲学意味，而且成为中国古典哲学中沟通形上与形下的作为形而中的工具。[③]”然而，徐复观先生认为，要把《易传》中的“形而上者谓之道、形而下者谓之器”这句话表述更完整，还要在后面增加一句“形而中学

①陈鑫. 陈氏太极拳图说（简体版）［M］. 太原：山西科学技术出版社，2006：95-96.
②庞朴. 庞朴文集（第四卷）〈一分为三〉［M］. 济南：山东大学出版社，2004：232.
③赵天一. 中国古典意象史论［D］. 重庆：西南大学博士论文，2012：23-24.

谓其心”，他主张“心”是一种形而中的学问。笔者颇受启发，意识到庞朴先生“形而中之象”的观点，和徐复观先生“形而中之心”的主张，恰好准确反映了“心”与“象”存在的这种对应关系，即两者同属于形下和形上之间的“中观层面”。可以用张载的话加以印证：“由象识心，徇象丧心。知象者心。[①]”也就是说，“象”需要用“心”去把握，“心”又需要以“象”作为认知对象。这是对两者关系的准确概括。笔者由此推导而得出：太极拳心法之中观之心的运行，是以“象”为着落点或作为载体，依赖于“象”之动态整体的流动与转化来发挥作用，即“以心立象，象以尽意”。

本章小结

中国传统的“心的文化”是太极拳心法的活水源头，没有“心的文化”就不能形成太极拳“重心”即“先在心后在身”的特色。心为主宰、心主身并非以居高临下监督、操控的姿态，而是身心合一，在作为人的生命整体的语境下而发展进行。由于气的媒介和沟通作用，使身心合一成为可能，同时也形成了中国特有的“形—气—心”的三元一体的身体结构。象是“形而中者”，是沟通形上形下的媒介，心亦是“形而中学”；象又是意的载体，是表意的手段，即所谓“象以尽意”，所以象与修心有着千丝万缕的联系。因此我们将“唤醒‘象思维’，中止概念思维”而达到“物我两忘”之境作为太极拳心法修炼的核心主旨。总之，太极拳心法是“象思维”的运用典范。

①转引自：王前．论“象思维”的机理［J］．中国社会科学院研究生院学报．2002（3）：58-63.

第三章 太极拳心法的内涵

第一节 太极拳心法的概念界定

“心法”这一概念本是佛教名词。《辞海》中解释，“心法，为佛家语，以心相印证者曰心法。[①]”心法是相对于“色法”而言的，是指心的一切法。《佛学大辞典》中指出：“‘心法’，指一切心理现象；‘色法’，指一切物质现象。”心法，又有“心之王”之意，即生命的主宰。同时，心法还包含着“最根本、最核心的方法”的意思。如《新华字典》对“心法”的解释中其中一条是：“泛指授受的重要心得和方法。”

后世人们将《尚书》记载的“人心惟危，道心惟微，惟精唯一，允执厥中”十六字称为“中华心法”。这是中国历史上经典的心法案例，其本质是心性精义的相传。有人认为，“中华心法”是圣人和帝王合而为一的心法，表达了内圣才能外王的思想，王位的继承仅仅是形式，更重要的则是如何更好地践行这一心法。“中华心法”倡导人类仁爱、宽容、友善、和谐、恒定、守一的精神，教育和引导人们以“惟精唯一”的探索精神，追求“允执厥中”的人生境界，所以流传千古。后来也有人认为，孔子尊尧舜为儒学先师，儒家将“中华心法”视为至宝，继而在此基础上形成和发展了儒家心法，即《大学》《中庸》。

①舒新城，等. 辞海：上［M］. 北京：中华书局出版社，1981：1126.

太极拳的最高境界不是打打杀杀，而是得其心法，然后以武入道。关于心法，武术界很多专家、学者都从不同角度进行过阐释。邱丕相教授指出，太极拳作为道艺，是以人的思想、精神、心理状态为修炼的基础。他认为心上功夫，不在吞津咽气，而虚静的心灵才称得上心，也就是说，正是这种主观精神、心境贯于行拳之中，才能做到太极拳“心为令，气为旗”的以“心为主宰”的行拳境界[①]。太极拳名家解守德说：“所谓心法，用现代语言来表述，就是心理思维的方法。[②]”杜子宇认为：“心法实质是意念。太极动静修炼的‘用意’‘意领’及其造化的功能之法就是心法。”“心念之法就是心法。[③]”太极笑笑生和刘厚中认为：“心法是指练太极拳时人的思维思路，是太极拳的核心部分，它把通关、窍位有机地串联起来，是太极拳的灵魂。[④]”蓝晟说：“心法是符合生命活动及事物发展规律的途径和训练方法，内功是通过这些途径和方法训练所积蓄而成的能量及内向性的体验。[⑤]”他认为拳家们所说的心法，是在内向性意识的作用下引起的内气催促姿势变化之规律。魏树人认为：“心法是指盘拳过程中用心意引领动作运行的步骤和方法。[⑥]”钱惕明认为：“心法有宏观和微观两面。宏观心法，指‘诚意、正心、修身、齐家、治国、平天下’的心性修养法则和目标，即为人之道；微观心法，指一拳一派一功的内心的行功法则，即练拳之道。[⑦]”

以这些研究为基础，综合各种因素，我们对相关概念进行了界定。

①邱丕相. 中国太极拳修心养性的价值与修为的效果［J］. 上海体育学院学报，1992（1）：22-26.

②解守德. 太极内功心法［M］. 北京：人民体育出版社，2006：221.

③杜子宇. 李派太极五行捶［M］. 太原：山西科学技术出版社，2005：7.

④太极笑笑生，刘厚中. 身边的武林2：太极等内家拳的核心秘密［M］. 北京：中国发展出版社，2013：25.

⑤蓝晟. 国学与太极拳——中国人必修的文武之道［M］. 北京：当代中国出版社，2012：115.

⑥魏树人. 杨式太极拳术述真之二：太极拳行拳心法［M］. 北京：人民体育出版社，2001：21.

⑦钱惕明. 太极内功心法全书：上卷［M］. 北京：人民体育出版社，2008：50.

心：如前文所述，中国古人认为心就是心脏，而现代科学认为心就是人的大脑。本研究认为，“心”是指以人的大脑、神经等相关器官构成的物质系统，以及由此所产生的思维活动、心理现象及心灵、精神和心性的修养境界，我们在此将物质和精神两方面统称为“心”。

法：就是指法则、规律、方法。

太极拳心法：指与太极拳动作相配合的以“立象尽意”为基本法则的进行身心整合、提升境界的心得方法及其规律的总称。主要是利用意识对物质的主观能动作用对身体进行规训以及实现精神境界自我超越的想象性内心体验的方法。这种想象性内心体验是以“象”作为基本元素而进行的一种“象思维”过程，引导人通过“象”这一符号与其所指向的对象产生感应，从而实现身心合一，产生相应的功能、境界，以达到预期的练功效果。

拳论讲“先在心，后在身”，是指太极拳的身心体验是由“心知”到“身知”的过程。“心知”，即掌握符合太极拳运动规律的大脑的活动方法；“身知”是四肢百骸能准确高效地将大脑下达的动作指令表示出来。从最初的身体“不听使唤”到“从心所欲不逾矩”的自由境界，即是实现“身心合一”的过程。这种“先在心，后在身”的指导思想，我们可以找到其理论依据。根据心理学的“心理神经肌肉理论”，由于大脑的运动中枢与运动系统之间有着双向神经联系，人在对某一动作做想象性体验时，可以引起相关运动中枢产生兴奋，并传导至相关肌肉，从而产生难以觉察的运动动作。这种神经—肌肉运动模式，与实际发生动作时的神经—肌肉运动模式高度相似，因此这就使得通过想象来完善运动技能成为可能①。据此，我们可以说太极拳心法是符合心理神经肌肉理论的“先在心，后在身”的行拳法则。

武式太极拳名师郝少如曾说：人体内在的辩证运动，是谓太极；肢体动作的外形运动是谓拳。太极与拳，即内在与外形的运动必须辩证统一，以内在运动变化来支配外形之运动，也就是用太极运动支配拳之运动，此乃“太极拳”。心法是核、是里，外形是表；心法是本，外形是

---

①张力为，毛志雄. 运动心理学［M］. 北京：高等教育出版社，2007：244.

标；心法是根，外形是末。本末切勿倒置。太极拳有一句老话叫：“守住中土不离位。”何为中土呢？中医学中五脏之脾属土，脾主意，守住中土不离位，即是守住你心的那个意不离位。但是如此说，并非认为形就不重要，而是要以形为载体、以心法为主导进行全面的修炼，以达“表里如一”“标本兼修”之效。“太极”理念存在于人的心中，无形无象，无影无踪，要把握之，须以心法引领。

太极拳的各个门派都有其自成体系的心法内容，形式多样，互不相同，然而万变不离其宗，其本质却是相通的。心法是活的，没有一成不变的固定心法，不同姿势动作以及其间的起承转合都各有其相应的心法，换句话说，心法体现在每个具体的动作操作过程之中。虽然不同门派或不同动作的心法的形式不尽相同，但“心静体松”的基本要求和“立象尽意”的基本法则却是始终不变的。我们既可以运用前人在实践中总结出来的经典心法，如“身如钟鼎”“腰如磨盘”“平地立竿”等，也可以在体悟中根据相关原则创生出新的心法。需要指出的是，任何太极拳心法并非现成的公式，谁都能套用，一套就灵，而是需要习练者在有经验的老师的指导下，在长期的专门训练中不断进行揣摩体悟，才能逐渐有所心得和体会，并产生一定的效果。关于太极拳心法的构建、原则、应用和训练方法将在下面的章节中进行专门阐释，在此暂不赘述。

第二节 太极拳心法的中观性质

一提及中国文化中的“心”“心法”，可能有人会把它跟唯心论联系起来。那样的话，我们所说的太极拳心法，是不是也存在唯心论的嫌疑？这里非常有必要对其属性进行分析。

唯物与唯心是西方哲学中的一对基本范畴，二者争论的焦点在于到底是物质在先，还是精神在先，到底是物质创造精神，还是精神创造物质，这里的精神就是心。这种争论是西方文化二元论模式（即人/神、身/心、物质/精神、身体/理念的二分构架）下的必然产物。中国文化和西方文化的思维走向是不一样的，如前文所述，中国文化讲究“天人合一”为主导的一元整体思维，主张身心合一、心物合一，是一种“和”文化，从根源上讲不存在心、物截然对立的传统。张岱年先生说：“中国哲学本质特点是知行合一，思想学说和生活实践融为一片。[①]”它所重视的不是抽象的逻辑推理，而是将“心”放在现实生活中去加以体会证悟。吴兴明认为：“‘心’之言域并没有将‘心’作为与主体分离的对象，因此对‘心’不可能作定里定性的分析与解剖，‘心’的知识从不来自对‘心’作为客观对象的分析、解剖和扫描，而是来自对自我之‘心’的启发、领会与内省。中国‘心学’的知识论假设是：对‘心’必须用心才能领会。[②]”徐复观认为，在中国的文化系统中，并没有以厘清唯物与唯心作为一个哲学本体论的重要问题来加以讨论。将心物分开并非中国文化的性格。

在人们看来，“唯心主义”是一个负面的名词，唯物主义是先进的，正确的，唯心主义是落后的，错误的。中国文化讲究“心”“性”，被称为“心的文化”，是否就是唯心主义呢？徐复观在1973年发表了《心的文化》一文，开篇就对此问题进行了反驳。他说中国文化之心，乃是人生理构造即五官百骸中的一部分，在心的部分所发生的作用，是人生价值的根源所在。徐复观认为，西方唯心论中的心，不是人的生理构成的一部分，也就是说，不能把生理构造的这一部分等同于西方唯心论之心。如果把中国文化中之心，附会到唯物论上去，还沾点边际；生理本是物，而心的作用恰是生理（即物）的某一部分之作用，若将其牵附至唯心上去，那就没有一点影子了[③]。

“心的文化”不在于空泛的、理论上的逻辑推理和思辨论证，不是与身心、人生毫无关涉的言谈，而是一种注重将心的感发和体悟转化为日常中的真得受用的一种体验之学。对此，蒙培元有“以体会为心”的

①张岱年. 中国哲学大纲［M］. 北京：中国社会科学出版社，1982：5.

②吴兴明. 中国传统文论的知识谱系［M］. 成都：四川人民出版社，2001：165-166. 转引自：周瑾. 多元文化视野中的身体——以早期中国身心思想为中心［D］. 杭州：浙江大学，2003：87.

③徐复观. 中国思想史论集［M］. 台北：台湾学生书局，1993：243.

见解[①]。“体”，指体之于身而得其受用，“会”，指通之以心而显为发用[②]。所谓“以体会为心”，是指在心—性—天汇通的境域中，人全身心地体悟、践行，及其所体所会在此实修过程中的自然显现。

徐复观在总结心的文化的特点时指出：心的文化存在于人的具体生命之中，注重在人伦日用的工夫、体验和实践，主宰人的具体生命活动，而又不完全脱离思辨，它以心为归宿，将人生价值的根源植于人心。所以它不同于西方的形而上学和逻辑思辨。黄熹认为，“心的文化”韵味，体现为内外相合所开辟的“普遍的人间”与“人文世界”，并非悬空孤立的形而上学，亦非无所用心、完全坠入世俗的思想缺失的时代。它将“心”看作人生价值的源泉，注重内部的主体性和现实的人伦日用相互交融的文化[③]。中国这种作为生命之学的“心的学问”，是体验于“身”的实在修养之学，心上工夫的受用，绝无可能与“身”无关。因此，将“心”落于实修，才是真切、着实的。

徐复观反对唯物与唯心二分，他主张，古代“心的文化”，是一种具体存在，它与思辨或信仰所构建的那种形而上学，属于完全不同的性格[④243]。他反对将西方的形而上学套在中国文化之上，肯定中国文化中有自己的形而上学[④220]。如彭鹏所言，中国的形而上学，是“一种融本体、工夫与境界为一体的体验式形而上学”[⑤]。汤浅泰雄也有同样的见解：“在东方传统的形而上学中，肉身的空间和形而上学的空间之间没有严格的界线，二者是连续体内两个互相渗透的区域。修行乃是灵魂从肉身之空间向形而上学之空间挺进的过程。然而，在西方宗教中，它们却是分离的。[⑥]”

①蒙培元. 中国哲学主体思维［M］. 北京：人民出版社，1993：92.

②周瑾. 多元文化视野中的身体——以早期中国身心思想为中心［D］. 杭州：浙江大学博士论文，2003：225.

③黄熹. 略论徐复观“心的文化”［J］. 武汉大学学报（人文科学版），2002，55（1）：70.

④徐复观. 中国思想史论集［M］. 台北：台湾学生书局，1993：220-243.

⑤彭鹏. 本体、工夫与境界：心文化的理论与实践［J］. 唐都学刊，2010，26（5）：74-78.

⑥汤浅泰雄. 灵肉探徽——神秘的东方身心观［M］. 北京：中国友谊出版社，1990：192.

“形而上者谓之道，形而下者谓之器”（《周易·系辞》），徐复观引用这一句话来表达了自己的独特观点：“形”指人的身体，即人自身，“道”指天道，“器”指人所用的器物。他认为“心”存在于人之身体，既非形而上，亦非形而下。所以，徐复观认为要把《易传》中的这句话表述得更完整，还要添一句——“形而中学谓其心”，那么心的文化应该称作“形而中学”[①]。“形而中学”应有它特殊的含义，这里的“中”，是相对于“上”和“下”两个方面而言的。“形上”是超越形质上的意义，“形下”是局限于物质形式上的意义，“形中”是由“形下”向“形上”超越的媒介，由此，也许会对徐复观“形而中学”有相对确切的理解[②]。

受此影响，张艳婉博士在其《儒家身心观研究》中，提出了“中观之心”的概念，将心之内涵分为形下、形上及中观三个层面：形下层面之心包括生理形躯的意识现象和心理现象；形上层面之心包括由认知心升华为形而上的道德心或灵明本体之心；中观之心，乃是形上和形下二者的交融，既不是具体之物，亦非超越之物[③]。如徐梵澄所言：“以变化气质为旨归，以身心修炼为工夫，既超越又内在，又不失之于宗教迷狂与妄诞。[④]”

形下层面和形上层面之心，笔者认为正好分别对应“中华心法”所提出的“人心”和“道心”的范畴。何为“人心”，何为“道心”？此处的“人心”，是形下层面，大略等同于心理学中的“心理”一词，主要涉及人的意识、思维与欲望之心，和人的取舍、分别、情欲、思虑等心理活动有相互联系。“人心”是人受社会环境的熏陶渐染而后天形成的功利外显层的心，又被称为妄心、机心、分别心、成心等，它是社会中利益纷争产生的根源。“道心”，是形上层面，是指“道”在于人身的内化与贯通后的超越之心，它彰显人的先验本性，也是使人得以超凡

①徐复观. 中国思想史论集［M］. 台北：台湾学生书局，1993：243.

②王守雪. 心的文学——徐复观与中国文学思想经脉的疏通［D］. 上海：华东师范大学，2014：49-50.

③张艳婉. 儒家身心观研究［D］. 长沙：湖南师范大学博士论文，2012：25-28.

④徐梵澄. 陆王学述——一系精神哲学［M］. 上海：上海远东出版社，1994：11-14.

入圣、达到“天人合一”而自我实现的根据。“道心”蕴含着“修心合道”的哲学命题，是人生实现自我超越的追求目标，即超越小我回归天道[①]。《管子·内业》有云：“心以藏心，心之中又有心焉”，第一个“心”是具体的体内之心即“人心”，乃有空间之所在；第二个“心”是充塞于宇宙间处于虚静之状态的崇高之心即“道心”。就是说，“人心”是用，而“道心”是体，是心中之心[②]。

张艳婉博士提出的“中观之心”颇具新意，使本研究从中得到启发。在笔者看来，“心”实际上不外乎形下层面的“人心”和形上层面的“道心”的范围，而“心”的修炼旨归，也无非是追求由“人心”向“道心”的趋向和转化。中观之心是从“人心”向“道心”的中间媒介，是实现人心转化的桥梁。心法，则是构建这一“媒介”或“桥梁”的方法。

结合以上对“形而中学”和“中观之心”的分析，我们对太极拳心法的属性进行了界定：太极拳心法并非“唯心论”，而是太极拳修炼中与身体、姿势和动作高度融合的“中观之心”的运行法则与方法。在这个界定中，我们强调了两点要旨：一是太极拳心法不是脱离物质载体而独立存在的，它不是单纯的静态的修心，也不是无谓的冥思苦想，更不是脱离物质的唯心主义，而是以身体、姿势、动作为载体并与姿势、动作相融合的落实于身体操作之上的“心”的修炼。二是强调了太极拳心法的中观性质，即此“心”不是带有欲望、杂念、复杂情感和逻辑思维的形而下的“人心”，而是通过采用“象思维”、中止概念思维对“人心”进行净化后的“中观之心”，以此作为向着“道心”转化的媒介。概括地说，太极拳心法就是太极拳修炼“中观之心”与身体高度融合的方法。其实质就是“象思维”在太极拳身体修炼中的运用方法。

太极拳明师冯志强先生曾说，太极拳之修炼就是天人合一的过程，就是画美丽的太极图的过程，就是吐故纳新的过程，就是在空气中游泳

---

①彭鹏. 本体、工夫与境界：心文化的理论与实践［J］. 唐都学刊，2010，26（5）：74-78.

②彭鹏. 心是什么：心文化与心理学的视角——兼谈心理学的流变与中国文化心理学的可能［J］. 心理学探新，2010，30（5）：11.

的过程，就是培养浩然正气的过程。

第三节 太极拳心法的特点

太极拳心法的基本特征包括有象性、整体动态性、体悟性和传承的隐秘性四个方面。

一、有象性

太极拳心法是以“象”作为基本元素，以“象思维”作为基本思维方式，那么“有象性”则是必然的。象思维与概念思维是人类两种最基本的思维形式。意象作为思维的基本要素，刘文英认为，引申出自原始思维的整个历史发展①。随着历史的发展，最初的意象思维产生了分化，结果形成了西方主张的概念思维和中国喜好的象思维。而象思维保持了有象性的基本特征，并得以进一步发展。概念思维则向着“去象性”即抽象性发展。太极拳心法中既有物象之相对静止的有象性，又有动态运动事物以及普遍联系的事物之间的有象性。太极拳心法的运作方式即是“立象尽意”，“象”是“意”的载体，“意”是“象”的体现，特定的“象”寓含特定的“意”，而特定的“意”又依靠特定的“象”来表达，“象”和“意”相辅相成。如“迈步如猫行”，其象是“猫行”，其意是步法要轻灵、敏捷，充满灵性。又如“运劲如抽丝”，其象是“抽丝”，其意是太极拳动作中的运动要连绵不断、均匀柔缓。这种“有象性”除了表达一定意义，更重要的是给人一种体悟某种意境的空间。

太极拳心法之象要经历从有到无的过程。开始在心里有形有象，但其基于“象”，却不滞于“象”，有象不是最终目的，最终还要去掉

①刘文英. 漫长的历史源头：原始思维与原始文化新探［M］. 北京：中国社会科学出版社，1996：134.

"象"，以追求无形之大象，所谓"得其环中，超乎象外"。最初象是用来找规矩的，通过象明规矩，守规矩。到了高境，则象已化入骨髓，无形无象，脱规矩而合规矩，大象无形而"规矩从心"，感而遂通是也。至于此象的使命已经完成了。

二、整体动态性

太极拳对身体姿势和动作的整体性要求非常高，依据"三节""四梢""五行""六合"的要求进行具体操作，将全身整合为一个有机整体，"一动无有不动，一静无有不静"，方可求得"整劲"。"六合"是指"内外三合"，"内三合"者，心与意合、意与气合、气与力合；"外三合"者，肩与胯合、肘与膝合、手与脚合。可见，六合之第一合乃"心与意合"。然而"心与意合"的含义往往很难解释清楚，其中的"心"和'意"具体指什么呢？有些解释难以令人信服，如《中国武术实用大全》[①]一书认为，"心"指思维活动，"意"指意识活动。笔者认为，"思维活动"和"意识活动"措辞虽有不同，意义却无甚差别。按此推敲，问题即现。若将"心"理解成"思维"，而把"意"理解为"意识"，二者乃是"同义范畴"，那么"心与意合"，就解释为"思维与意识相合"，这显然是讲不通的。

要解释"心与意合"，须从"象思维"视角进行。心之所发谓之意，吾心之意思也。所谓心与意合，笔者认为就是"以心立象，象以尽意"，也就是"心之象"尽"拳之意"，"象"是"心"的功能，以"心"的功能来表达拳意，即"心"与"意"合。意到则气到，即为意与气合；气到劲到，则为气与劲合。继而，达到外三合。这就是我们所说的太极拳心法之"象思维"本质。外物在心中所立之象都是对外物形象的整体概括，即使在运动状态，这种整体之象仍然是不能分割的。以"身如钟鼎"的心法为例，钟鼎在人心所立之象，是一种不可分割的浑然一体的整体形象。练拳人的身体与钟鼎之象相契合，肩、腰、胯融为

①康戈武. 中国武术实用大全［M］. 北京：中华书局，2004.

古钟的一部分，不能随意自作主张地妄动，而是要依赖于钟鼎进行平移、旋转等运动，这样才能真正做到“浑圆一体，周身一家”。通过这种立象尽意（即心与意合），充分体现出太极拳心法整体动态性的特点。

可以说，整体动态性是象思维的本来面目。“象”字本身就隐含了动态性。象思维所展现的是动态生成、整体相关的大化流行的世界。而概念思维则不然，其所刻画的世界是一幅各个要素之间清晰联系、绝对静止的图画。通过象思维，太极拳心法除了对独立的物象进行整体式把握之外，还要把不同事物之间乃至宇宙自然都当作一个“大象”来进行整体把握，以达“借天之气，借地之力”的“天人合一”之高境。

三、体悟性

汤浅泰雄说：“身心问题并非一个简单化的理论推测，乃是一个实践性的、生存体验性的、关涉全部身心的问题”[①]。太极拳是一种内在的、冷暖自知的身心体验过程。“心法是有个性的，一部分要传，一部分还要悟，甚至悟的部分更重要。传的是文字、语言，悟的是内容、关窍，是不可言表的那一部分”[②]。杨澄甫云：“非若欧西之田径赛等技，一说即明，略示便会，无精深玄妙之研究也。”（《太极拳体用全书》）太极拳心法是一种耦合身心的学问，同样，仅仅通过理论思考或理性思辨无法得其真谛，必须通过“体悟”方可一窥堂奥。

“‘体’是‘身体力行’之‘体’，包含‘切身着想’或‘亲身体验’的意思”[③]。这是一种全身心的“体”，在太极拳的修炼中表现为身心如一的操演、笃行。然后，由“体”而“知”，而“会”，有所收获，即体之于身而得其受用，通之以心而显为发用。太极拳心法，有时难以用语言表达清楚，所谓“只可体会，难以言传”。如陈鑫所言：

---

①汤浅泰雄. 灵肉探微——神秘的东方身心观［M］. 马超，等，编译. 北京：中国友谊出版社，1990：2.

②余功保. 太极密码：太极拳心法体悟〈序〉［M］. 北京：人民体育出版社，2013：2.

③杜维明. 十年机缘待儒学：东亚价值再评论［M］. 香港：牛津大学出版社，1999：63-64.

“万语千言，难形其妙。当下一演，人人可晓可见。落于纸笔，皆成糟粕。[①]”所以要参与到切实的实践活动中去切身地体验，而不是纸上谈兵，然而又不尽如此，在依赖于身体力行的同时，还要看本人的“悟”的能力。

“悟”，是悟性、参悟、领悟的意思。如禅宗的悟道路径是“教外别传，不立文字，直指人心，见性成佛”，主张：不靠讲经、解经、读经等文字言教，不单靠文字、语言的“理性思维”传授，倡导：“是以参禅开悟”来“默契”“神交”“心领神会”，以“心心相印来”印证佛祖妙法。要掌握太极拳心法并达到相应境界，同样须在明师指引下，进行类似的渐修顿悟。“师父领进门，修行在个人”“入门引路需口授，功夫无息法自修”（《十三势歌诀》），都是在强调“悟”的重要性。因为，“悟”的能力也是掌握太极拳心法的重要因素。杨澄甫还曾说过：“历史古人穷毕生之精力而不能尽其妙者，比比皆是。[②]”其弟子李雅轩说：“太极拳是聪明人练的拳。”他们都非常强调“悟性”。然而，“开悟不是脑子明白，而是身体明白，与禅的“言下顿悟”相似”[③]。也就是说，即使你有明师指点，又肯下功夫，如果悟性不佳，那也难以真正地得其奥妙。但太聪明往往又学不牢。练太极拳不怕没基础、年龄大，心法要靠体悟，年轻人因为阅历少、心性不定，有时反倒求不出东西来。

可见，“悟”是“体验”的升腾和结晶，是量变积累到质变的过程。铃木大拙曾经讲道：“悟是突然来到一个人身上的一种刹那间的体验”[④]。所以，太极拳心法的修炼不仅强调身体力行，并且需要有非常高的知解、领悟能力，同时还必须将此“知”、此“悟”融化到太极拳身体动作的展现之中，使之成为切实的“体”而“会”。

正如南北朝至隋唐时期的著名书法家虞世南所云：“书道玄妙，必

①陈鑫. 陈氏太极拳图说：简体版［M］. 太原：山西科学技术出版社，2006：82.
②转引自：王晓晨，乔媛媛. 论高校武术执教的三种境界［J］. 体育科技，2010（12）：15.
③余功保. 太极密码：太极拳心法体悟［M］. 北京：人民体育出版社，2013：116.
④铃木大拙语，转引自：赵天一. 中国古典意象史论［D］. 西南大学，2012：244.

资神遇，不可以力求也。机巧必须心悟，不可以自取。[①]”拳道亦然。

四、传承的隐秘性

太极拳心法的传承方式，一般都是师徒相承，而且其传承具有隐秘性特点。人们往往把得到太极拳真传的人，称为“得其心法”者，只有得其心法，才能经过修炼达到一定的境界。然而，自古得其心法的人少之又少，所以有“练拳者如牛毛，得道者如麟角”之说。之所以心法难得、传承具有隐秘性，主要有几个原因：

一是老师保守，不想传。因为老师也是颇费一番周折，才从他的老师那里学习并体悟到心法的精髓，由于来之不易，所以往往比较保守，加上“教会徒弟，饿死师傅”的传统观念的影响，所以不想轻易就传给别人。另外太极拳心法与禅、儒、道、医同宗同源，易学难精，对学习者的素质要求非常之高，因此，“非其人勿教，非其真勿授”，原因就是“恐枉费工夫耳”。

二是传承的规矩比较多。过去有武术谚语说：“师访徒三年，徒访师三年。”其意是说，当老师有意收某人为徒时，先通过三年来考察此人有无学拳天分，是否人品正直、踏实肯学，以及是否具备相关物质条件等。同时徒弟也要对老师的技艺、人品等访察三年。期满后，在双方同意的情况下才履行拜师仪式。这样拜师后，成为所谓“入室弟子”，仍须经多年考察后，老师才真正传授心法的内容。经过三年的师生“互访”，只有双方各种机缘均能具足，才能最终达成师徒之约，经过这种机制的严格筛选，只有少数人有缘能学到心法层面的东西。所谓“上士心传，中士言传，下士不传”，只有以心悟法者才能得真传。当年杨露禅三下陈家沟，用18年时间才悟得太极心法。另外，即使传授，必须闭门单独传授，所谓“法不传六耳”，即传授现场不存在第三人的情况下，才秘密进行心法的传授。学得心法之后，不可轻易泄漏。而对于普

①金玉甫. 形象与象形—中国书法艺术特征之解读［D］. 杭州：中国美术学院，2004：36.

通学生，则只是教授一些套路，心法则是秘而不宣的。

三是太极拳心法难以掌握。太极拳心法由于具有“有象形”“整体动态性”和“体悟性”的特点，难以形成文字，不可言传，所以往往不写入拳谱之中。《十三势歌诀》讲“入门引路须口授”，此即所谓“口授须秘传，开门见中天”，即只能靠面对面的“口传心授”、话头点拨来进行。还要看徒弟的悟性高不高，有没有灵气。有灵气的讨老师喜欢，就给多说几句。拳谚讲“练武半辈子，一句话教给徒弟”，然而，并没有一句固定的话，不知道哪句话刺激到他，突然一下就明白了。心法是很“身体化”的东西，讲不明白，必须身教方能体会得出，更不是靠喊几句口诀，学生就能体会得到的。心法无法普传，必须练到一定程度才能理解。

第四节　太极拳心法的作用

一、转换思维，改善心境

朱熹在《四书章句集注》中说道：“心者，身之所主也。”其意是说心为身主。心的正与否对身的机体功能发挥有决定性作用，心当下之状态亦会影响到心的正确施用。太极拳先辈们也认识到这一点，在经典拳论中提出了明确要求“先在心，后在身”“心为令”“刻刻在心”（《十三势行功心解》），即以心为本，身为末。为什么把“心”放在如此重要的位置呢？因为“心者，君也；手足者，臣民也。君有乾纲独断之明，而后臣民效指挥如意之势”[①]“以心为主，而五官百骸无不听命”[②]“心之所发正者，则手之所形者亦正；心之所发偏者，则手之所

①无谷，刘志学. 少林寺资料集. 北京：书目文献出版社. 1982：233.

②人民体育出版社. 太极拳全书［M］. 北京：人民体育出版社，1988：265–266.

形者亦偏”[1]。还有老拳师说：“拳是艺术，得要灵感。[2]”灵感何来？不外心也。要得灵感，当然得诉诸于心。然而，要想获得灵感，使“五官百骸无不听命”，那就得努力做到陈鑫所言的“心中一物无有，极其虚灵，一有所着，则不虚不灵，惟静以待之”[3]。

然而，说起来容易，做起来却非常难。事实上，自古人心最难降伏，所谓“人心惟危”也。“人心”是肤浅、多变和有染的，若单凭人心去行动定会导致烦恼和堕落，所以是危险的。尤其是心之欲望，能对人体产生极大的影响。钱穆体察到人之“心觉”乃是“最跳脱，最不易把捉”的，而“倏忽即逝，无法控抟，无法凝止”[4]。斯言诚哉！

老子说：“五色令人目盲，五音令人耳聋，五味令人口爽，驰骋畋猎，令人心发狂，难得之货令人行妨。”（《道德经·第十二章》）《庄子·天地》亦云：“失性有五：一曰五色乱目，使目不明；二曰五声乱耳，使耳不聪；三曰五臭薰鼻，困惾中颡；四曰五味浊口，使口厉爽；五曰趣舍滑心，使性飞扬。此五者，皆生之害也。”此说与老子观点一脉相承。五色、五音、五臭、五味分别对于目、耳、鼻、口产生诱惑，都能使人心狂乱，失去本性。只有“见素抱朴，少私寡欲”（《道德经·第十九章》）才能使心不外驰，趋于中和。孔子说：“人有三戒：少之时……戒之在色；及其壮也……戒之在斗；及其老也……戒之在得。”（《论语·季氏》）孔子认为“色、斗、得”等欲望，能使人心不安，从而对身体产生不利影响，应戒之。

对于人心之复杂、难测、易变，庄子认识深刻：“人心排下而进上，上下囚杀，淖约柔乎刚强。廉刿彫琢，其热焦火，其寒凝冰。其疾俛仰之间而再抚四海之外，其居也渊而静，其动也悬而天。偾骄而不可系者，其唯人心乎！”（《庄子·在宥》）人心接于外物，外界轻微变化即能引起内心的波动，情绪的高涨低落，意志的高昂消沉，都处在浮乱束缚、身不由己的状态。而心境从火一般狂燥到冰一般冷酷，从肃然

---

①陈鑫. 陈氏太极拳图说（简体版）［M］. 太原：山西科学技术出版社，2006：81.

②王建中，徐皓峰. 大成若缺［M］. 北京：作家出版社，2011：85.

③陈鑫语。转引自：太极拳全书. 北京：人民体育出版社，1992：266.

④钱穆. 湖上闲思录［M］. 北京：三联书店出版社，2000：8.

沉静到雀跃飞扬，其变化迅速而难以琢磨。纵意念、想象而穿行于时空之中，逞其执拗之性而难以驾御，此即是人心[①]！作为“金元四大家”之一的朱丹溪认为“心动则引起相火妄动”，主张“人心听命乎道心，而又能主之以静，彼五火之动皆中节，相火惟有裨补造化，以为生生不息之运用耳”（《格致余论·阳有余阴不足论》）[②]，就是强调从心上下工夫，收心养心，使心平气和，以理智克服欲念[③]。俗语说：“身病好除，心病难治。”“妙药不如丹药，丹药不如心药。”“心中无毒，百病皆无。”这是对心的作用的肯定[④]。

武学家们也清醒地认识到了这一点：“人神好清而心扰之，人心好静而欲牵之。若能遣其欲而心自静，澄其心而神自清，自然六欲不生三毒消灭。[⑤]”在太极拳的境域中，心之深邃、变幻与模糊晃荡，是修炼中的最大障碍，必须首先加以克服。如果打拳时心不在焉，思虑万千，在心的方面不符合规矩，那么身的技法方面也不可能达到应有的规范。同样一个动作外形，心思放在不同的部位点，产生的效果却有天壤之别。心的状态和作用把握不好，只能是走马观花式的浅尝辄止，难以步入到太极拳殿堂而一窥堂奥。所谓“失之毫厘，谬以千里”也。所以太极拳重视心的修炼，修炼过程讲究“入手于心，成就于身”。

李亦畬《五字诀》中第一诀就是对心的要求，曰“心静”。“心不静则意不专，一举手前后左右全无定向，故要心静”。如何做到心静呢？可以说练拳者十之八九，无不知道心静的重要性，但这只心里明白，光心里明白是没任何意义的，关键是要身上“明白”。心静不是口诀，而是练功修得的功能和状态。要具备这种功能，达到这种状态，就必须有其正确的方法。太极拳心法即是修炼心的方法，首先具有这种静

①周瑾. 多元文化视野中的身体——以早期中国身心思想为中心［D］. 杭州：浙江大学博士论文，2003：88.

②戴琪，朱明. 从朱丹溪君火与相火的关系论中医心理调节机制［J］. 北京中医药大学学报，2002（4）：15.

③丁光迪. 金元医学评析［M］. 北京：人民卫生出版社，1999：302.

④杜子宇. 李派太极五行捶［M］. 太原：山西科学技术出版社，2005：7.

⑤德虔. 少林武术大全［M］. 北京：北京体育学院出版社，1991：71.

心的作用。利害得失是欲望产生的本源，如果没有利害得失的概念，哪里会有欲望产生？利害得失的权衡依靠的是逻辑推理、概念分析，我们称之为“逻辑思维”或“概念思维”。太极拳的修炼不是依靠概念思维的逻辑推理来进行的，而是要改变原有的思维习惯，在特有的思维方式下进行体悟。太极拳心法的首要任务和主要作用，就是进行思维方式的转换，即中止概念思维，启用“象思维”，从主观上转换自己的思维模式，将其从有局限转变而成无局限。而后再通过这种无局限性的原发创生性的象思维来改善心境，然后改变后天思想意识作用下的人体能量运行方式，使其从后天杂乱无章的思维状态，返回到一种自动而有序的状态，即古人所称的先天状态。在此状态下，人体能量不受后天各种因素的干扰而自动有序地运行，可以使人的身体不养而自养，不练而自练。进而，人体与自然界之间进行沟通的能量通道被打开，最终可以达到天人合一的理想境界。

二、开发右脑，增进健康

太极拳心法以“象思维”为基本思维范式，笔者认为这是非常适合于太极拳境域中体道悟道和身心修炼的一种“专用”思维方式。根据王树人先生的观点，中国文化经典，不管是属于佛教禅宗的、儒家的，还是道家的，均是用“象思维”这种完全具有原创性或者启发原创性特征的思维模式生产出来，因而造就了传统文化雄浑博大的底蕴以及深邃的质性[①]。“象思维之‘思’作为精神运动，要求‘中止概念思维’，即不是表现在概念分析，而是表现在‘观’，而这种‘观’是动态的整体直观。[②]”从心理学角度讲，这是一种视觉想象，而视觉想象是右脑的功能。

概念思维与象思维这两种思维方式与脑的功能区有不同的对应关

①李安泽.“象思维”视野下的中国智慧——读王树人近著《回归原创之思》[J].学术研究，2006（12）：142.

②王树人.中国象思维与西方概念思维之比较［J］.学术研究，1998（4）：15.

系。人脑两半球即左右脑的功能不同，左脑是处理语言信息、进行逻辑分析、复合思维的中枢，具有分析性、有序性、连续性的特点；右脑是处理图像信息、进行直觉思维、发散思维、形象思维和空间定位的中枢，具有不连续性、弥散性、整体性等特点[①]。由此可知，概念思维主要是左脑的任务，"象思维"则是右脑的功能。日本医学专家、《脑内革命》的作者春山茂雄指出，"生产形象"的右脑训练法，为减缓衰老的最佳手段，因为"右脑蕴含人类睿智之精华"[②]。

概念思维是当今时代的主流思维，它的发达往往会造成"右脑"部分的功能和作用的压抑。王树人指出："要体悟太极或道，则必须进入'物我两忘'的境界。[③]"要达到这个境界，概念思维无助于事，需要借助象思维。"若要唤醒、进入'象思维'，就必须训练中止或悬置概念思维的工夫，这就是道家所说的'体道'以及禅宗所所说的'开悟'。[④]"古人的经典论述证明了这一理论。

老子讲："致虚极，守静笃。"（《道德经》第十六章）庄子讲："堕肢体，黜聪明，离形去知，同于大通。"（《庄子·大宗师第六》）。《黄帝内经》曰："恬淡虚无。"佛家讲："空而不空，不空而空。"儒家经典云："知止而后有定，定而后有静。"（《大学》）。僧肇《般若无知论》中有"寂照"甚精之论："是以圣人虚其心而实其照，终日知而未尝知也。故默耀韬光，虚心玄鉴，闭智塞聪，而独觉冥冥者矣。"（《大正藏》第45卷：《肇论·般若无知论第三》）。其中"虚极""静笃""黜聪明""离形去知""恬淡虚无""空""知止""寂照"（静观）"虚心玄鉴""闭智塞聪"都是在讲中止概念思维，同时本身又是在描述一种象，通过这种象而达到一种虚静的心理状态。

心理学家克雷奇分析这种心理时指出："当集中的沉思得以成功之时，其则会引起一种异常之意识状态。体验者用下面的语言来形容它：

①张庆林，邱江. 思维心理学［M］. 重庆：西南师范大学出版社，2007：53.

②蓝晟. 国学与太极拳——中国人必修的文武之道［M］. 北京：当代中国出版社，2012：54.

③王树人. 中国象思维与西方概念思维之比较［J］. 学术研究，1998（4）：6.

④王前. 论"象思维"的机理［J］. 中国社会科学院研究生院学报，2002（3）：63.

明净、空虚或静寂。”“所有内部心理活动得以中止，但是无任何特殊内容之纯意识以及明净感依然存在。”其“直接的效果使人们感受到人和世界的大大加强和极为新鲜的知觉，就是人们直接感知事物的感受。[①]”采用象思维而中止概念思维以致凝神静虑之后，就可以达到这种“心理感受之明净和意识之纯净的状态”，类似老子所说的“致虚极，守静笃”。

太极拳心法运用的正是这种独具中国文化特色的象思维。陈鑫讲：“无极者，一物未有也。太初以上，浑浑穆穆，混混沌沌，所谓大混沌者，即此时也。学者上场打拳，端然恭立，合目息气，两手下垂，身桩端正，两足并齐，心中一无所著，一念无所思，穆穆皇皇，浑然如大混沌无极景象，故其形无可名，名之曰‘无极象形’也。[②]”“浑浑穆穆，混混沌沌”就是混沌之象，属于象思维；“心中一无所著，一念无所思”，即中止概念思维。太极拳《授秘歌》云：无形无象，全体透空；应物自然，西山悬磬；虎吼猿鸣，水清河静；翻江播海，尽性立命。若用概念思维对其进行逻辑分析，则会云里雾里，不知所云。《授秘歌》其实是以象论境，诠释太极拳心法之关要，只有通过象思维才能体悟其内涵。下文将要提到的“身如钟鼎”“三道气圈”“胸前十字”“八方线”“坎卦之象”“手中三角”等心法，实际上都是象思维理论的具体运用。

太极拳名家、医学专家高壮飞认为：“右脑的开发理论上讲是无限量的，但它有一个条件，就是要左脑能静下来时右脑才能更好地开发。所以太极拳的训练要求‘松、静、灵、活’，也就是使左脑静下来，运用右脑的形象思维与动作同步，达到‘以心行意、以意行气、以气运身’的境界。[③]”太极拳心法通过观想和运用特定的虚拟之象，在锻炼右脑的功能、开发人体潜能的同时，起到“锁心猿，拴意马”，即中止概念思维的作用，抑制左脑原有的惯性兴奋而摄心入静，使左脑得到

①克雷奇心理学纲要（下册）［M］. 周先庚，等，译. 北京：文化教育出版社，1982：477.

②陈鑫. 陈氏太极拳图说（简体版）［M］. 太原：山西科学技术出版社，2006：95-96.

③高壮飞，若水. 千思百问太极拳［M］. 北京：中国海关出版社，2005：99-102.

休息、调养，从而达到协调左右脑功能、健脑益智、调节情绪、缓解压力、防治心理疾病的作用。

中科院魏高峡博士研究表明：“太极拳专家们所在的实验组在右脑运动前区、脑岛沟、背外侧之前额叶，还有左脑的舌回和颞上沟，大脑皮质呈现出明显增厚。这一结果提示，太极拳练习或能改变人脑结构。此研究以神经学的视角直接验证了太极拳为‘运动冥想’的科学假想。”[①]可见，太极拳心法的原理与辩证唯物主义——意识能动作用原理是一致的，即意识对人体的生理活动具有调节和控制作用。

所以，太极拳心法对人的身心健康都有作用。

三、耦合身心，提升境界

陈鑫将太极拳视为中国传统文化的写照，认为太极拳是一项“有益身心的性命之学”[②]。太极拳的实质，归根结底，是一门调控身心的学问，体现的是中国人对自己身体的理解，抑或中国人对身心关系的一种看法。太极拳心法是一种以象思维为主要思维方式的独特的身心规训技术。如前文所讲，太极拳心法具有中观性质，既不是具体之物，亦不是超越之物。因此，它可以起到沟通、交融身心，使二者耦合为一个有机整体的作用。不妨打个比喻，太极拳身体动作等有形的部分好比电脑的“硬件”，“人心”之无形的部分则是“软件”，身体动作与“人心”的关系即是“硬件”与“软件”的关系。硬件是软件作用得以发挥的“熔炉”，软件是硬件功能得以超拔的“溶剂”，太极拳心法则是溶剂在熔炉内充分发生反应的催化剂。

太极拳讲究身心合一、形神兼练，把身心、形神统一在一起，而形成一个整全的系统，发挥1+1>2的整合作用。德国学者弗里德里希·包尔生说：“一个完善的人生即一个人的所有身体的和精神的能力都在其

①段佳. 研究发现太极拳锻炼可改变大脑功能活动［EB/OL］.（2014-04-15）［2014-06-19］. http：//finance.ifeng.com/a/ 20140415/12118723_0.shtml.

②陈鑫. 陈氏太极拳图说［M］. 陈东山，点校. 太原：山西科学技术出版社，2006：46.

中得到充分发展和锻炼的生活，它是个人的至善。[1]”太极拳修炼即是以达到个人的至善为旨归，而个人的至善即是身心在更高层面上达到统一，用儒家的话语讲是“成身”和“成性”的合一，即人身之“硬件”和人心之“软件”的完美耦合。只有二者相辅相成，方可“由招熟渐悟懂劲，由懂劲阶及神明”，达到太极拳修炼的高级阶段，修养心性，蒙养心灵，从而参悟人生，提高生命境界。

有专家认为人体包括两个系统，身躯和四肢构成的形体，是第一系统。无形无象的神、意、气，是第二系统。我们修炼太极拳心法就是要开发和调动第二系统的能量。第一系统即外形的修炼以力量、速度、技法为主，其能量是有限的，若只练第一系统，就失去了“内外相合”的基本内涵。第二系统的能量是无限的，只有通过心法把第二系统开发出来，方可真正“入门”。练拳与推手，只有真正地将第二系统的神、意、气的气势调动起来，来支配形体的动静，才能实现身心的无缝耦合[2]。

现代很多人练太极拳，只注重形——只是关注形是否好看，并不细究对于形的各种规矩，而将心之层面的东西一概忽略不计，更谈不上身心合一了。竞技太极拳除了动作要潇洒优美，还要追求“刺激”。所谓刺激，就是动作要有较高的难度，这样才能吸引观众的眼球（当然竞技太极拳比赛观众往往没有运动员多），更确切地说，是为了得到裁判的认可，获得难度加分。难度动作失败，那就失去了比赛竞争力，所以竞技太极拳运动员把训练的重心，都放在了标新立异、创造难度上了。公园是当今太极拳活动的主要场所。在公园打太极拳的人数众多，可以说是参与太极拳活动的主力军。他们在公园的操场上、树荫下，挂着旗帜，排着队伍，喊着口令，放着音乐，一套拳打完接下一套，练两个小时，都不会重样。参与公园太极拳活动的这个群体，

①弗里德里希·包尔生. 伦理学体系［M］. 何怀宏，廖申白，译. 北京：中国社会科学出版社，1988：21–22. // 刘铁芳. 生命的价值与尊严：道德教化的价值目标［J］. 天津市教科院学报，2005（2）：25.

②李和生，李聪. 太极可道：李和生传杨式太极拳老六路内功太极拳解密［M］. 北京：人民体育出版社，2015：45–46.

大多只是活动一下身体，消遣生活，打起拳来走马观花，不求甚解，跟做体操没有本质的区别，所以被行家戏称为“太极操”。这种体操式的太极拳，还停留在外形的模仿上或者仅限于外形的训练上，即使已经掌握练熟了，但内里缺东西，仍停留在相对表面的东西上。没有“修心”层面的内容，那么里边就没有了核儿，缺少主宰外形的东西，也就难以达到“个人的至善”。

笔者认为没有“从心做起”，是竞技太极拳、太极操与真正太极拳的本质区别。

何谓“从心做起”？

中国文化是“心的文化”，其中一系列炼心、养心、修心的方法，古人称之为心法。它是心文化的入门之径，也是重要内容。中国台湾学者蔡壁名教授研究得出“入手于心、成就于身”，是中国古代先哲们身心体证之精髓[①]。身心的双向互动，是从心做起的，但不止于心。心法的本质是通过身体的“经验—工夫”的修行实践，对肉身进行转化、提升与超拔，达到内在超越，实现“天人合一”的目的，而不是仅仅局限于心的单方面修持。有学者认为，心的文化，其实质是关于生命的学问。正如牟宗三先生所说：“它是以生命为它的对象，主要的用心在于如何来调节我们的生命，来运转我们的生命、安顿我们的生命。[②]”它不是与人身、人生无关的教材讲义，而是需要切切实实地化入到人的身体及其整全生命之中，成为精、成为气、成为血、成为神的人生精义。这是一种“化”的过程，既然是全幅生命所展现，自然脱离不开形躯身体之参与，但心的主导毕竟最为根本，身体的转化和成就必待心而后成[③]。

太极拳心法就是太极拳修炼者“从心做起”或“入手于心”的操作方法。李雅轩在《随笔》中曾说，练太极拳主要是锻炼神经，此“锻

①蔡壁名．身体与自然——以〈黄帝内经素问〉为中心论古代思想传统中的身体［M］．台北：台湾大学出版社，1997：55.

②牟宗三．中国哲学十九讲［M］．上海：上海古籍出版社，1997：14．//刘春阳，陈泽阳．论《老子》“道论”的美学内蕴［J］．中国文化研究，2011（2）：28.

③周瑾．多元文化视野中的身体——以早期中国身心思想为中心［D］．杭州：浙江大学博士论文，2003：85.

炼神经”实际上乃是对“从心做起”很中綮的解释。太极拳修炼者要从心做起，以心法为主导，但绝非身体动作之实存情状的被抽空而干瘪为精神的空洞载体。而是恰恰相反，太极拳心法正要借着身体动作的实存情状来展现，使得经验性的内容得以转化和提升。在此，由于心法所起的作用，太极拳的身与心是相互寓居、相互成全和相互统一的关系，心提升了身体动作，身体动作也具象着心，从而实现身心互动、身心渗融之境。

南乐山指出，从事太极拳、武术、射艺、马术、舞蹈、音乐、书法等活动，以及诸如烹饪、编织、木工、陶艺、屠宰等技艺，都具有使身体近乎完美、达到巅峰状态，而后提高行动效能、挖掘自身潜力的作用[①]。经过心法主导下的笃行、操演，可以使太极拳人身心得以完美耦合而展现成为一种“艺”的形式，即《论语·述而》所说的“游于艺”，所对应的是太极拳所追求的“神明”状态。太极拳之“游于艺”表现在：太极拳操演中，“心”之所“思”落实为“身”之所“能”，心志既得活泛，身体亦得通泰，身心高度地协同运作、互动而投注、沉浸于艺中。正如陈鑫在《太极拳经谱》中所说：“用力日久，豁然贯通。日新不已，自臻神圣。浑然无迹，妙手空空。若有鬼神，助我虚灵。[②]”所谓“动作出于无心，鼓舞出于不觉”“不期然而然，莫知驱而驱”（《九要论》），正是身心完美耦合所达到的“从心所欲不逾矩”的高级境界。

太极拳心法，在追求和达到如此高超境界的过程中，起到关键的媒介作用。

四、借假修真，过河扔筏

太极拳作为“内家拳”，与其他拳种相比确实比较难练，素有“太

①出自南乐山著作《中国哲学的身体思维》。转引自：杨儒宾．中国古代思想的气论与身体观［M］．台北：巨流出版社，1993：207.

②陈鑫．陈氏太极拳图说（简体版）［M］．太原：山西科学技术出版社，2006：75.

极十年不出门”之说。可以说，太极拳练的是心，开发人体的先天功能，而往往人们所练的却是后天之躯体。开发先天功能应当作为下手之初，当然先天功能的开发会使后天躯体跟着发生相应的变化。人们忽视了先天才是问题之根本，而在后天上做文章，实际上是在舍本逐末，这和西方体育项目并没有本质的区别。古人说：“他山之石，可以攻玉。”太极拳心法非故作玄虚，是古人总结出的太极拳内在修炼的规律。利用大脑能知能觉的功能，时刻检查身心，不被后天意识所污染，即借助心法，弱化和控制“人心”，然后摆脱后天观念的束缚，恢复先天功能的本来面目，即唤醒和贴近“道心”，这在道家叫借假修真，通过借假实现后天返先天。在太极拳修炼中通过心法使身体得以提升、转化和超拔，进而达到身心合一，从而最终实现太极拳修炼的高级境界。这种“借假修真”的现象在生活中也不少见。例如，书法强调“用笔之力，不在于力”，也要“用心”，即假想握笔之手的手心有个鸡蛋，虚运鸡蛋这个虚空体，淡化手，由此来提高握笔、运笔能力。如果意在手指，则容易僵硬不协调。

太极拳心法以“立象尽意”为主要手段，所立之“象”类似立体几何中常用的辅助线之作用。为了解答疑难几何图形问题，往往需要在原图基础之上，另外添加一些有价值的直线或者线段，被称作辅助线。用以揭示隐含的图形性质，识别未直接显现出来的各元素，发挥一些特殊点、线的作用，使条件与结论的逻辑关系明朗化，以便取得过渡性的推论，最终解决问题（图3-1）。

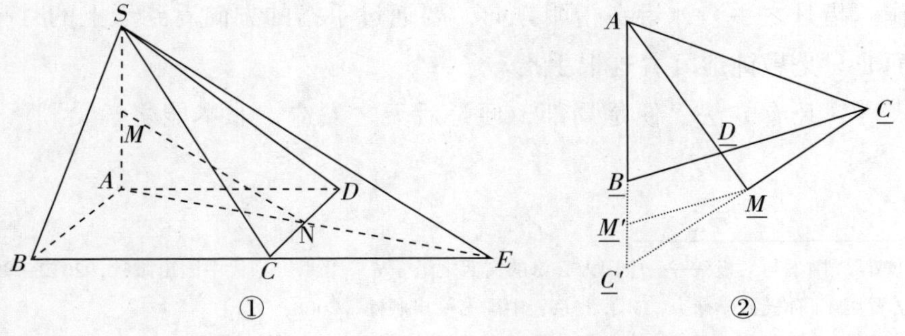

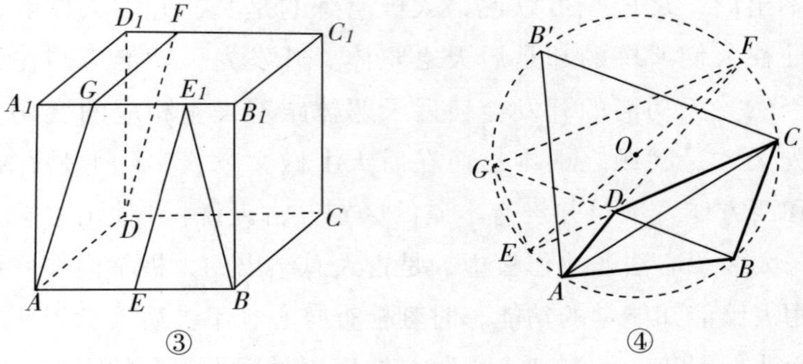

图3–1

所以，心法是太极拳修炼时借助的工具，工具只是手段，而不是修炼的最终目的，在完成身心效能训练即工具发挥作用之后，就得将工具放下。

太极拳心法既然是“法”，就是临时借用，最终是要丢弃的。《金刚经》云：“我所说法，如筏喻者；法尚应舍，何况非法。”说明所有法都是渡人过河的筏而已，不要执著于“筏”，更不要把筏当作目的。但要想到对岸去，却离不开它。太极拳心法即是一种“渡河之筏”，是辅助修炼达到神明境界的有为之法。太极拳修炼过程最终要“过河扔筏”，“把拳架子，甚至心法都祛除掉，成为拳无拳意无意，无意之中有真意的真正的太极境界”[①]。正如孙禄堂在《拳意述真》第四章中云：“道艺之用着，心中空空洞洞，不勉而中，不思而得，从容中道，而时出之。”哪有什么法？又如孙剑云所说：“心要放，身要忘，意要扔，知止定静而神明，神明则安，动则不妄。[②]”不妨将太极拳心法看作“指月之手”，旨在指明方向，要通过手指的方向看到天上的月亮，而非只是愚钝地盯着这根手指。

“凡有方法，便是局部，便是后天之人造，非本能之学矣”[③]。笔

①蓝晟. 国学与太极拳——中国人必修的文武之道［M］. 北京：当代中国出版社，2012：90.

②童旭东. 孙氏武学研究［M］. 北京：中国书籍出版社，2008：321.

③乔凤杰. 中华武术与中国传统文化［M］. 北京：社会科学文献出版社，2006（12）：84.

者认为太极拳心法的修炼是以心炼法求无法，太极拳心法的最高境界是去除心法，没有心法。

本章小结

太极拳心法是符合心理神经肌肉理论的“先在心，后在身”的行拳法则，是利用意识对物质的主观能动作用对身体进行规训，以及实现精神境界自我超越的想象性内心体验的方法。它不是与身心和太极之道毫无关涉的空想，更不是唯心主义，而是使人在太极拳修炼中获取真得受用的一种体验之学。不去切身体验，仅凭逻辑思辨难以对其形成正确的认识。太极拳心法具有沟通形上形下的中观性质，有着区别于现代体育项目的显著特点和作用，主要体现在“入手于心，成就于身”的指导思想和修炼路径之上。

第四章　太极拳心法的方法论

第一节　太极拳心法的构建

一、太极拳心法的构建模型

太极拳心法的构建方式，按照前人的说法，叫“意念造型”。

何为“意念造型”？看看前人的解释：“所谓的意念造型就是用意念制造出一个具体的形象来。①”“积极调动起习武者对喻示对象已有的日常感知能力，从而构成了一种可意会可思想的视角图景。”（周伟良语）②根据前文关于象思维的讨论，我们不难看出，意念造型其实就是进行象思维的过程，可以用相关理论对其进行解读。如其中的“喻示对象”即“物象”，对其进行“日常感知”，即“观物”，“可意会可思想的视角图景”即“心象”，构成这种视角图景的过程，即“取象”。换句话说，意念造型就是通过内心完成对这种“视角图景”即“心象”的构建，然后基于不同的姿势或动作，对其进行静态或动态的观照和体验，来悟得太极拳的修炼要旨并提升境界，即所谓的“象以尽意”。

意念造型包括两个环节：“观物取象”—“象以尽意”。具体操作

①蓝晟. 国学与太极拳——中国人必修的文武之道［M］. 北京：当代中国出版社，2012：119.
②周伟良. 简论传统武术的直觉体悟［J］. 中华武术（研究），2012（3）：15.

过程是：通过观察，在大脑中形成该具体对象的平面或立体图像，在练习某一特定动作时，在大脑中再现、聚焦这一图像，并以假想的该图像的移动、旋转引领全身与其同步运动，以起到协调身心、整体合一及提升境界的作用。例如，在练习太极拳时，用意念制造一个大球的形象，想象自己在球内面向球心站立，然后身体后靠，使身体背面与球之内表面吻合（图4-1），凡此皆是意，只要有这个意思即可；同时想两腋下各夹着一个热馒头，既不能夹紧（紧了则烫人），又不能完全松开（松开则掉落），馒头的热气弥散贯通整个肩关节。通过这些“意念造型”，练习者将不知不觉、自然而然地完成了虚领顶劲、含胸拔背、松腰敛臀、沉肩坠肘等太极拳身法的操作过程。

图4-1　球内后靠之象

“意念造型”，又被称为“象形取意”。“象形”就是模仿客观事物的形象，“取意”则是提取事物形象中所蕴含的意义，体现的是“天人合一”的思想。中国的人体文化中也有着悠久的象形取意的历史传统。从庄子提到的“熊经鸟伸”，到华佗的“五禽戏”，再到形意拳、螳螂拳、猴拳、鹰爪拳、鸭拳、蛇拳、鹤拳等众多的象形拳，都是象形取意造就的人体文化的典范。李仲轩曾讲道：“象形取意，这四个字太金贵了，汉字是这么发明的，琴棋书画都是搞这个东西，唐诗也是象形取意。明白了这个道理，山川江河、日月星辰都能入到拳里。[①]”薛颠道出了象形取意的重要意义：“象形术，使人四体百骸运动而像其形，效其灵性，悟其真意，通其教化，以除疾病，是故延寿莫大乎？[②]”

太极拳心法之象形取意，是“心”的功能，强调“意取象外神”，

①李仲轩. 逝去的武林［M］. 徐皓峰，整理. 北京：当代中国出版社，2006：62.
②薛颠. 象形拳法真诠〈绪言〉［M］. 太原：山西科学技术出版社，2007：1.

是内在的、无形的，不受身体的局限，是无限灵活的（因为想象力是无限的）、更抽象、更深层次的心法修炼内容。所以，太极拳心法不是一成不变的死法，依据意念造型的实质，老一辈拳家可以举一反三，灵活地构建太极拳的心法内容。正因如此，不同门派的太极拳各有自成体系的心法，虽然内容、形式不同，但意念造型的本质是相同的。

下面我们尝试提炼出太极拳心法的构建模型。

太极拳心法的构建模型，包括提取动作特征、观物取象和“体象”三个环节（图4-2）。过程是：根据某一特定动作的总体特征，选择能够体现这一动作内涵的事物作为对象，观其物，取其象，即通过对其物象特征进行观察和把握，在大脑中形成该对象的心象（平面或立体图像），然后通过“体象”——即主体将该特定动作与心象结合起来进行体悟和创生过程中的模拟[①]，使身体姿势或动作与心象形成固定的联系，并能够在实际的操演中，随时可以得心应手地重复展现这种联系，而通过这种联系所导出的状态，又恰如其分地表达出动作的本质内涵，至此，就完成了针对这一特定动作的心法的构建过程。

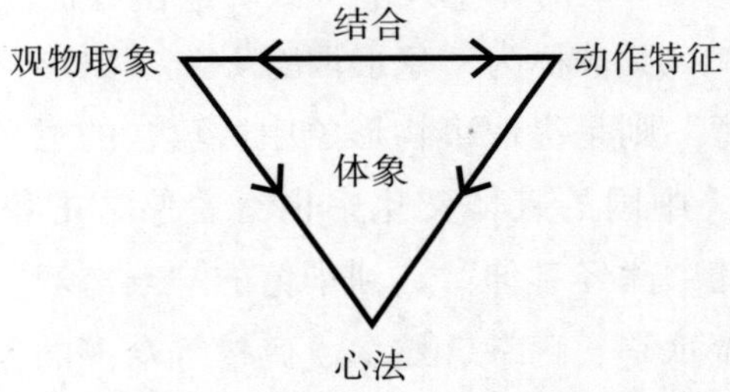

图4-2　太极拳心法构建模型

①“体象”不是笔者的生造词，而是古已有之。按赵天一依据《中国古典体象论》的考证，“体象”出现在王充的《论衡·乱龙》和班固的《两都赋》之中，原句是“有若，孔子弟子疑其体象，则谓相似”。此处“体象”的含义即是体型、外貌，也就是身体的形状。这是“体象”最初、最本源的含义。东汉班固在《西都赋》中云：“其宫室也，体象乎天地，经纬乎阴阳。”即在体味宇宙的基础之上，体势仿效、象征天地。“体象”在中国古典文化精神中有着重要的作用，也是先民思维模式和实践方式的一个重要特征，强调主体的体悟和创生过程中的模拟，以合宇宙之根本规律，臻于天人合一的境界。参见：赵天一. 中国古典意象史论［D］. 重庆：西南大学博士论文，2012：45-46.

以含胸拔背、气沉丹田这一动作为例，来说明一下心法构建模型的运用。

含胸拔背、气沉丹田，说是动作，但又不是动作，因为含胸拔背、气沉丹田，不是“做”出来的。动用躯干肢体主动去做，难以达到正确的效果，所谓“一做就过，一做就错”。正确的方法应该是以内动带外动，于不经意间自然完成“含胸拔背”，其效果是气自然而然沉到腹部，丹田自然而然得以充实。所以说这一所谓的“动作”，不能刻意去做，不能做作。如果做作了，效果则会与预期的气沉丹田截然相反，气反而会积聚在胸部而导致胸闷憋气，这是太极拳的大忌。不是做出来的，那用什么办法达到呢？用心法引导。

如果要构建对应含胸拔背、气沉丹田的心法，首先要分析其动作特征，然后根据其胸部微微向后、向内含蓄收敛，背部微微向后、向外扩张撑拔的特征，选择能够体现这一动作特征的事物作为对象，观其物，取其象，通过这种心象诱导完成胸、背、腹部的细微变化。前人根据其特征构建了“胸如两扇门”的心法，即选取两扇门、石子和水为观取的对象。日常生活中，观察房间的两扇门被同时慢慢推开之后，眼前豁然敞亮的景象；观察清澈平静的水面的状态（即止水之象），以及把石子垂直滴落水面后圆形波纹圈圈荡漾开去之动态形势，使这些“象”在心中留下印记，形成如画家在画画前“成竹在胸”的状态。在练习太极拳起势之含胸拔背、气沉丹田时，通过“体象”再现上述的几种情境，来诱导和引领起势时的微小动作过程。这样就构建出适合于起势动作的“心法”模式。整个过程如下：假想自己的胸部犹如关闭的两扇门，门缝中夹着一个小石子，腹部犹如一水池，水面透明而平静。先内观“心如止水”之“象”，可诱导心不起波、肃然静寂，心静而净，至于“忘我”，形体则松弛自然。然后想象并体会胸前的两扇门被慢慢向后背推开并完全打开的过程，胸部与背部豁然通透，无所障碍；然后再想象门缝中的小石子落入腹部的水池之中，顿时激起涟漪向四周荡漾，涟漪的荡漾好像催促着腰部命门向后微鼓起、两肘向左右微微荡开（图4-3）。经过反复体验后会发现，随着这种心法的实施，自然而然地形成了含胸拔背、气沉丹田的状态。

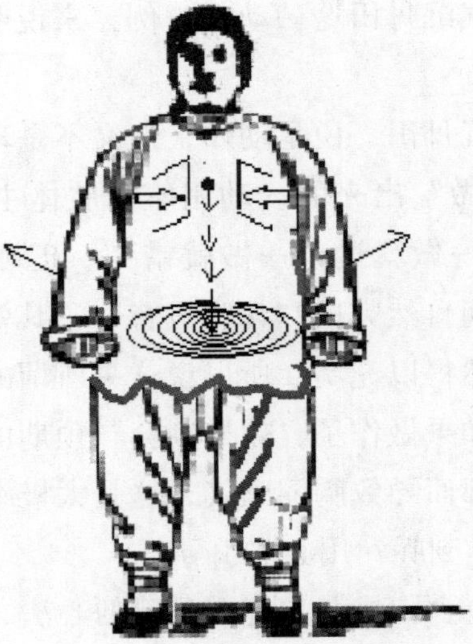

图4-3

下面解读一下其中的内涵和意蕴。内观“心如止水”之“象”（图4-4），实际上是一念代万念，把注意力集中到“止水”之“象”上，启动“象思维”而“中止概念思维”，排除杂念，净化心灵，提升心境状态，由此可得所谓“中观之心”的境界。很多人都知道放松是太极拳的首务，所以起势时一心一意地想“要放松，要放松”，殊不知越想放松，精神反而紧张了，杂念也难以除去，结果适得其反。所以要在“象”上找境界，而不是在“松”上做文章。两扇门向后慢慢推开，是“中观之心”都集中在“推门”之“象”上，而不是自己的胸部（忘掉），“推门”的“动作”完成了，含胸拔背的身形也在不知不觉中自动形成了（而非着意做动作摆姿势）；小石子落入水中，激起涟漪荡漾，催促命门微鼓、两肘微张的过程，则会诱导气沉丹田、松腰敛臀的状态出现，两肘微张，则能虚腋，然后肩自然松沉、肘自然下坠。因此，这些形体的要领和状态，不是人有意识去做出来的，而是利用“象的流动与转化”，以内动促外动，于不知不觉中而形成的。

图4-4

二、太极拳心法的取象素材

太极拳心法的取象素材，包括点、线、面、体，以致自然万物一切可以利用的对象，其大无外，其小无内。其大可以是山川、河流、海洋以至浩瀚之宇宙；其小可以是圆圈、三角、直线、点乃至虚空。大脑的想象力是无穷尽的，只要能想象得到的，都可以作为心法素材。这是意念造型和身体模仿之根本不同之处，身体的模仿具有物质局限性，而意念却具有无限的灵活性。

下面从点、线、面、体四方面举例说明太极拳的心法构成和运用。

点，在太极拳心法中一般是取一些关键点如穴位“入象”进行观想。例如，吴式太极拳名家王培生总结的：如果意注会阴穴，眼神往前下看，那么身体会自动前移，可以用于重心前移或进步的动作之中；如果意注祖窍穴，眼神往前上看，那么身体会自动后退，可以用于重心后移或退步的动作之中。如果同时意注命门穴和神阙穴（肚脐），或想拇指之撑拔稳健，则有稳定重心的效果，有利于行拳或推手时的中定。如果意想命门与实腿环跳穴相合，则会产生掤劲；如果意想祖窍穴与虚腿一侧的肩井穴相合，则会产生捋劲；如意想命门穴与前脚涌泉穴相合并重心前移，则产生挤劲。如果意在命门穴之表皮，则腿脚会自然放松；如果意在百会穴表皮，则全身会自然放松；如意在小指放松，则全身容易放松。用“心”聚焦两肩井穴则肩关节和上肢自松，关注两环跳穴则髋关节和下肢自松；左右肩井穴两点之“象”，下行分别合于左右涌泉穴，以及左右天枢穴之“象”下行分别合于左右照海穴，则有利于松肩坠肘、气沉丹田；起势时想两手中指尖回够各自手腕的大陵穴，则两手自然自动提起，之后，意想两手劳宫穴（老想着），则两臂放松不用力也不会下落。再如弓步，在前弓腿之脚落平后想“解溪穴”，则后蹬腿会不知不觉自己伸直，再想“委中穴”，那么后脚则会自然后蹬到位，与此同时想“夹脊穴”微微后移。这三个穴位依次想到了，弓步就做成了。这样通过关键点来诱导练拳，会有全身气血通畅，气贴背行，下盘稳固，手指手心产生热、胀、刺痛、麻等感觉。练拳效果显著提高。

线，一般是取两点之间的直线或弧线作为“象”。如掤劲是取从脚下向前上方上行的弧线为“象”，按劲则从上方到前下方下行的弧线为“象”。如果同时取上行和下行的弧线，并以两条线交点向前直线平移，即出挤劲。又如“胸前十字”心法运用，就是想象由通过两肩的直线和通过鼻尖和肚脐的直线形成的十字来进行的。此心法运用的要点是“横平竖直”，即在意念上使十字之横线保持水平并向左右无限延伸，十字之竖线保持垂直并向上下无限延伸。此时忘记自身，则自然会使身体保持中正，而且感觉舒适自然。除了胸前十字，还有背后三个十字的运用。

还有“竖立三关”的心法：玉枕、夹脊、尾闾“三关”连成直线，并延长到地，与地面垂直，人的重量“挂到”这个“柱子”上。这正是孙禄堂所讲“心意如同人平地立杆”。吴式太极拳则有“八方线”的心法应用。（表4-1）

另外，太极拳劲力发放，也讲究点线的运用，即三点一线。一点是自己的后脚，是劲力的来源；另一点是自己和对方的主要接触点，一般是前手（或前臂），是劲力在对方身上的作用点；第三点是对方身后的一点，这一点是机动点，可以根据需要来设定，或高或低，或远或近。此点若高则能将人打腾空，若低可以将人打远或打倒；此点越远，发出的劲则越有穿透性。

面，是指取某一平面形象入“象”。如走按劲时，可以取玻璃面之“象”，即双手按出时，想象双手控制整个一面玻璃并与自身合为整体向前平移，按劲自整。平圈、立圈和三角形的运用也属于面的运用。例如，气圈和三角形的运用。气圈的练法可以借助呼啦圈来进行。将呼啦圈套在腰部，人居其正中，假想其中有一“十字”与自己身体相连，其中十字之竖与腹部垂直，十字之横左右横穿腹部。自身通过十字与呼啦圈融为整体，被动地随圈而运动，不多不少，完全同步。例如，欲向前进时，想十字之竖的前端变为箭头，以之引领呼啦圈前行，自身被动地随之同步前移；反之，欲向后退时，则想十字之竖后端变箭头，引领呼啦圈后移，自身被动地随之后移。欲转身时，亦以呼啦圈的旋转引领身体的同步转动。无论进退或旋转，都要用意维持呼啦圈的水平，保持其中十字之四端无起伏运动，同时也要用意维持胸前十字的横平竖直。通过这种“意念造型”，练习者会产生一种整体感、浑厚感和舒适感，达到“一动无有不动，一静无有不静”的状态。然后，则可去掉呼啦圈，以假想的呼啦圈代之，起到同样的作用。还可以逐渐增加肩圈和胯圈，形成三道气圈，以胸前十字之竖将三道气圈贯穿起来，并以腰圈为核心，统领三道气圈的整体运动。

体，是指对三维立体图形的想象在太极拳心法中的运用。如古钟、球体、扇面、弓、大耳垂肩、胸如两扇门、水中游泳、背后释光、孔雀、白鹤、鹞子、老虎、青龙等等。例如，“身如钟鼎”的心法就是通过对古钟的表象特征的观察和把握，在大脑中形成印迹，在练习太极拳的特定动作时，再将其形象通过想象再现出来，即意念造型。将假想的古钟的形象与身体相契合，肩、腰、胯都是古钟的一部分，不能随意自作主张地妄动，而是要依赖于古钟进行平移、旋转，以悬垂的钟锤引导人体的放松和气沉丹田，以钟锤的摆动和旋转作为整体运动的动力，钟锤的上提、下垂运动亦能调动气息的升腾和沉降。虽然是虚拟形象，但客观上却起到了统领全身调节气息、锻炼内劲的作用。这种意念造型可以使练习者比较容易地做到完整一体、放松自然和不用拙力，并体会到古钟浑厚悠然而空荡的感觉。据说杨露禅就是通过观察古钟而悟到了其中的奥妙，形成了“身如钟鼎”的心法，一直在其嫡系传承中保留到今天（表4–1）。

再如，陈式太极拳非常讲究“丹田内转”，下面是李经梧对“丹田内转”方法的阐释：

以意念为引导，由涌泉穴吸气，内气经前述路线上提至命门穴。稍加停顿，内气由命门穴经腹内压向神阙穴，此为呼为开。这股内气在腹内形成一个以“下丹田”为球心，以命门、神阙穴连线为直径的气球。该球体具有三维运动的枢轴，即上下之纵轴、前后之横轴、左右之横轴。首先，以意念引导此“气球”在前后之横轴上向左徐徐旋转三十六圈，意念中，此球越转越大，其球面外缘上达膻中穴，下达中极穴；然后向相反方向缓缓旋转二十四圈，意念中，此球越转越小，其球面外缘缩到小于“丹田”。尔后，此球再在左右横轴上，先向前再向后各旋三十六圈和二十四圈；接着，此球又在上下纵轴上左、右旋转同样圈数，意念中球体大小变化同前。还可以把纵轴旋转到四隅方向，进行“丹田内转”训练。在整个“丹田内转”过程中，带脉始终为起始状态，口鼻呼吸自然。做完此功，内气复归命门穴为吸为合，带脉放松，内气按原路放回脚底[①]。

即是通过对意念所造之腹内“气球”之象进行旋转、收放等操作的方法，对脏腑和“气”具有非常好的内在锻炼效果。不只是陈式太极拳，实际上杨式太极拳也注重“腹球”的用法，如顾树屏先生对此有专门解读（图4–5）。他讲道：“内不动，外不动；意不动，形不动；腹球不动，手不动。”如提手上势动作：“由单鞭转为提手上势，两肩松沉内合，左右手前伸，不是手动，而是着重于‘腹球’内动。[②]”对于球的运用，不仅是腹球，有的还将全身比作球，“身如球，手弄球，周身

①中华气功大全网. 李经梧太极内功的理论基础［EB/OL］.（2013–1–31）http：//www.cn-boxing.com/info/info_3879.html.

②顾树屏. 杨式太极拳述真［M］. 北京：北京体育大学出版社，2011：40，105，113.

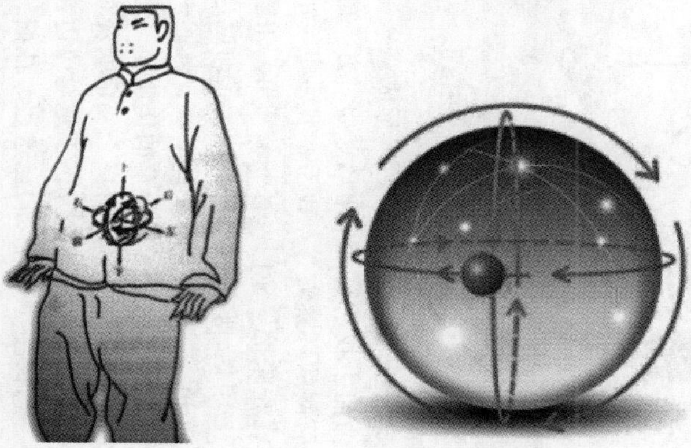

图4–5

上下珠连珠”。

又如郝为真以水来喻太极拳之三层意境：

> “初练时，如身在水中，两足踏地，动作如有水之阻力；第二层则如身在水中，两足浮起，如泅者浮游水中，能自如运动；第三层则身体轻灵，两足如在水面上行走，临渊履冰，神气内敛，不敢有丝毫散乱，此则拳成矣。①”

在实际操作中，往往是“点、线、面、体”各种“象”的组合运用。

太极八法包括“掤、捋、挤、按、採、挒、肘、靠”，每一法皆有相应的心法。各种心法熟练之后，可以组合使用，形成更复杂的复合心法，据此修炼方可达到拳论中所讲的“掤捋挤按皆非似”之内劲境界。详见下文。

本人经过长期体悟，对以上所述太极拳心法有了切身的体会，深感太极拳修炼中人体的潜能和奥妙。但其中奥妙只可意会，难以言传，初学者需有经验的人指导，并经过不间断的正确练习，才能逐渐体会到其中个味。

---

①孙剑云. 孙式太极拳诠真［M］. 北京：人民体育出版社，2003：6.

表4-1 太极拳心法构建示例

类别	杨式太极拳	杨式太极拳	陈式太极拳	吴式太极拳	杨式太极拳	吴式太极拳	杨式太极拳老六路
意念造型			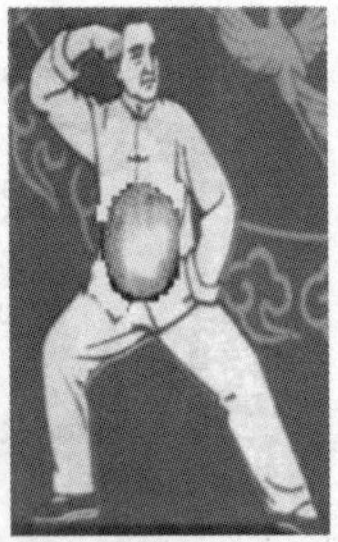	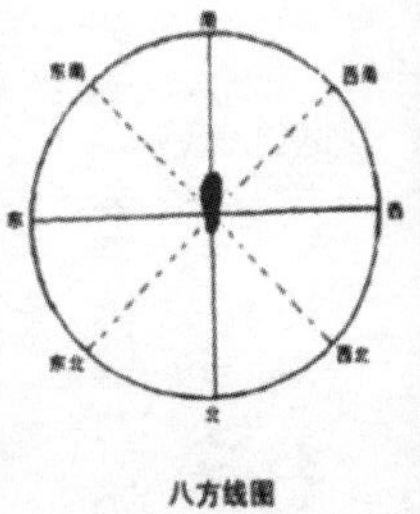			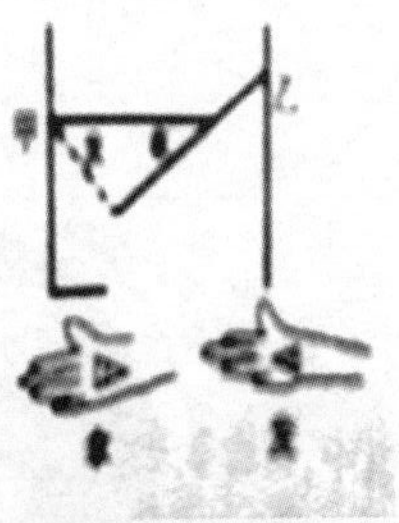
名称	身如钟鼎	揽雀尾	丹田内转	八方线	三道气圈	坎卦之象	手心三角形
描述	盘拳时意想身体如同一口大钟，钟顶即是肩部，钟顶以下五分之四处为腰部，钟口即是胯部。肩、腰、胯的动转要像被套在大钟上一样一动全动、一停全停。	左手外翻，左前臂轻贴孔雀之腹部，托向胸脯。三关竖起，左脚下意识地向前迈出，重心移至左足内踝二点处，面向东南，双手将孔雀环抱于身前，内心萌生出宠爱孔雀的美感。	“丹田内转法是陈式太极拳的精华。丹田内转，与其他功法不同的地方就在于它不是孤立的动，不是静坐中求内动，都是内部与整个整体一起动。”实质为以假想的腹内之球体为核心，带动全身运动。	“练拳站在‘八方线’中央，你的实脚为‘八方线’中心点，行拳时手尽量不着力，以净手食指轻轻扶着‘八方线’行拳。请注意轻扶“八方线”行拳跟平时练拳相同，行拳轻轻扶着意念点，循拳套路路线，势断而轻扶不断。“	“三道气圈平行散出之后，肩气圈主于引领两臂的运行；胯气圈主于引领两腿的起落与移动；腰气圈是肩胯气圈的主导与媒介（主于转身）。”	“发手时，意想命门去找前腿之胯侧的环跳穴，就好像是从命门往环跳划了一横道，形似坎卦卦象（☵），上下虚，中间实”，“歌曰：‘忘掉手（上盘虚）忘掉脚（下盘虚），只想命门找环跳（中盘满）”。	“可以形成意念三角形。如对方一碰我手，我一想手里有一个三角，角朝自己，于是对应边往回一收，就起一个拿的作用。一想有一个三角朝着对方，于是对应边在自己这边，往前一送就是发。“

（续表）

类别	杨式太极拳	杨式太极拳	陈式太极拳	吴式太极拳	杨式太极拳	吴式太极拳	杨式太极拳老六路
作用	以古钟统领全身，浑然一体。以钟锤的灵动，使动作沉稳而不失活泼	以孔雀调节两臂、腋下、胸前的饱满含蓄，松而不懈，协调自然，激发意境。	以假想的腹中圆球（丹田）为全身运动的核心，处处以其在先，带动整体的螺旋缠丝。	以八方线为人体的坐标系，明确手脚和躯干的方位。以手扶预想的运动路线，引导意念领先，动作随之。	以三道气圈，分别统领上中下三盘的运动，以中轴垂线，统领三道气圈为一整体，在腰圈主宰下运动。	取此卦象，引导上盘和下盘的松空，以利于中盘内气的前后贯通，通出掤劲。	以手心三角形，驾驭和统领内气和内劲的运行方向，或拿或发。
出处	魏树人.杨式太极拳术述真之一：太极拳内功理法［M］.北京：人民体育出版社，2001：30-31.	魏树人.杨式太极拳三十七式内功述真（修订版）［M］.长沙：湖南科学技术出版社，2013：42.	马虹.陈式太极拳拳谱拳法拳理［M］.北京：北京体育大学出版社，2010：459-460.	祝大彤.太极拳内功解秘［M］.北京：人民体育出版社，2004：158，220.	谢守德.太极内功心法［M］.北京：人民体育出版社，2006：92.	张耀忠，张林.太极拳推手奥秘［M］.北京：人民体育出版社，2011：192.	李和生.杨式太极拳老六路内功解秘［M］.北京：经济管理出版社，2006：220-222.
共性	以造型为依托，借假修真，整合和统领身心，以达“一动无有不动，一静无有不静”的同步运动。						

第二节　太极拳心法的应用原则

以“意念造型”为构建模式、以象思维为理论基础的太极拳心法，需要以“体象”的形式加以训练和应用，在具体的操作过程中有六个原则，即“用意不用力”“同焉者和”“得意忘形”“以意导势”“在意不在气”“把握分寸”。

一、用意不用力

“太极拳术重用意”是《太极拳体用全诀》开篇第一句话“此全是用意不用力，”是杨澄甫“太极拳十要”之一；“凡此皆是意，不在外面，”是太极拳论中的点睛之笔。何以如此重视“用意”和“不用力”？拳谚讲“内功首重练意”，太极拳即是内功拳，当然也不例外。杨澄甫认为“一举手，一投足，稍一用力即落旁门”[①]。汪永泉认为，练拳要注重养，防止伤。用意则能养，用力则伤。“养”与“伤”是指对内气的培养与损伤[②]。郑曼青说：“力学垂死终无补。”他认为“用意不用力”是开启太极拳殿堂的金钥匙。“不用力”还不够，太极拳还要在“不用力”的基础上追求高度放松。杨澄甫说：“要松净，全身心松开。”李雅轩则强调要“大松大软”。李和生说：“一分松，一分功，松到一无所有是真功。”因为非松软纯净内气内劲不能产生，只有松开到极致即“极柔软”，然后才能“极坚刚”。

“用意不用力”是太极拳心法训练和应用的核心要义之一。

关于“用意不用力”，前人似乎还没有给出比较合理的解释。有些名家解释为“不用多余的力”“不用拙力”，笔者认为有些牵强。

①李和生. 内功解秘：杨式太极拳老六路［M］. 北京：经济管理出版社，2006：9.

②刘金印. 汪永泉授杨式太极拳语录及拳照［M］. 北京：北京体育大学出版社，2014：12–13.

不用多余的力，什么是多余的力？怎么把握？不用多余的力，不用拙力，那言外之意总归还是要用力，并不符合“用意不用力”之表达。对此大家众说纷纭，存在许多争议和误解。比如，有人认为不用力、大松大软，人都站不住了，怎么练拳？不用力怎么打人？用意就能代替用力，那不是唯心主义了？更有甚者，认为“用意不用力”是纯粹的“意淫”。

在此非常有必要对“用意不用力”内涵进行解析。

人在成长过程中，不管力大力小，都会用力，而且在生活中形成了用力的习惯。生活、工作或生产中，不管拿东西、搬东西、举东西、拉东西，还是打字写作，处处都需要用力。这里所说的用力，主要是手、脚、胳膊、腿等四肢的局部用力，尤其是手的用力。没有手臂的残疾人，最初是很不适应的，因为没手臂之后，处处都不会用力了，用不上力了。但时间久了，就会充分利用嘴或脚代替手来做事，而且还能做得很好，比如有的残疾人能用脚弹钢琴而且优美动听，有的能用嘴叼着毛笔写字而且韵味十足。有的眼睛失明了，久之，却使得听力和身体触觉变得极其敏感。这是把其他部位的潜力开发出来了。如果有手臂的话，这些潜能可能就会被永久遮蔽了。

太极拳是遵循道家哲学的拳术，又称“哲拳”，处处体现了道家“反者道之动”的思想。比如，欲求刚先从柔入手，积柔成刚；欲求快先从慢入手，以慢制快；欲求动如脱兔，先从静如山岳入手……。同样，欲求力大而懂劲，先从不用力入手。这样，我们找到了“不用力”的逻辑起点。

为什么不用力，反而能有力而且懂劲呢？我们不难从上面所讲的残疾人的例子中寻找答案：为开发人身整体的劲力和潜能，就必须限制局部用力，尤其是手的用力。如果手主动用力，则上肢肌肉僵硬，呼吸闭塞，心口发紧而憋气挺胸，这样内家拳之“三害”：拙力，努气，腆胸，都无一幸免地被触犯了。太极拳讲究“腰为主宰”“丹田内转”“力由脊发”，也就是说，太极拳首先要开发腰胯、丹田、脊柱的功能，因此就得限制以手为代表的局部的用力。再举个例子来说明，司令员有自己的警卫员，警卫员在的时候，不需要司令员动手，就会把各种事务处理妥当，这样司令员坐着发号施令就行了。当警卫员因战事危急被派出送信时，司令员就只能亲自出马了。司令员好比人体更本源的核心部位，如腰胯，丹田，脊柱；警卫员好比以手为代表的四肢局部。太极拳的不用力就是把“警卫员”支走，以引得“司令员”亲自出马，就是说只有局部不用力时，才能更好地调动更本源的核心部位的潜能。所以说“不用力”不是不用多余的力，而是争取百分之百不用力。“警卫员”彻底指望不上了，“司令员”只能自己行动起来。太极拳谚说“太极不动手”“太极无手”。不动手、无手，那就只能动用本源部位以整合全身整体去完成手的任务，所以又说“处处是手”。

但是，由于人已经形成了局部如手用力的习惯，用力容易做到，不用力反而很难做到，必须通过“用意”（即心法）的训练来改变原有的用力习惯，以求得“用意不用力”之内练功夫。如下文所述，站桩时所取手心气泡、断腕、两肘延长落地、腋下热馒头、悬锤、气球、束带、高凳、棉花，等等之象，都是“用意”以致“不用力”的心法训练手段。通过这种训练使人习惯中常用的肌肉放松不用力，从而使那些平日不常用的肩胛骨、锁骨、颈椎、胸椎、腰椎、尾椎、骨盆等处所有相关的关节、骨缝、肌腱、韧带等得以锻炼，即内家拳所谓的“易筋”“易骨”的训练；同时也可以改变原有呼吸方式为匀细深长的腹式呼吸，使“气沉丹田”，以开发丹田的功能。其实质就是限制梢节，动用根节，使脊柱和骨盆等处的筋肉关节松开了，脊柱丹田才能慢慢苏醒，即所谓“返先天”。首先是建立对这些平时用不到的部位的清晰感觉；其次是让这些平时用不到的部位能够动起来，并使之和手一样灵活好用；再次，使丹田之气不断充实，提供动力的来源，以突出腰胯及脊柱的主宰作用。

在一定范围内，站桩时间愈长，放松愈彻底，这些部位所经受的刺激就愈大，其潜能的开发就愈充分，最终代替常用部位肌肉的功能。这也是为什么太极拳追求松开、松透、松净和大松大软的原因。太极拳把这种用力模式改变的过程叫作“换劲”。腰胯、脊柱、骨盆的肌肉、肌腱、韧带的放松是很难练的，没练到时，别说能动，甚至根本感觉不到它们的存在，真正松开之后方知原来这些部位也是可以动的，而且积蓄着无穷的能量。骨盆有了感觉之后，丹田之功就没有奥秘可言了。尤其是腰椎、骨盆上的几块骨头能够配合丹田进行开合鼓荡之后，不仅力大无比，而且使人胆色倍增，碰着狮子、老虎都敢咬一口，具有一股“吼狮吞象”“气吞山河”之豪迈气概。练到这种程度，就不想抡拳头了，全身就像一条大龙，见了人就想往人身上蹭，这是腰肾强壮、本固气足、气质变化、精神饱满的体现。就是把全身改造整合成一只肌肉若一的“大胳膊”乃至“大龙”，代替原来的“小胳膊”的局部用力，那威力当然就是“鸟枪换炮”了。这样，就由“用意不用力”求得了威力强大的“整劲”，这是“反向相求”的结果。待达到“懂劲”之后，便可随心所欲地驾驭劲力，心到，意到，气到，劲到。

在动态训练以及推手应用中，同样要限制手脚等梢节，不动手，不用力，而要立象尽意，在脊稚、腰胯、丹田的引领下，由内达外动起来，所谓“内不动，外不动”“劲由内换”。

太极拳名家李和生先生认为人有两个系统，外在的身躯、四肢为第一系统；内在的无形无象的神、意、气及神经是第二系统。太极拳是内家拳，其心法训练是开发和调动第二系统的能量。第一系统的能量是有限的，而且随着年龄的增长而消退；第二系统的能量没有极限，而且不受年龄的限制，其开发是永无止境的。“用意不用力”是开发人体第二系统的重要原则，所以在太极拳心法应用中必须始终加以贯彻。[①]

二、同焉者和

《庄子杂篇·天下》曰，“同焉者和，得焉者失”，意思是相同则和谐，贪得便有失。同焉者和在此借指太极拳心法应用时要求人天、物我（即我与心象）的和谐相应。就像画家画画一样，得先有“成竹在胸”，然后方可同焉者和，即将其栩栩如生地刻画出来。清代著名画家郑板桥总结得出，“成竹”有三种层次，依次是“眼中之竹”“胸中

---

①李和生，李聪. 太极可道：李和生传杨式太极拳老六路内功太极拳解密［M］. 北京：人民体育出版社，2015：45-46.

之竹”以及“手中之竹”。对于太极拳心法来说，“眼中之竹”就是通过观察而产生的对物象的感性认识：“胸中之竹”是经过大脑的抽象加工之后而形成的心象；“手中之竹”原意是指用笔墨塑造出来的艺术形象，在此是借指太极拳心法应用中的实际效果。从“眼中之竹”到“胸中之竹”是心法构建的过程，更是心法应用的前提，而要达到“手中之竹”的实现，就得通过肢体语言将“胸中之竹”体现出来，也就是将太极拳的身体姿势或动作与“胸中之竹”核心同步地呈现出来，即“同焉者和”。

唐代著名画家张璪的名言“外师造化，中得心源”，是说画家应以自然造化为师，然后结合内心的感悟，才能创作出好的作品，实际上说的也是“同焉者和”。在此借用这八个字来明太极拳心法“同焉者和”的要义，通过在太极拳姿势或动作中凝神关照心中之象使内在“心源”与自然万物“造化”交流汇通，从而实现对主观和客观的超越及提升而创造出“情景交融”之意境，才能达到有限形态和无限境界的统一，而后物我两忘以至物我同一。

正如杜子宇所说：“心法，首要者‘人天相应’，是念相合、心相应，是人心天心心心相通，相印相融。①”

三、得意忘形

“忘适之适”不仅是中国美学、古典文学的极其重要的命题，而且也是重要的养生思想。“忘”来自《庄子》一书，如“坐忘”“得鱼而忘荃”“得兔而忘蹄”“辄然忘吾有四肢形体也”“两忘而化其道”“得意而忘言”等。庄子的“忘”实为悟“道”和体“道”的途径，是安顿心灵、体悟生命的一种手段。

“得意忘形”在此并非其作为成语的本来含义，而是对太极拳心法要点的提炼，实际上是对拳论中“凡此皆是意，不是外面”的诠释。得意忘形，就是讲重在把握和体现意念造型的意境，意识上淡化形体动作

①杜子宇. 李派太极五行捶［M］. 太原：山西科学技术出版社，2005：9.

本身。"得意"是"无中生有"，所造之意境客观上是不存在的，但要烘托得像真的，如身临其境；"忘形"是"有中生无"，即将客观存在的形体虚化、忘掉，似虚空乌有。此即是：意之所至其境，空而不空；意之不在其身，不空而空。如此"有"变"无"，"无"变"有"，空而不空，不空而空，意境就出来了，实实在在的，出不来意境。中国文化讲究意境，没意境在艺术上不美，在太极拳上没有威力，身体潜能开发不出来。

"得意忘形"其实质是创造"恍恍惚惚、朦朦胧胧"的混沌之象，运用这种象思维以中止概念思维。在忘记知识、没有逻辑的状态下方可真正摄心入静，达到恬淡虚无的境界，唯此才能修炼太极内功。此谓"忘适之适"，正如白居易《隐几》诗所云："身适忘四肢，心适忘是非。既适又忘适，不知吾是谁。"

还以胸如两扇门为例。假想胸前是天地未开的混沌状态，似乎"看到"有两扇关闭的门，两扇门之间夹着一个小石子，然后两扇门向身后打开，石子落到腹部的水中，激起涟漪，荡漾开去，催促两肘、命门向外打开，两腕膨松微鼓。此为起势前的心法，只有意境，忘掉身体而没有主观动作，但客观上会在不知不觉中促成含胸拔背、塞腰敛臀、张肘鼓腕、圆裆开胯等太极拳身法的形成。再如上文提到的站在球内身体后靠的心法，只是有身体背面与球之内表面吻合的意思，忘掉身体而不主动动作，客观上瞬间完成了虚领顶劲、含胸拔背、松腰敛臀、沉肩坠肘，同时自然会气沉丹田。这说明只要用意即可达到预期的目的，如果主动用力去做，则适得其反。正所谓"在意不在气""用意不用力""凡此皆是意"。

"得意忘形"是太极拳心法运用的要点，也是一种能力和状态，须经过专门的训练来达到。训练方法以打坐、站桩等静功入手，然后在动功中加以强化。经过静功训练，保持正确姿势一次无间断打坐或站桩达30分钟以上，仍能心平气和，方为入门。随练功时间的延长，身体的酸、麻、胀、疼、热等感觉逐渐减弱并消除，轻松舒适的感觉逐渐增强。达到1小时以上时，混沌空无的感觉逐渐增强，以致感觉不到身体的存在。至此，得意忘形不再是空谈。具体训练方法，将在下文详解，在此暂不赘述。

四、以意导势

《说文解字》曰："势者，盛力权也。"古拳谱讲："势者，因制而制权也。"以意导势，即用意念所塑造之形象及其意境诱导出身体之动势，也就是拳论所讲的"先在心，后在身"。意念造型在先，身体运动在后；意念造型为身体之动储备动势，然后身体被动随其势而动，而不是主动、妄动。"心法的大效是强化心力，即强聚念力。就如取火镜聚光成火一样"[①]。在此，"势"是心力作用的结果。

还以前文提到的"腰圈"为例。在转身动作之前，先用意念塑造腰圈及其内部十字之形象，并意想以十字统领腰圈向左或向右转动（注意：只是想，身体要保持不动）。意想的腰圈在转，而身体却保持不动，所谓"有意无形"，腰圈和身体之间产生瞬间的相对运动，形未变，而势所趋背各有情态，从而形成一种势差而产生势能，身体会不由自主地有动的趋势，即产生动势。此时只需放松身体顺势而动，并保持与腰圈同步。此时会发现，练习者并未主动施加转动之动力，身体却在不知不觉中"自动"地完成了转动。再如，欲向前移动，除了可以运用腰圈及其十字之竖（想象外力牵拉之，与身体形成势差）之外，还可以进行大力士推背的意念造型。练习者自然站立，意想大力士在推其后背，想得真切，就产生了动势，身体会不由自主地向前移动。此所谓激水之疾，至于漂石者，势也！

显然，太极拳是利用意念造型制造出这种身体运动之动势来催促动作完成的，其特点是只用意，不用力，即"用意不用力"是也。虽然不用力，但在这种意念诱导出来的动势的催促之下，身体却产生了一种整体浑厚的"内劲"，既节省了能量，又激发出新的能量，并自动地进行整合，这是太极拳心法调动人体潜能的奥妙之处，体现了古人的智慧。

以意导势，同样要遵循"得意忘形"的要领，并把握好用意之分寸。

---

①杜子宇. 李派太极五行捶［M］. 太原：山西科学技术出版社，2005：7.

心法的内涵皆是意，“凡此皆是意”，不是外形动作。此意属视觉想象。意的火候很关键，过浓则滞。似有似无，有意无意之间最为妙。

五、在意不在气

古人说：“有心御气，气反奔腾。”又说：“气不可御，御气则滞。”太极拳论讲：“在意不在气，在气则滞。”《十三势行功心解》云：全身意在精神不在气，在气则滞，在神则活。

“不在气”有两层意思：一是不要留意呼吸之气，而是自然呼吸，忘掉呼吸。二是不要有意引导经脉之气的运行。太极拳修炼时不要老想着呼吸和气，只管按心法把间架结构找好了，则形正气顺，久而久之，丹田气自出，浩然之气充塞全身，意领气随，意到气到，符合“道法自然”之路径。就如走路一样，走的时候，不用管呼吸，呼吸自然合法；老想着迈哪条腿呼、迈哪条腿吸，太在意气了，反而不会呼吸了，憋得慌，动作也不协调了，这即是太极拳论所说的“在气则滞”。李雅轩曾说，我看到有些人练拳，过于看重呼吸和气脉，这是错误的。呼吸和气脉会有变化，但只是练功的结果，是附属品。着意于呼吸和气血运行，会走错路的。站桩时自然呼吸，忘掉呼吸，其产生的效果是使呼吸变为匀细深长的腹式呼吸，加强气脉的运行质量。这就是孟子所说的“气以直养而无害”“心勿忘，勿助长”，蓄养与天地相通的浩然之气，而非揠苗助长式的刻意练气。

“不在气”不是反对练气，太极拳是讲究练气的内家拳，但太极拳练气并不将注意力放在气本身之上，而是放在“意”上，即所谓“在意”。为什么“在意”就能练气？孟子曰：“夫志，气之帅也。”然后又说：“夫志，至焉，气次焉。[1]”意思就是说意是气之帅[2]，或形象地说意是气的“领头羊”或“带头大哥”，大哥到哪儿，气则随后就到。

①赵岐. 孟子注疏［M］. 孙爽，撰. 上海：上海古籍出版社，1996：55.

②钱穆说“志”乃“一心常在目标而向之趋附之谓”，志者，即心之所向，即意也。参阅：钱穆. 论语新解［M］. 上海：三联书店，2002：30.

董仲舒亦说“形静志虚者，精气之所趋也”[①]，即意影响气的趋向。

如何做到“在意”？只要把注意的焦点放在心法操作之上，立象而尽意。进一步说，象的呈现形态就是意的具体运用方案。如取腰圈之象，就是意的向外圆散，气也有随之向外圆散之趋向；取命门一点之象，则是意的向内聚拢，气也有随之向内聚拢之趋向。需要注意的是，只管取象，而不要关注气，否则会导致僵滞。以此类推，各种象如立圈、平圈、球体、三角、十字、扇面、钟鼎等等之象都是意之发挥的具体方案，由之产生了不同方案下的气的运行路径。如取“高楼凭栏往下瞧”之象，不用关注气，全身的气机自然就不同寻常了，在气的这种变化之下，则自然产生按劲。

在气，为什么则滞？原因是气的惰性大，运行缓慢，注意力在气上，就会产生憋闷的感觉，就必然僵滞。而意是脑电波，其运行速度快而灵活。之所以要以心行气而在意不在气之本身，其实质是训练和提高气的运行速度和灵活性。其一，用意的过程，有利于提高神经中枢的反应速度，打通神经通路，从而提高意的运行效果；其二，用速度快、灵活性高的意来引领反应迟钝、速度慢的气的运行，则有利于打通气脉通路，进而提高气的反应和运行速度。拳论里讲“意到气到”，就是气的运行达到了和意同步的程度，其速度之快可想而知，气到不是最终目的，其连锁反应是劲也到。“意到气到，气到劲到”，其实质最终是“意到劲到”，就是打人之劲是伴随着电光火石的意念同步完成的，这即是所谓的“一片神行”，是太极拳的“神明”境界。气是沟通身心的媒介，但到了高境界，似乎气可以忽略掉，是心对身的直接操控，是身心高度合一，但究其本质，仍要归结为气的高质高效的体现。

“在意不在气”的本质是“在气”，即“在意不在气”这个要求本身，就是为了提高气的质量和作用效果，反者道之动也。所以本文所研究的太极拳心法只讲立象尽意，始终不专门谈气。

---

①出自《春秋繁露·通国身第二十二》，转引自：周与沉. 身体：思想与修行［M］. 北京：中国社会科学出版社，2005：281.

六、把握分寸

如拳谚所说，如若“武艺虽真窍不真”，那就只有“费尽心机妄劳神”了。窍指的是分寸。由于意念是抽象的，用意分寸的把握是太极拳心法运用的关键，也是难点。意念轻了或重了，都不合适，要恰到好处。“意念造型的关键是意念一定要若有若无、似无似有，所谓的‘有形有相皆为假，无形无相方为真’‘有意似无意，无意有真意’”[①]。李仲轩讲：“象形取意得含含糊糊，想画面想得太清楚，会上火。模模糊糊的有点意思。[②]”“以意练拳的要诀，是勿忘勿助，不要失去意念，也不要加强意念。就谓‘难得糊涂’，说的便是这种分寸。这分寸不好掌握，忘了或刻意了，都无练习效果。[③]”运用心法的要点是意发即空，“意念发出来，马上要空掉，不要留恋之，否则就会僵滞，不灵动”[④]。

我们可以根据《心意分寸歌》，按练拳的不同阶段来把握意念的轻重。

意重形神滞，无意形神散，
心意何为准，分层相区别，
初练意略重，渐而意变淡，
跟着感觉走，有意无意间，
功夫达大成，形意皆抛开，
无形也是意，形意任自然[⑤]。

①蓝晟. 国学与太极拳——中国人必修的文武之道［M］. 北京：当代中国出版社，2012：119.
②李仲轩. 逝去的武林［M］. 徐皓峰，整理. 北京：当代中国出版社，2006：62.
③李帼忠，徐骏峰. 逝去的武林 · 高术莫用［M］. 青岛：青岛出版社，2010：102.
④蓝晟. 云深已知处 内功养身心——太极拳内功心法密要概说［J］. 武当. 2012（7）：15-17.
⑤张满宏. 忽雷太极拳［M］. 北京：人民体育出版社，2010：255.

可见，无意则心法不起作用，意重则过犹不及。就像弹钢琴，弦过紧则易断，太松则弹不出声。中道平常之心，才是悟道之本。所以应用心法不可存执着之心，而要从虚无中求实际，一想即止，一止即想，不可刻意，有那么一点意思就可以了。“心法要在有无之间荡漾，若有若无，若即若离，有为亦然，无为亦然。[①]”“凡所有相，皆是虚妄”，有意，但意不着相，着相则非真。心法运用臻于高境有赖于有意无意之间火候的把握，所谓“有意无意是真意，真意真机现真法”“真真相通，真真相融”。这正是“致中和”之境：喜怒哀乐之未发，谓之中，中者，无过无不及之名也；发尔皆中节，谓之和，和者，适中、恰到好处、和谐之谓也。

分寸的把握，可以说是掌握太极拳心法的一个关键环节，也是一个难点，火候大了小了都不合适，达到恰到好处，非一日之功。因此，需要在实践中在明师指导下慢慢摸索，在刻苦用功的基础上，更强调“悟”的重要性。所以，明师指导、较高的悟性和用心苦练是掌握太极拳心法的基本条件。

第三节　太极拳心法的训练

当今，一般人学太极拳大多先学拳架套路，殊不知这样一经养成习惯，那离真正的太极拳就渐行渐远了。为数不少的人主张“先学架子再学心法”。其实这是不明白心法乃是对于心性、精神、意识和气质的一种修炼，应该从一开始就融合在基本功和拳架之中进行训练。若拳架已经形成了习惯，再将心法“塞进去”“先在心”“意在先”就产生了很大障碍，形成了坚固意识屏障，实际上是绕了圈子，走了弯路。所以在太极拳的训练中，必须将心法作为核心技术、关键环节加以对待，要直奔核心，而不能舍近求远。

①杜子宇. 李派太极五行捶［M］. 太原：山西科学技术出版社，2005：10.

一、太极拳心法的静态训练

站桩是太极拳心法静态训练的最重要的基础和核心环节。

图4–6

何谓桩？在日常生活里，将一端埋在地下、另一端垂直竖立于地面的木头或石柱称为“桩”。“身体如木桩一般”站立不动（有的门派就是站在木桩上）的练习，被称为“站桩”（图4–6）。太极拳心法的训练由站太极桩开始。拳术谚语说“未学拳，先站桩”“入门先站三年桩”“要知拳精髓，首由站桩起”“百练不如一站”“练拳无桩步，房屋无立柱”“功夫桩里求”“久站出神功”“宁教十套拳，不教一个桩”“桩是躲在门后练的东西”，等等，足以说明站桩的重要性。为什么将站桩放在一个如此重要的位置上？站桩是基础，通过这一个姿势将太极拳基本的身心规矩调教齐全，将其练好了，此一式对套路中式式对；否则，一式不对式式错。以盖房子为例，先要把盖房子所需的砖烧制合格，然后再运用建筑技术将所有砖组织契合在一起，最后塑造出预期的房子结构和造型。每一块砖即是房子的最基本的构成单元，如果砖的质量不过关，建筑师的技术再好，也难以垒出高质量的房子。如果把太极拳的修炼过程比作盖房子，那么站桩则好比是其中的烧制砖块的工艺，通过站桩塑造出的身心契合的身体则好比作为房子基本单元的那块砖。如果不重视这块“砖”的煅烧工艺和质量，而直接探讨高级的建筑技巧，即只注重太极拳套路的学习和操演，那将是舍近求远，舍本逐末，走弯路，绕圈子，最终事倍功半而难有所成。

太极拳套路被认为是一种“动桩”，即是在太极拳成套动作的运作过程中，始终以站桩的规矩和状态贯穿其中，身心内外、起承转合处处符合桩的要求。要想提高练习效果，就得慢练，愈慢愈佳。因为练拳时身心内外的细节多，要顾及的地方多，同时把站桩的东西在动态中都校齐，就得慢，快了就来不及，一划而过，细节就忽略掉了。打拳要带点站桩的定慧，站桩要带点打拳的神气。所以有“桩即是拳，拳即是桩”“站中练，练中站”之说。在动作多样、千变万化的套路操演过程中，要保持桩的各种规矩并转换自如，必须以较长时间的站桩训练为基础，并以单式动作、组合动作的练习为过渡，然后在套路练习中不断完善。如果没有站桩的基础，只是走马观花地模仿套路，那将称为空中楼阁，内涵难以体现。

正确的太极拳训练程序是：站桩训练→动桩训练：单式训练、组合训练→套路训练→推手训练。而站桩是太极拳心法训练的最重要的核心环节。站桩训练既是对心的修炼，又是对身的改造，是将身心二者和谐相契的过程。站桩训练有多种形式，“太极桩”是最基本的一种。太极桩又名混元桩，是一种以双腿站立，重心平均分配在两腿，按照一定的规矩，保持一定姿势，进行修心塑形的一种静态的练功方法。本研究采用太极桩作为心法训练的基本形式。其过程不是限于教授或强加一种的特殊姿势为目的，而是以这种姿势为载体，运用“立象尽意”的“象思维”方式，对“心”以及全身各部位，包括头、肩、肘、手、胸、腹、背、腰、臀，胯、膝、足，乃至内脏器官等独立小单元进行专门规训，并将规训的成果整合起来，促使整体姿势与各单元之间建立最佳联系，同时将“心”之规训权力渗透到身体整体的各个细节中去，以形成最佳的有效运行机制。

（一）站桩的基本规范

1. 基本姿势

两脚平行开立，与肩同宽。两手环抱于胸前，拇指朝上，手心向内，距胸一尺左右，与肩同高。松肩垂肘（肘下垂低于肩和手），腋下虚空，两臂撑圆。手指分开而微屈，两手指相距二三拳远。两腿微微屈膝，膝部弯曲约160° 左右，不要太直也不要过曲，直则僵硬，曲则费力，不能持久。膝盖不超过脚尖。臀部收敛略向下坐，圆裆松胯。心窝微收，小腹常圆。后背和头部整体微微后靠。头正项直，下颌微收，眼向前平视，或闭目养神。将整体间架安排到位，保持姿势不变形，放松身心，持续一定时间（图4–7）。

图4–7

2. 站桩时间

开始站桩，可以多次少量，即每天多站几次，每次时间短一些。比如，每天早晨站3～5次，每次站5～10分钟，累了歇一会儿，然后再站。随着能力的提高，逐步改为多量少次，即延长一次站桩的时间，减少每天站桩的次数。

站桩的第一道门槛，是30分钟。在一次能站到30分钟之前，全身会有各种反应，多为不适感；逐渐能一次站到超过30分钟之后，算是过了站桩进阶中的第一关，这一关是比较难过的，往往很多人过不了，就放弃了。因为血液在人体内循环一周，所需时间是约30分（28分钟左右），所以站桩的前30分钟，是人体进行自我调整和适应的过程。只要过了这一关，会越站越舒适，逐步找到良好状态。这跟长跑中的极点有些类似。跑步开始后，有一段时间呼吸困难，浑身无力，动作不协调，有停下来的意愿，但只要做一下调整，坚持过去，过了极点之后，身体的这些反应逐渐消失，然后越跑越轻松。站桩也是如此，如果每次都能比较轻松地站到30分钟，而不出现不适的感觉，说明身体对站桩已经适应，反而愿意继续这样站下去，因为感觉越来越舒适惬意。站桩的第二道门槛，是60分钟，如果能一次站过60分钟，再往后延长时间就相对容易多了。

3. 站桩方向

根据传统的要求，站桩方向一般面向太阳的方向。如早晨面向东方，中午面向南方，下午面向西方。古人说是采太阳之“精华”，体现的是“天人合一”的思想。

4. 站桩呼吸

自然呼吸，忘掉呼吸。站桩时不要老想着呼吸和气，在意不在气，只管把间架结构、意念造型找好了，丹田气自出，形正气顺，意到气到，所谓“道法自然”。

5. 站桩目标

站桩的目标是：内修心法，外塑身形，身心合修，内外兼练。内在的训练主要排除杂乱的思绪和生活中的欲望，求得所谓“中观之心”。身形的训练主要在心静的基础上，塑造正确的姿势和放松的状态，求得虚领顶劲，松肩垂肘，含胸拔背，松腰敛臀，气沉丹田，尾闾中正，圆裆开胯，曲膝松踝，立身中正等各种规矩，并形成定型。在此需要特别强调的是，“虚领顶劲，松肩垂肘……立身中正”，等等，是通过训练达到的一种身心状态，而不是动作的操作方法。等身心规矩建立并形成习惯后，在此规矩下以心法为主导打拳，即所谓“动桩”。还是那个桩，只是动了起来，在千变万化的动作中，守住规矩不变，形成常态化。所以太极拳的“明规矩”“守规矩”是从站桩开始的，当然最终的目标是“脱规矩”而“合规矩”，即不再局限于规矩，从身心放松到身心两忘，而处处符合规矩，所谓“从心所欲不逾规”也。

6. 站桩原则

站桩基本的原则是：“要死站桩，不要站死桩，还要循序渐进。”何为“死站桩”“站死桩”？所谓死站桩，因为站桩是身心改造的必经过程，因而非老老实实去站不可，要耐得住寂寞，不能投机取巧；所谓不要站死桩，是指站桩就是一个姿势，看似不动，但式简意繁，心法内涵丰富，在不动中求微动，如竖硬币，始终动态调整，所谓“不动之动”“生生不已之动”，即要在不动之中求得活泼生机，而不是机械僵死，而且还须多动脑筋，潜心揣摩，不能傻站。站桩对身心都有具体的要求，细节繁杂，作为初学者，切不可面面俱到，从站桩时间、心静体松和姿势要求上，都要遵循循序渐进的原则，不可一味地追求延长时间、姿势正确，急于求成，反而适得其反。而要通过“立象尽意”的方式，对站桩的要义心领神会。各种心法不可能一次性全部掌握，可一个一个地求取，逐渐全部掌握。

（二）站桩反应

站桩一段时间（时间长短个体间有所不同），身体可能出现一些正常反应，有人将其总结为“一鸣三动九触”。所谓“一鸣”是指腹鸣，即腹部出现咕咕鸣响，并伴有排矢气现象，这是肠胃之气得以调整后的正常现象，并无不适，而且比较舒服。所谓“三动”，指筋抽动、肌跳动、穴钻动，身体局部偶尔会有筋的轻微抽动、肌肉的轻微跳动、穴位的轻微向内钻动的感觉，就像春天的嫩芽开始萌发，慢慢有了生机。所谓“九触”，热、胀、麻、酸、重、轻、凉、痛、滑等九种皮肤的感觉，一般发热、发胀、发酸和肢体沉重的感觉最为常见。另外还有顶天立地、手脚粗大、皮肤有如蚁爬、气走经络的感觉。如果身体的某些部位有些小毛病，这些部位更容易出现这些反应。这是体内气机生发、经络调节的正常现象。出现这些现象，不用惊慌，不用在意，任其自然即可。

如此练习，站桩的养生效果会逐步显现。正如苏东坡对养生的感悟一样：

> “其效初不甚觉，但积累百余日，功用不可量，比之服药，其力百倍。久欲献之左右，其妙处，非言语文字所能形容。然可道其大略。若信而行之，必有大益，其状如左。①”

《素问·上古天真论》中说：“提挈天地，把握阴阳，呼吸精力，独立守神，肌肉若一。”经过长期站桩，身体会逐渐由“若一”感觉了，即出现隐隐约约的浑圆一体的感觉，意识渐渐纯净，淡泊宁静，精神上愉悦惬意，怡然自得。形体在感觉中逐渐模糊、淡化，混混沌沌，空空洞洞，所谓混元一体。王芗斋先生曾说：“持桩而达于‘体整如铸，身如铅灌，肌肉如一，毛发如戟’之境界方可开始谈拳。②”

---

①转引自：吴瑜珏. 脑力锻炼，是最好的养生［N］. 温州都市报，2012-01-10（26）.

②王芗斋. 意拳拳学［M］. 刘涛，李全有，整理. 北京：北京体育大学出版社，2005：61.

（三）站桩心法训练的内容

站桩的要领，用语言描述，似乎很简单，几句话就说完了。但真正地达到这些要求，却非易事。笔者认为，身体间架作为太极拳修炼的最基本单元，不只是摆姿势做动作的形体上的操作，而更重要的是要用“心”来体认，通过“象思维”借假修真对身心两方面进行规训。心法的内容虽是借假修真，但要假戏真做，真心投入，进入角色。

1. 虚领顶劲

虚领顶劲，或称顶头悬，悬顶，提顶。王宗岳《太极拳论》曰：“虚领顶劲，不偏不倚。”《十三势行功心解》曰：“精神能提起，则无迟重之虞，所谓顶头悬也。”《十三势行功歌诀》曰：“满身轻利顶头悬。”武禹襄《身法八要》曰：“提顶吊裆心中悬。”

头，在太极拳中的作用至关重要，起着统领全身的作用。陈鑫说：“头为六阳之首，周身之主，五官百骸，莫不体此为向背。”所以有“不懂顶头悬，白练三十年”之说。头部的要求说起来容易，做起来非常难。杨澄甫先生曾经强调：“顶劲非用力上顶，要空虚，要头容正直，精神上提，不可气贯于顶。[①]”顶头悬并不是生硬地用力将头向上顶起，“用力则项强，气血不能流通”[②]，或造成气血上涌，头昏脑胀，久习会产生弊端。

虚领顶劲也好，顶头悬也好，不能照着字面去做，一做就过，一做就错，只能立象尽意或者说象形取意。

①魏坤梁. 六首太极拳古歌诀探释（一）［EB/OL］. http://blog.sina.com.cn/s/blog_59f764a90102ea0o.html，2012-11-29.

②赵斌，赵幼斌，路迪民. 杨氏太极拳真传［M］. 北京：北京体育大学出版社，2009：3.

图4-8

如图4-8所示，取“头顶接天下巴触地”之象，天地间只剩下头，身体不存在了。然后把头比作椎体状的铅锤，头顶百会穴是吊绳的接点，通过吊绳向空中吊起；下巴就是椎体的尖端，随着自身重力作用下坠，自动找到垂直中心，将吊绳拉直，处于悬在空中无所依倚的状态。“百会”与天接通是“起点”，下巴趋于落地扎根是“终点”，此时上下都有了“着落”，头顶之劲油然而生。没有顶头的动作，头反而有了顶劲，这叫阴阳互根、阴极而阳，老子所说的“反者道之动”也。

可见，虚领顶劲不是随意的操作的要领，更不是刻意做作的悬头或顶起，是心法作用的结果。其导致的状态即是全身精神领起，神贯于顶，日久，颈后两大筋自然腾起。

另外，虚灵顶劲的同时，口微闭，上下齿微微扣合，取“牙咬一牛皮纸”之象，想有外力往前抽拉牛皮纸，而我不能让其被抽走，则颈椎自然贴衣领，或取“收腭吞咽”之象，使脖颈微贴衣领，天灵盖一虚，也可使颈项竖直，喉头自然后缩下沉，如大象卷鼻，所谓“喉头永不抛，问尽天下众英豪”（《周身大用论》）。两目向前正视，稍偏向上方。舌尖轻抵上颚，口腔内唾液会逐渐增多，满后将其分三口慢慢下咽。面部肌肉放松，呈似笑非笑之象。

这样，头部的位置自动调整到位。另外，若要避免片面过度的头部上顶，造成气血上涌，头昏脑胀，可意想百会穴向下放松、凹陷，形成一个“小醋碟”之象。如此，既无顶头导致冲头之嫌、又无低头带来封督之弊。

俗语说“立木顶千斤”。例如，一支垂直竖立的小木桩，如果用手从上端下按，手会感受到按不下去的地面反弹力。如果小木桩逐渐倾斜则反弹力就会逐渐减小，到一定角度，小木桩就会倒下。垂直状态下形成的反弹力最大。顶劲可以通过请人用手适度下按头顶的方式进行检验，反弹力越大而头无向一侧倾倒之趋势，说明顶劲做得越好。

2. 尾闾中正

“尾闾”是骶骨（五节）和尾骨（四节）的总称。《十三势行功歌》云：“尾闾中正神贯顶，满身轻利顶头悬。”从这句话可以看出，“尾闾中正”与“顶头悬”是联系在一起的，二者相辅相成，方可实现身法的中正安舒。

头部是全身整体的一个全息缩影，把头的感觉找准了，躯干四肢也就容易到位，也就是通过局部可以找到整体。在顶头悬引领下，全身关节，尤其是脊柱节节上提下坠，辅以沉肩坠肘，松腰松胯，收腹敛臀，使整个脊椎都得到牵引，方可至于尾闾松垂而中正安舒。

尾闾中正要以顶头悬的基础上进行立象尽意。也就是头取“铅锤”之象，百会“挂”在天上，有了实实在在的体验之后，“看”住百会这一起点（即固定），从大椎穴开始，脊柱每一节好比串珠，依次取“上悬于天下垂于地”之象，就有了坠力，自然产生一股轻松、流淌的感觉，顺流而下。只要放松身心，不做一点人为的限制，就会一直传至尾骨。最后尾骨末节成为“铅锤”，中正松垂，此所谓“尾闾中正”。这样，头顶百会接天，尾骨末节下坠落地扎根，骨节之间似乎有只眼睛睁开一样，导致由大椎到尾骨末端的整条脊柱，节节松开，节节贯串，虚虚对准成为全身的中轴线，不偏不倚，此所谓“立身中正”。所以，能尾闾中正同时也即达到了“立身中正”（图4–9）。

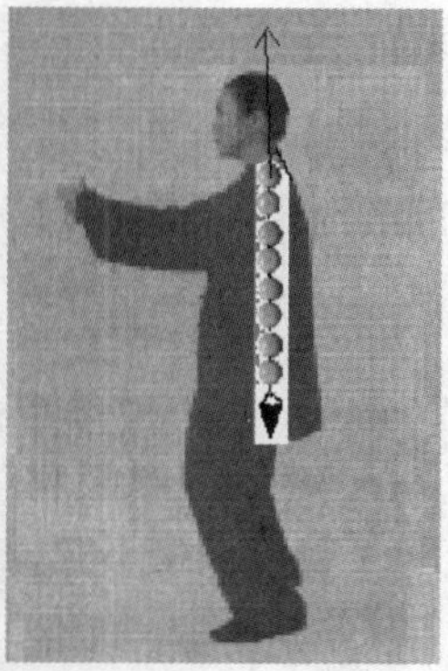

图4–9

由“顶头悬”入手，至尾骨末节“落地扎根”后，就会感觉到一股由下往上返回百会的上顶之力，精神也随之提起，这即是“尾闾中正神贯顶”。所以“顶头悬”“尾闾中正”和“立身中正”是相辅相成、相互为用的。当然这些和“松肩坠肘”“含胸拔背”“松腰敛臀”等环节也是环环相扣的。比如，腰胯跟尾闾也有密切联系，必须做到垂尾闾才能松腰松胯。运劲时顶头悬、尾闾中正松垂，发劲时则尾闾似扳机，一撮谷道似扣动扳机，尾闾长强穴往前一兜，力量就走了脊了。如此全身精神领起，上下贯通，如鸡鸣之时引颈卷尾之状，其胸腹通透轻便，了无挂碍。对于脊柱尤其是尾骨的训练，可以使脊柱上重要神经得以锻炼，使得骶丛神经和臂丛神经等训练得十分敏感，从而使自身的感知、觉察和协调能力大大提高。这是太极拳求得轻灵的根本所在。

可见，“顶头悬”确有“纲举目张”之作用，举一反三，由此可以引申到全身。取“衣架上悬挂的衣服”为象。“顶头悬”领住劲儿，整个脊柱以及身体各部位肌肉放松，如挂在衣架上的松软的衣服一般往下松坠，没有一点挂碍，滑顺地一下一坠到底，没有一点人为的褶皱。达到这种意境，身体会产生一种舒坦的落地之感，一切有了着落，放下“心”来，气自然沉到丹田，全身一气贯通。所谓“筋骨似衣架，肌肉似大褂”（图4-10）。

另外，站桩初期，最先出现的反应是肩臂酸疼而难以坚持。可以设想将脊柱延长落地，然后膨胀变粗，形成一个贯通肩胯的圆柱体，圆柱体垂立于地面，将全身的重量均摊在这个圆柱体上，并把注意力主要集中在圆柱体之上，这样肩胯有了着落，就不易产生疲劳，从而可以延长站桩的时间（图4-11）。

图4-10

图4-11

3. 开肩回胸

“开肩”，是指松开胸锁关节和肩锁关节，将两根锁骨向左右拉开，略微撑开如门栓，还要将两个肩胛骨放松下降并分别向左右横拉打开，放宽二者之间的距离，同时将肩关节撑开并向前包裹。“回胸”是在开肩的同时，松开胸肋关节和肋椎关节以及胸肌，使胸骨往下松沉，并保持垂直状态向后略移，然后两肋微敛，下收前合（所谓“护肫”[①]），肋下缘略内翻，再通过顶头悬和大椎上拔背之势，使胸部向后含蓄，填入拉开的两个肩胛骨之间，整个脊柱在垂直状态下有前合之势。这样，胸部好似楔子一般，向后楔入，将两个肩胛骨向左右撑开。当然这只是个比喻，为的是说明含胸拔背达成后的状态，而非真的生硬地将其撑开，而是二者相互协同的结果。二水居士曾对相关含胸拔背的比喻做过精彩的总结。

“开肩回胸”实质上是“含胸拔背”的真正内涵。

杨澄甫在《太极拳说十要》中指出：

> “含胸者，胸略内涵，使气沉于丹田也。胸忌挺出，挺出则气拥胸际，上重下轻，脚跟易于浮起。拔背者，气贴于背也。能含胸则自能拔背，能拔背则能力由脊发，所向无敌也。[②]”

可见，含胸拔背的意义重大。含胸拔背是力由脊发，继而所向无敌的必要条件。但“含胸拔背”并非像很多人理解的“把胸口夹起来，把背弓起来”那样简单。含胸拔背过程极其“精微细致”，因为“开肩”和“回胸”涉及众多关节，如胸椎的每一个关节、胸锁关节、肩锁

①肫（zhūn）是指鸟的胃，借指人的胃部。“护肫”是武式太极拳术语，郝月如解释说：“两肋微敛，取下收前合之势，内中感觉松快，尚有肫不护，则竖尾无力，便一身无主宰矣。”参阅：杨丽. 太极拳词典［M］. 北京：北京体育大学出版社，2004：41.

②引自：赵斌，赵幼斌，路迪民. 杨氏太极拳真传［M］. 北京：北京体育大学出版社，2009：3.

关节、胸肋关节、肋椎关节、肩关节以及肩胛骨，需要将这些关节“节节松开”“节节贯串”，使其“听从指挥”，方能真正实现含胸拔背。而关节松开的实质是将肩与前胸后背与这些关节相关的筋撑开，筋不撑开，关节始终是僵硬的，谈不上节节贯串。含胸拔背好比是一个撑开雨伞的过程，含胸是将雨伞底部的所有枝条撑开，形成内部空间；拔背则是将雨伞顶部的枝条撑开，形成棱而将伞面撑圆。肩和胸背的筋和关节撑开，气才能沉落丹田。

例如，关于肩的放松，有“两臂如绳系”的说法，即比喻两条胳膊好像被绳子拴在肩上一样，来说明肩松开的程度。汪永泉则说肩要如“脱了臼”“掉了环”似的。他的肩关节上有明显的凹陷的洼坑，是肩关节拉开的表现。肩关节拉开了，胳膊好像变长了，汪永泉说杨班侯的照片显示，他站立时两臂下垂，可以双手过膝[①]。这样在技击时，可以体现“一寸长，一寸强”的优势。

然而，肩和胸廓结构较为牢固和稳定，各关节并“不听话”，故开肩回胸并非轻而易举，拔背也不简单易行。因为开肩回胸之法有一定难度，所以需要一个过程的训练。当然训练时皆是用意，不能用蛮力去做，否则对身体无益。孙禄堂说：“含胸，要松开肩膀，以神意往回缩住，久之自见其妙。”（《八卦拳学》）所谓“运用之妙，存乎一心”，要用立象尽意的手段，通过心法训练来实现。具体操作如下：

腋窝不虚空，肩胛骨、锁骨和胸部的相关关节难以松开，取“腋下虚拢热馒头”（汪永泉有“腋下夹热馒头”的秘传）、“环抱气球”之象。腋下热馒头热气腾腾，虚虚将其拢住，既不被烫到，又不能令其掉落；胸前环抱一个类似肥皂泡般的气球[②]，非常娇气，一松就掉，一碰就破。因此，胸前要含蓄，通过两臂轻轻拢住，并与气球虚虚吻合，既不要让气球飞走，又不使气球破碎。再取佛像“大耳垂肩”之象，想象

①刘金印. 汪永泉授杨式太极拳语录及拳照［M］. 北京：北京体育大学出版社，2014：41.

②按照汪永泉先生的解释，气球是神、意、气从中心向四周舒散形成的，不是筋、骨、肉撑胀而成的，笔者认为，气球是“象”，是神、意、气作用的显现。参阅：刘金印. 汪永泉授杨式太极拳语录及拳照［M］. 北京：北京体育大学出版社，2014：12.

自己的耳朵和佛祖的耳朵一样，一直松垂到肩井穴，然后与腋下热馒头之腾腾热气相融，此时肩井穴会自然放松，其后方两条粗大肌肉也同时放松；再想两个肩胛骨之间的夹济穴往后微鼓并放松，两根锁骨向左右水平延长并松沉（图4-12～图4-14）。然后后背取“刺猬团身”之象，想象自己后背长满了刺，如刺猬遇到危险时一样，将全身之刺展开，团成一团；或者取“抱大树”之象，环抱一棵很粗的大树，抱不过来，需要将后背充分展开去抱的那种情境，后背有此意即可。这些“象”取好了，保持这种状态站桩即可，勿忘勿助，似有似无，时而调整一下（图4-15、图4-16）。

图4-12

图4-13

图4-14

图4-15

图4-16

需要注意的关要是：心口窝始终保持松弛，不可紧张憋气。①

胸部与腹部肌肉的放松，可取缎子之象。想象胸部与腹部肌肉好似一块松软的缎子，向下轻轻地松垂，自上而下肌肉要松而滑顺，没有有凹凸不平之处，然后将其“掖”在自己的胯根处。此所谓“前胸贴后背”“掏空胸腹”“掏心掏肺”“气贴背”②也。

如此训练一段时间，两根锁骨由原来的倒八字形，并向躯干贴附，下落放平，成为一条直线，所谓“平锁”（平锁至关重要，没有它就不能真正放松肩和胸）。同时，胸部于放松状态下自然向后贴附于背，两肩胛骨下沉向两侧分开，整个后背突起消失，成为一个平滑饱满的表面。这样就塑造了内家拳所追求的溜肩龟背的身形。溜肩是含胸、平锁、沉肩的结果；龟背是由于人体脊柱和后背极度舒展放松而达到的一种最佳状态，好似背着一个乌龟壳，又如猫在蹲着的时候皮肉松弛，背是圆的，脊柱也是耷拉着的，但在抓老鼠需要发动的时候，脊背的弹性、速度和爆发力是惊人的。另外，准确地做到含胸拔背，可以增加胸腔容积，提高肺活量，从而使呼吸深缓顺畅。这些都是人体生理功能得以改造的重要标志。

---

①欲做到心窝松软，要注意“胸廓正形”和“剑突定位”两个法则。所谓“胸廓正形”，是指在胸廓后靠的基础上使之定形；所谓“剑突定位”，是指在剑突略向后下移的基础上使之保持定位。这样不仅可以保持心窝的松软、使呼吸通畅，还可以通过约束胸廓的单项运动，起到均恒心脏的位置、加强心脏弹力以及在运动条件下保证内脏运转有条不紊等作用。

②通过开肩回胸，起到脊椎的拔长作用，使得椎管容积的增加，便会产生一种气贴于脊背的感觉，所谓“拔背者，气贴于背也”。开肩回胸之前，好比有张纸贴在胸前；开肩回胸之后，这张纸则向后移动，贴到了后背，这是“气贴背”的内涵，也可用此来检验是否达到“气贴背”。“气贴背”的另外一种说法是，将头顶心、两手心、两脚心等“五心”用意缩于肩胯，再抽缩于丹田。由丹田通往“五心”的五条线，犹如自行车车闸的闸线，刹闸的开关在丹田，刹闸时闸线向丹田抽紧，而闸线的外皮则是固定不动的。然后含胸拔背掏空胸腹，气贴背，背部好似拉伸为一张网，而撒网、收网的机关在丹田。胸腹掏空的能力增强，可以使胸腹运化的容量提高。在推手时向自己胸腹掏空处化劲，可使对方的力量犹如落入无底深渊，于无形无象中将对手引进落空，任凭我发落。“气贴背”之后，实现的是一种“骨升肉降”的效果，即骨架撑拔略有升高，而肌肉、其他一些软组织以及内脏则因放松而略有下降，同时产生一种“顶天立地”的豪迈挺拔之感。所以，“气贴背”内涵之丰富，用“妙不可尽之于言，事不可穷之于笔”来形容，不为过也。

4. 腰如束带

自然界脊椎动物的脊柱大都是平直后绷的，而人类在婴幼儿时期也是如此。婴幼儿时期，人的脊柱只有一个拱梁式的后凸弧，到一岁半时逐渐发育形成四个生理弯曲度。5节腰椎是生理弯曲中向前凹陷的那一段，其处于人体中间，前有丹田，后有命门，两边是两肾，是人体一个非常重要的部位。

太极拳前辈们也认识到了腰的重要性，拳谚讲“练拳不练腰，终究艺不高”。腰是太极拳中协调人体上下的核心枢纽，有“太极腰”“腰为第一主宰”“腰为纛”“上下九节劲，节节腰中发”等说法。全身的整体合一和协调运转以及对丹田、命门、两肾的锻炼都离不开腰的作用。有人认为丹田内转、命门鼓荡以及两肾抽换的根本动力来自五节腰椎的潜转内动。然而，要发挥腰的主宰作用，必须“改造生理”——使脊柱“复归于婴儿”，恢复并增加其生理弹性，即达到“身如背锅婴孩似”的状态，然后才能“发挥良能”。杨澄甫说：“能松腰，而后两足有力，下盘固稳，虚实变换，皆由腰转。”松腰是在命门向后撑开将此处逐渐填平的基础上，腰部向下松沉，又称作“塌腰”。腰不松则内气不能畅通，全身上下从腰部脱节，难以形成整体。腰松开后可以开胸顺气，使气沉于丹田。同时腰和肾密切相连，松腰可以强肾，强肾则可固本。但此技术不可硬力强求，否则易伤及腰椎。

图4-17

“腰如束带”是关于“松腰敛臀”的一种心法（图4-17）。

具体方法是：在顶头悬、颈部正直的基础上（如前文所述：取“牙咬一牛皮纸”之象，想有外力往前抽拉牛皮纸，则颈椎自然贴衣领），取“腰如束带”之象，又称“马拉车”，即想有一条宽腰带由后向前兜住腰部，在外力作用下向前拉拽，老想老想，在此诱导下，不用主动用力，命门处则自动向后撑开，然后骨盆微前翻，两胯微内裹，尾骨向下坠，则可将腰椎的内陷处填平，然后使得整条脊柱和后背呈现拉抻平直的状态。在此基础上，尾骨微微前收用意去找鼻尖，谷道微提，便是“敛臀”。不难看出，这与顶头悬、尾闾中正以及含胸拔背也是相辅相成的，互相都有促进作用，形成环环相扣的整体效应。

人的腰板挺直一向被认为是体魄健壮的象征。经过“腰如束带”心法的训练，可以逐渐使腰背部“肌肤骨节，处处张开”，从而改变脊柱的形态，即将腰椎的生理弯曲拉直，这样使丹田的前后径拉长，有利于丹田之气的充实。同时，可以使脊柱两侧的大筋慢慢变得粗壮凸起，将脊柱两侧的沟填平，并且非常强劲有力，收放迅速，即所谓“脊柱后绷沟壑平，气贯全身筋膜挺”。“筋长力大”，这为太极拳的发劲奠定了物质基础。

5. 如坐高凳

取“高凳”之象，设想臀部坐在上面，大腿外侧肌肉向内裹，膝部前顶上提内撑外裹，两腿及裆部各夹着一个气球，既不能用力夹破，又不能使气球掉下，体会两腿之间的感觉。陈鑫说，“裆劲要开，要虚，裆开然后心气发动。”气球感就是此意。尾闾向前微扣，有向上托住丹田之意，可以通过下颌的回收来配合完成。此所谓“坐胯”，过去老一辈太极拳家有坐着打拳之说，一“坐”丹田之气自足，整劲自然产生。通过“坐高凳”使胯找到自己的位置，骨盆就能端正，命门饱满，脊背上下“如一线串起”。在打拳时亦如坐高凳，则两脚则能灵便（图4-18）。

在此基础上训练“四点定位”和“四角内陷”的心法。

所谓“四点定位”是两个肘尖和两个膝盖（图中E、F、G、H四个点）定位，不能移动。同时，两肘尖之间以及两膝盖之间要有“内合”之意。

“四角”，是指连接两肩、两胯四个点所形成的长方形的内角，即两个腹股沟，两个肩窝（锁骨外端下侧）。所谓“四角内陷”是指两个腹股沟和两个肩窝处（图中A、B、C、D四个角）向身内抽缩形成凹陷。此处可以取“合页”之象：小腹和大腿根比作两片合页，小腹做动点，大腿为不动点，以小腹这一片去合大腿那一片，所谓“合胯”；同样，胸部做动点，以上臂为不动点，以胸部这一片去合上臂那一片。两片相合之意一生，合页之轴自然回抽，这样即可形成“四角内陷”（图4-19）。需要注意的是，动片去合定片只是意，有意无形。同时，还要有合页之轴，即CD这条线要有拉长之意。另外在站桩或打拳时要保持“长方形”与地面成垂直，这样立身自然中正。

图4-18

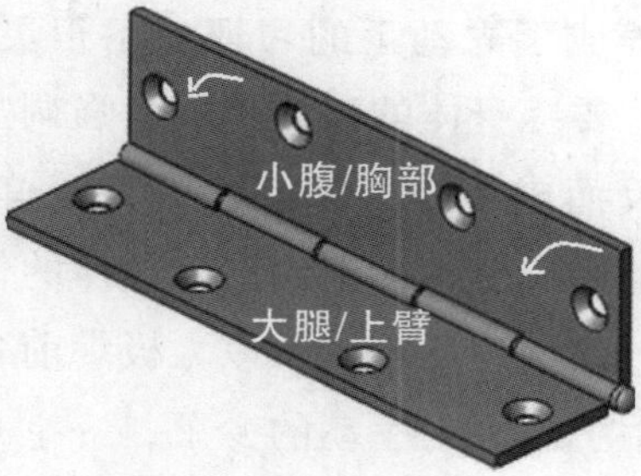

图4-19

然后在“四点定位”的基础上，用“四角”分别向后牵拉“四点”，也就是分别用左右肩窝牵拉左右肘尖，而肘部要保持不动；两个腹股沟向后牵拉两个膝盖，而膝盖亦保持不动。这样前后形成了矛盾争力。用意不用力，感觉口窝松软舒适为度。

此心法训练可以诱导和强化“含胸收腹”的正确姿态，建立肩肘、胯膝的空间定位关系，形成身体间架的合理结构，有利于松肩、松胯以及全身的整体合一。

以个人体会，松，是一种境界，而非是技术要领或练功方法。在行拳时，要想体现松的境界，须先经过训练搭好身体的间架结构。有了正确的间架结构，整个人就像一把椅子一样，将坐在其上的人的重量（即将所受外力）均摊在椅子的每一部分。正确的间架结构之所以能均匀承受外力，就是因为其有合理的空间布局，身躯有了空间感。骨架承担人体重量，全身肌肉及脏腑就能松得透彻，所谓松净，而心也能达到“中观之心”的境地。所以说，间架结构“均匀”塑造是过程，“松柔”就是结果。当人身心舒适之时，则“腹内松净气腾然”，周身“布形侯气”，以达到修炼的目的。

6. 妙手空空

太极拳理论中有“太极无手”之说。“太极无手”的说法，并非忽视手的作用，而是为了强化身体的整体性，使身体各部位处处能如手那样听话，所以又说“处处是手”。人体各部位中，手最敏感。人在生活中养成了先动手的习惯，手很灵活，很多事情手到成功。但练拳则不同，要练身体的整体功能，强调身心合一，内外合一，先动手的习惯在此反而成了一大障碍。因为手首先主动地动，就成了局部的动，就会与整体脱节，起不到锻炼整体的作用，与“一动全身都动，一静全身都静”的拳理不符。所以太极拳前辈们常常说，练拳要练在身上，不要练在手上。因为手动的少了，一举一动之中就不得不动用整体的身法。也就是说，要加强手与身体整体的联系，就要改变手主动、先动的旧习惯，而形成手的不主动、不妄动，依整体之动被动而动的新习惯。这里的随整体而动，主要是体现在手与腰的合一的运动。首先是腰、肩、肘、手的节节贯串，将腰的动向，依次传到手，腰动手被动随之。练到高境，手好似“长在腰上”。以推手为例。推手就如带兵打仗，谋略是一样的，都要集中优势兵力打击对手。推手之中，手好比侦查员，与对方搭手后，首先要起到探听消息的作用，而不是盲目地将手这一“小股部队”孤军深入地去冲锋陷阵。其次还要起到引诱和调动对手的作用，就是通过与对手周旋，使之“兵力”分散，漏出破绽，陷入我方的包围圈。最重要的手作为“侦察兵”随时要与大部队保持联动，及时将信息传递给主力部队，即腰为主宰的整体，这样在对方漏出破绽我方有机可乘之时，身体处处如头、肩、肘、胯、膝、足、胸、腹、背、腰、臀都可以像手那样灵活地集中优势兵力打击对方。所以在训练中要淡化手的作用，提高“处处是手”的意识。

太极拳对手的要求是松、轻、空，所谓“妙手空空”。对手的意识轻了，整体的功能才能得以发挥。比如，手主动用力时就会变硬，心口窝就发紧，就憋气，全身也僵硬，整体性无从谈起，就变成了手的局部运动。

关于手的心法训练，可以取“鼓腕”“断腕”“指间棉球”“手心气泡”等之象。“鼓腕”，就是假想手腕处在膨胀变粗；“断腕”是假想手与前臂从手腕处好似断开了，手不存在了，只剩下前臂这一“秃枝”。“指间棉球”，是两手按动作要领做出掌形，假想十个手指的每两个指缝之间，各容纳一个小棉球，手指既不能用力去夹而使小棉球变瘪，又不能指缝张开过大而使小棉球脱落，要将其刚好夹住又不脱落，如此恰到好处。“手心气泡”，是假想涵空的手心中容纳一肥皂气泡，既要将其虚拢住，又不要将其弄破，拇指尖与小指尖用神气合住，此时劳宫穴透向手背，为合。“无论手如何状态，球（气泡）都不能掉，手心朝上时手托着球；手心向下时吸着球；手心向侧时粘着球”①。此所谓“五指露缝掌注心”，有人称之为手上的“含胸拔背”，手心是“胸”，手背便是“背”。不但如此，还要能用意识将气泡催出手心，手背透劳宫穴，气泡随之即飞，但要有根线将其拴在中指根，随之能将其收回手心。此亦阴阳相济之理。这是内在敏感的东西，非全然用力去做（图4-20～图4-22）。

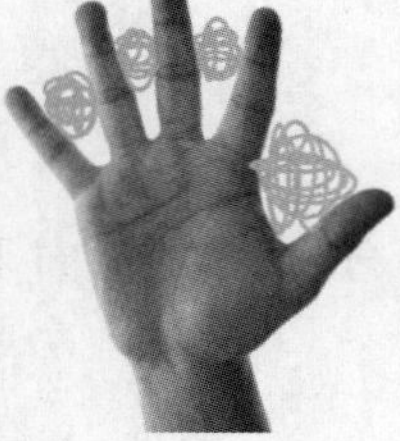

图4-20

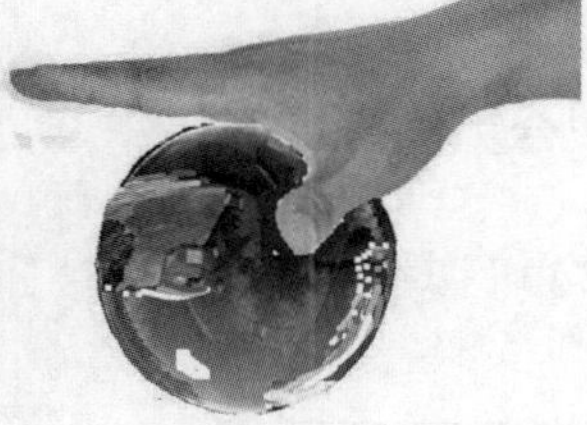

图4-21

①刘金印. 汪永泉授杨式太极拳语录及拳照［M］. 北京：北京体育大学出版社，2014：42.

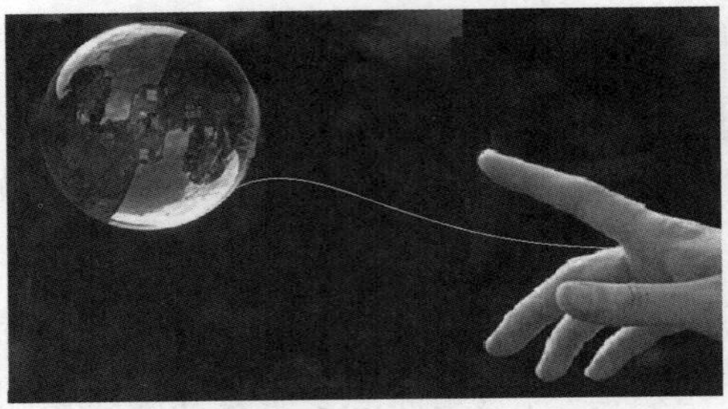

图4-22

图4-23

另外，手的松空，包括肩、胸的放松，需要肘的定位作用。常取“肘接地”之象来进行心法的训练：先以肩井穴下沉，与脚心涌泉穴对正并与之融通、天枢穴下行与照海穴沟通，然后假想两个肘关节往下延伸，落到地面，踏踏实实地放在地上（此所谓“沉肩坠肘”），全身好似多了两个支撑点，心气自然下降，手和肩、胸有了着落，因此就容易放松（图4-23）。

个人体会：所谓“妙手空空”在推手时意义重大：通过手心气球与对方接触，有利于我方内劲向对方的侵渗，还可以避免让对方听到我方的“骨头劲”①而暴露意图。

7. 合力为零

设想自身头顶与尾骨、两肘、两手和后背分别被绳索向上下、左

①二水居士曾专门提到“骨头劲”，源自他与一位高手推手的经历。那位高手说二水居士“你有骨头劲！硬了！”二水当时摸不着头脑，但由此次经历，他后来悟透了“骨头劲”的内涵。所谓“骨头劲”，就是自身的劲力是透过（手上）骨头传出后，给对方有硬顶的感觉。通过这种“骨头劲”，对方就听出了你的意图，一举一动都暴露给了人家，因此就陷入被动状态，被人“玩弄于”掌股之间。参阅：二水居士. 一多庐太极体悟录［M］. 台北：逸文武术文化有限公司，2012：59.

右、前后六个方向牵拉，三对力量势均力敌，处于合力为零的状态。然后取“硬币”之象，即假设自身就是一枚硬币，用意识尝试把这一枚硬币竖立在桌子上。需要不断“微微”调整自身前后左右的方位（用意，从外形看不出动），找其平衡点，感受那种似立非立的临界点，直至“松手”后硬币自行站立不动，达到平衡状态。此时不但整体合力为零，而且身体的每个点，都要处于合力为零的状态，如头、肩、肘、手、胸、腹、背、腰、臀、胯、膝、足，每个点上达到平衡，点之间才能互无羁绊牵扯，形成松通和顺的合理结构（图4-24～图4-26）。

图4-24

图4-25

图4-26

这种心法训练，主要用以体会身体的位置感、平衡感和整体感，可以加强身体间架结构的均衡性和稳定性，提高对身体重心的掌握和控制能力，为套路演练以及推手中身体保持不偏不倚的整体平衡状态奠定基础，同时还有利于身体的放松。

8. 竖松横散

竖松，是指从头顶到脚下的纵向放松；横散，是在竖松的基础上，向与纵轴线垂直的方向的四周空处圆散。“散”的过程好比石头投入水中激起波纹逐渐散开。“‘散’，意气松圆了，就能养生；就能有内功。不会‘散’，意气憋，要出毛病”，所谓“全身透空，百病不生”[①]。通过竖松横散，可以使“浩然之气”遍及全身，沟通内外，畅通无阻，毫不停滞。但凡此皆是“立象尽意”，而意不可在于气。

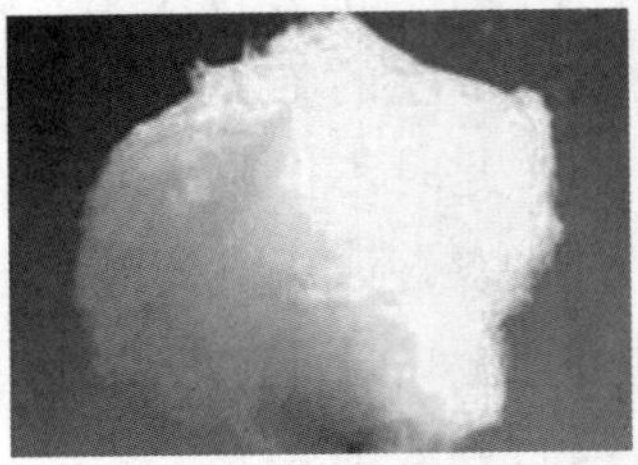

图4-27

取“阳光下的棉花”之象（图4-27），使之沿着身体流动。主要有三条路线：第一条线，从头顶百会→面部→喉部→胸部→腹部→大腿前侧→膝关节→小腿前侧→脚踝→脚背→十个脚趾；第二条线，从头顶百会→头部两侧→太阳穴→耳朵→颈部两侧→肩部→上臂→肘关节→前臂→腕关节→手掌→十个手指；第三条线，从后头顶百会→后脑→颈椎→胸椎、肩胛骨→腰椎、两肾→臀部→尾闾→大腿后面→腘窝→小腿后侧→跟腱→脚踝→脚跟→涌泉穴→十个脚趾。

注意力经过三条路线上的每一个部位时，都将眼、耳、鼻、舌、身、意六种感官同时都集中到此处，设想此处的皮肤、皮下组织、肌肉、肌腱、韧带、神经、血管、毛细血管……（只要此处有的组织）变成一团棉花，体会其被太阳晒后蓬松、轻柔、温暖的感觉，心情愉悦。每个部位不仅往下纵向放松，形成一种向下流动的感觉，同时要有横向圆散的意识，如石灰落地，向四周散开一样。然后进行下一个部位（图4-28 ~ 图4-30）。

图4-28

图4-29

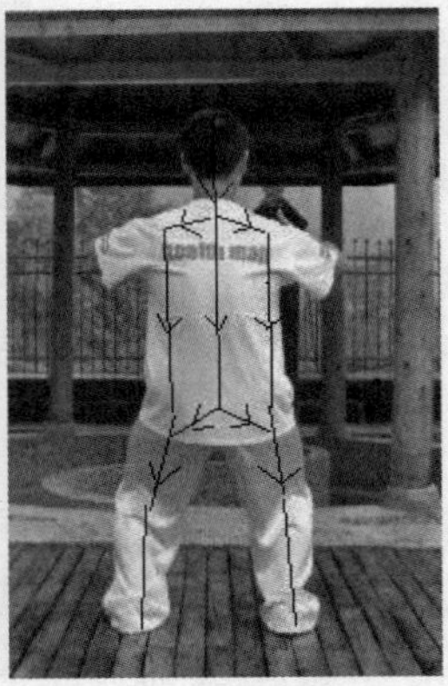

图4-30

①刘金印. 汪永泉授杨式太极拳语录及拳照［M］. 北京：北京体育大学出版社，2014：31-32.

从第一条线放松结束后，再第二条线，然后第三条线。每放松完一条线后，在其终点（手指甲或脚趾甲）轻轻意守1～2分钟。放松完三条线的一个循环以后，把意识集中在指尖或脚趾等部位上，若有若无地意守此处，维持安静状态几分钟，然后进行下一个循环。每次练习一般做2～3个循环。

脏腑的放松可以取“丹田烧水”之象进行训练：设想丹田（小腹）架有火炉，上置水壶被加热，水温逐步升高，水蒸气逐步增强，腹腔、胸腔逐渐沐浴于水蒸汽中。想到哪儿，体会那儿的温暖、舒适、（被清洗得）洁净、愉悦的感觉。例如，依次想心脏、肺、脾胃、肝胆、两肾、肠、膀胱等泡在热水里的感觉，每个脏器被洗干净、变温暖、变蓬松、变舒适，竖松横散，以至于最后整个身体泡在热水里，全身皮肤非常温暖，非常舒适，汗毛孔都打开了，疲劳被冲走，全身污垢被冲洗干净，心情愉悦。或取“骨肉分离”之象，形成只剩骨架的感觉后，调节骨架使之牢固、均衡，支撑作用增强，再用意放松颅腔、胸腔、腹腔、盆腔内部的所有组织结构，以达形正气顺、骨坚气满、内在功能强盛的养生效果。

有些关键点的放松，有利于局部或全身的放松。如两个肩井穴放松，肩就容易放松；两个曲池穴放松，肘关节就容易放松；两个劳宫穴放松，手就容易放松；两个环跳穴放松，胯就容易放松；两个阳陵泉穴放松，膝关节就容易放松；两个涌泉穴放松，脚就容易放松；会阴穴一松，全身就都松了。

“心静体松”是太极拳的基本要求，也是太极拳修炼的核心要素，达不到心静体松，难以达到太极拳锻炼的预期效果。杨澄甫说：“一个松字，最为难能，如果真能松净，余者末事耳！。[①]”所以可以说“松”是太极拳的灵魂。

此心法主要训练意识集中能力、放松能力，意识集中了、身体放松了，心静的水平也就提高了，反之，心静了身体就更容易放松。所以它们是相辅相成的：心静促进体松，体松促进心静。需要注意的是，我们训练的放松，不是疲沓松懈，而是在保持间架结构、基本内涵不变的情

①李和生. 内功解秘：杨式太极拳老六路［M］. 北京：经济管理出版社，2006：9.

况下，追求“大松大软”“虚极静笃”。开始做一个循环耗时较多，等熟练后，放松能力提高了，能在较短时间内将三条线放松一遍，而且效果越来越好。此心法可以结合上述各种心法进行训练，提高各种要求下的心静体松的能力。另外，有时越想放松，反而越松不了，因为精神紧张了。因此，精神上的放松至关重要。在此心法训练的开始，可取“眉心舒展，似笑非笑”象，同时想象以前最开心的某件事，等精神放松了再按程序进行训练。再强调一遍，放松是在姿势正确不变形的基础上追求“大松大软”，松无止境。

9. 三平一竖

所谓“三平一竖”是汪永泉先生所传关于“气圈”运用的心法。“三平”，是在“竖松”的基础上，分别从肩、腰、胯向四周“横散”出三道平圈，即肩圈、腰圈和胯圈；“一竖”，是以丹田为中心圆散出位于矢状面上的一道竖圈（图4–31）。三平一竖四道圈，实质也是在心中所立之象，立象的目的也是尽意，正如魏树人所言：

图4–31

> “三道气圈平行散出之后，肩气圈主于引领两臂的运行；胯气圈主于引领两腿的起落与移动；腰气圈是肩胯气圈的主导与媒介（主于转身）。要使平行的三道气圈协调一致地运行，没有一条贯通上下的身中垂直线从中发挥轴心的作用，周身上下就会松散混乱。[①]”

也就是说，肩圈主上肢运行和人体平衡，保证肩肘腕手的灵活变换和重心不失；胯圈主下肢运行和人体进退，保证下盘稳固，进退灵活；

①魏树人. 杨式太极拳术述真之二：太极拳行拳心法［M］. 北京：人民体育出版社，2001：14.

腰圈主人体旋转和统领肩圈胯圈，保证腰的旋转自如和上下相合。竖圈和中轴线统领三道平圈，主人体技击发劲。

在站桩中训练“三平一竖”的心法，先进行“意念造型”，即把四道圈的形象建立起来，所谓“立象”。可以从一个圈入手，依次逐步将四个圈找齐，如先找胯圈，再腰圈，再肩圈，然后竖圈。可以采用上一节“竖松横散”的方式来进行，即从头顶开始依序向脚下放松，全身松开以后，上下一气贯通，然后先由胯向四周圆散，如用圆规画辅助线一样，围绕胯中心画出一个直径1米左右的圆圈，然后似有似无地将意识放在这个圈上，用各种感官去感受这个虚拟之圈，如用眼去“看”（视觉想象），用身体触觉去感受，用“胯圈”这一念代替所有杂念。经过一段时间训练，这种“象”清晰稳定之后，再以此类推将“腰圈”（腰圈略小于肩胯圈）、“肩圈”和竖圈的形象在心中塑造出来。最后能将四道圈同时呈现出来，并能支配各圈发挥各自的作用，训练的目的就达到了。

这一心法训练的作用，首先是建立圈的形象；其次，这个立象的过程也是培养浩然之气并引导其向身外圆散的过程。此二者是相辅相成的，圈的建立有助于气的圆散，气的圆散有助于圈的巩固。这样就为拳法中圈的灵活组合与运用奠定了基础。比如，腰圈和竖圈放大后交接，两圈一套，就形成了一个球体，人如站在球内，利用球体引领人体产生功用，人之进退，如球之滚动；人之开合，则如球之胀缩；人之发放，如球之鼓荡（图4-32、图4-33）；然而球又可以分解为无数个环发挥作用，如“乱环诀”所云：

图4-32

图4-33

乱环术法最难通，上下随合妙无穷。

陷敌深入乱环内，四两千斤着法成。

手脚齐进竖找横，掌中乱环落不空。

欲知环中法何在，发落点对即成功。

这指的是人体各个部位包括肩、肘、腕、手、胯、膝、足以及体外空间，处处都有大大小小各种方位的环（圈），“其大无外、其小无内”，利用环（圈）的组合运用，可以提高人的本体感觉能力和空间定位能力。就如司机只有对车头、车尾、车侧等不同部位都有较强的感觉能力，即具有较强的“车感”，才能实现操控自如，人车合一，然后不论在川流的马路，还是拥挤的小巷，都能驾轻就熟、游刃有余地穿梭于其间。这样就有利于提高练拳，尤其是推手中感知觉的灵敏性和控制身体的能力，体现“人不知我，我独知人”的妙用。

当然，“圈感”建立不是一蹴而就的，要经历一个由无到有、由弱到强的过程。

10. 物我合一

图4-34

取“大树”之象。闭上眼睛，设想整体环抱一棵参天大树，面部、两手及手臂、胸腹、大小腿都镶嵌在树中，开始还分得清树是树，我是我，慢慢与树融为一体，树就是我，我就是树。我这棵参天大树高耸巍峨，充满勃勃生机。脚底生出根须，脚和小腿深深扎根于泥土，吸收大地营养之精华；头发长成浓密的树冠，胳膊和腿变成树枝；全身毛发像新生嫩芽一样慢慢舒张，呼吸日月精华之元气；筋骨肌肉变成树汁，在树干的年轮里冲腾旋转、奔流不息；树干如发酵的馒头，又如松软的棉花晒在阳光里，松开膨化，宇宙元气乘虚而入，渐渐饱满充实，膨胀如球如胎（图4-34）。

取“树桩”之象。设想自身作为一棵大树被拦腰（肚脐水平线）锯断，上身不存在了，全空了，所剩下的只有腰（肚脐）以下的这部分（树桩），且胯以下都被埋在地下。用意识守着裸露的“树桩截面”，则产生中定的功能，他人撼你不动。中定是太极拳的基础功夫，没有中定则一切皆如浮萍。人体腰以上为天，腰以下为地，天空属阳，地实属阴。肚脐一线之水平截面，属于中极，意守中极，方可应物自然。以此肚脐截面之一念代万念，则可在推手时，以不变应万变，以守为攻（图4-35）[①]。

图4-35

如此上身感觉到空了之后，将注意力从自身转移到“自然美景”之象，忘记自身的存在。如站在大海边，天空海阔，蓝天碧海，望不到边；或于夜阑人静，听细雨落地或山泉流动，隐隐约约，若隐若现；或置身广阔草原，风吹草低现牛羊；或体味江雪独钓者之静谧安详。人与天地融为一体。李（瑞东）派太极拳传人张绍堂说：“我在宇宙中，宇宙在我中，我即宇宙，宇宙即我。[②]”所谓“天人合一”也。

空不是“空空如也”，不是什么也没有，而是“空而不空，不空而空”。此并非故作玄虚。什么意思呢？就是说将意识集中在虚拟的“心象”之上，如大树、美景，此“象”虽然是空的，但意之所至，想象得跟真的一样，如身临其境，感觉不是空的确实存在，所谓“空而不空”；身体姿势或动作是实实在在的客观存在，当然是“不空”，但意之不在其上，感觉不到其存在，感受上是空的，所谓“不空而空”，所以说“空而不空，不空而空”。意在形外的虚空体上，则能使身体解放，所谓放下，放下则有奥妙。正如《娥眉拳谱·心解》所讲：“意在形外，其体自松，其气自盈，其道自通，内劲通灵，玄妙自生。”所谓

①张耀忠. 三十九式太极拳劲意直指［M］. 北京：人民体育出版社，2008：8.

②杜子宇. 李派太极五行捶［M］. 太原：山西科学技术出版社，2005；10.

用不用之用，期不期而期，致不致而致。当然“空而不空，不空而空”是心上功夫的体现，要通过修炼中观之心来求之。

这一心法训练是通过诱导激发全身内外之生机，使气充遍体、气贯周身，所谓“吞天之气，借地之力”，从而使毛发、筋骨、肌肉、脏腑都得以充养，有利于真正的心静体松，开发内在的潜能。同时，由此可以逐渐进入忘我的境界，体会到“空”的感觉，即先“物我合一”，最终“物我两忘”。

11. 中观之心

根据前文的阐述，作为从“人心”（经验心）向“道心”（超验心）转化的中间环节，“中观之心”是淡化或消除了种种思虑与贪求欲望之后的心，即“喜怒哀乐之未发”（《中庸》）的清静之心。摄心入静的方法，并非用意识去强制执行，那样会适得其反，而是要从其规矩，顺其自然，才能消除一切杂念。根据生理学和心理学知识，人的左右脑的功能不同，人脑两半球即左右脑的功能不同，左脑是处理语言信息、进行逻辑分析、复合思维的中枢，具有分析性、有序性、连续性的特点；右脑是处理图像信息、进行直觉思维、发散思维、形象思维和空间定位的中枢，具有不连续性、弥散性、整体性等特点。[①]可以说，杂念的产生即是左脑进行抽象逻辑、复合思维、分析思维的惯性兴奋所造成的。根据“象思维”理论，入静就是要中止概念思维（即逻辑思维），而要中止概念思维就要启动象思维，也就是用右脑的象思维来代替左脑的概念思维，用右脑的兴奋来抑制左脑的惯性兴奋，使左脑得以休息、调养，最终达到“物我两忘”之境，这是摄心入静的原理。

站桩心法训练，采用了悬锤、馒头、串珠、气泡、大耳、大树、树桩、棉花、束带、高凳、长方形、合页、气球、硬币、自然美景等各种“象”，并使这些“象”进行“流动与转化”，如“棉花之象”在全身各部位的按序呈现即是“象的流动”，所有这些不同的象的依次呈现即

①张庆林，邱江．思维心理学［M］．重庆：西南师范大学出版社，2007：53.

是“象的转化”。通过“象的流动与转化”来发挥右脑功能进行人体的空间定位、调节姿势、激发状态，就是启用象思维抑制概念思维的具体运用。概念思维被抑制了，杂念就会逐渐消除。

消除杂念以达“中观之心”是一个渐进的过程。身体好比大冶烘炉，无物（包括杂念）不淘熔；其心则如镜映物，来者即照去者不留，又如水之容器，水置其中杂质自然沉淀。宋代邵雍讲：“人心当如止水则定，定则静，静则明。”（《皇极经世·观物外篇》）心猿意马之心如浑浊的水，需要一定时间将杂质渐渐沉却。即便是再清澈的水，如果在杯中不停地摇晃，它会变得浑浊；即便是再浑浊的水，如果将它静静地放着，也会变得清澈。站桩的作用，除了建立身心的各种规矩、提高各种规矩下的身体放松能力之外，还有这种沉淀和净化“心灵之水”的作用。所以，站桩需要时间的积累，只有较长时间保持静止不动，才能使规矩内化、放松质量提高，在此基础上逐渐淘尽杂质，使心境清明澄澈。这样，“中观之心”的不断升华，反过来又有利于促进和提高放松质量和心法训练的效果，形成一种良性循环，以达至善之所在也。《大学》所说的“知止而后有定，定而后能静，静而后能安，安而后能虑，虑而后能得”，孙氏武学所讲的“心定神宁，神宁心安，心安清静，清静无物，无物气行，气行绝象，绝象觉明，觉明则神气相通”[①]，都是伴随心的沉淀以致中观之心，乃至使境界层次不断升华和提高而趋近“道心”的过程。

趋近“道心”的过程是做减法的过程。《老子四十八章》云：“为学日益，为道日损，损之又损，以至于无为。”为学重在积累和构建，促进知识增长，是做加法；为道则不同，为求悟自然万物之浑沦整全，必须悬置定见、瓦解执欲，以臻于虚明定静之境，所以这种“减”“损”之法是其不二法门。老子之“致虚极，守静笃”；庄子之“忘其身”（《人世间》）、“忘其肝胆，遗其耳目”“堕肢体，黜聪明，离形去知”（《大宗师》）、“堕汝形骸”（《天地》）、“解心释神，莫然无魂”（《在宥》）；《吕氏春秋》之“适耳目，节嗜欲，释智

①童旭东. 孙氏武学研究［M］. 北京：中国书籍出版社，2008：340.

谋，去巧做”（《先己》）；《金刚经》之破执，观空，证无；等等讲的都是“减”“损”之法。目的是将系缚人身、人心的非分、过度、失性的欲望和知识一层层地“减”掉、“损”掉，以消解经验域之自我，安抚身躯之累，忘却世俗之劳，领悟心神之静，使心境空明，表里澄澈，混沌一片，最终达到“独与天地精神往来”“同于大通”的境界，将个体生命超拔到一个自由、自然、无为的全新高度。

修炼太极拳之中观之心，如何做减法？除了站桩进行沉淀之外，不妨借鉴前人经验，多修“敬”字。太极拳理论研究家陈鑫就对“敬”字多有论述。他要求：无论是练功时或生活中，都存以“敬”心：“平素要得以敬为主，临场更得恭敬。[①76]”用心的程度可以通过“敬”字来把握：“用心太过，失之拘束；不用心，失之懈怠。是在有心无心之间，一主以敬。[②103]”官骸皆听命于心的窍要也在于“敬”：“心一敬谨，手足自然如法而行。[③106]”欲到达出神入化的功夫境界也离不开“敬”字：“按法习拳，用力日久，豁然贯通。日新不已，自臻神圣。浑然无迹，妙手空空。若有鬼神，助我虚灵。岂知我心，只守一敬”[④75]。何以如此？因为“能敬则专心致志，自无鸿鹄之射绕乱胸中。[⑤98]”“心主乎敬，又主乎静”[⑥78]，能敬，心才能静，心静才能体松，心静体松的前提下心法的作用才能得以充分体现，进一步修炼方可排除人的一切欲望和思念而“致虚极，守静笃”“物我两忘”，回归“本真之我”，与万物一体，然后才能进行动态的整体直观——通过象思维的体悟状态和象所透露出的意蕴来领悟“道”。

二、太极拳心法的动态训练

动态训练，首要的任务是将静态训练的各种心法及其规矩在动态中进行巩固和强化。在静态中，始终保持一个姿势不动，所以心法的实施运用以及使身心达到并保持各种规矩相对动态中要容易。身体动起来之

①陈鑫. 陈氏太极拳图说（简体版）［M］. 太原：山西科学技术出版社，2006：75-106.

后，往往就会把很多细节忽略掉了，容易心忙手乱，顾了这儿顾不了那儿。所以动态训练的初始，先以简单动作打基础。由于步法是全身运动的基石，步不稳则拳乱，所以我们先进行步法训练，包括两种：进步和退步。等相关规矩得以内化巩固，然后过渡到单式训练，单式训练就是某一个动作进行重复练习。将若干单式动作串联起来就是组合训练，最终将组合串联起来就是完整的套路训练。

动态之中要将站桩时的心法内容依次进行训练，包括虚领顶劲、尾闾中正、开肩回胸、腰如束带、如坐高凳、妙手空空、合力为零、竖松横散、三平一竖、中观之心等取象训练之法都要进一步在动态之中进行把握。不同于静态训练的是要增加被动而动的取象方法，即进退旋转不是主动向前、退后或转身，要通过立象尽意来诱导产生动力。如前进时取“推背”之象，即想象有人在身后推你后背，他推你就随其被动地向前移动重心；后退时取“拉背”之象，即设想有人在身后拉你后背，他拉你就随其被动地向后移动重心；转身时则以“腰圈旋转”之象，引领身体被动地与其同步旋转。身体动转的速度要均匀缓慢，始终处于欲行又止、欲止又行、似停非停、氤氲不断的状态之下。另外，两腿要进行大虚大实的重心转换。如右脚提起准备向前或向后迈步时，左腿为大实，右腿为大虚；右脚落地，重心慢慢向前或向后移动，右腿逐渐变实，左腿逐渐变虚，直至重心都到右腿，此时右腿为大实，左腿为大虚，以此类推。重心的转换要平稳自然，避免起伏。

（一）步法训练

心法，可以取象充满水的水缸，水面清澈平静，想象自己站在水缸里，在动作过程中，不让水面起丝毫波纹，始终保持平静。（图4-36）

图4-36

1. 进步（图4-37～图4-50）

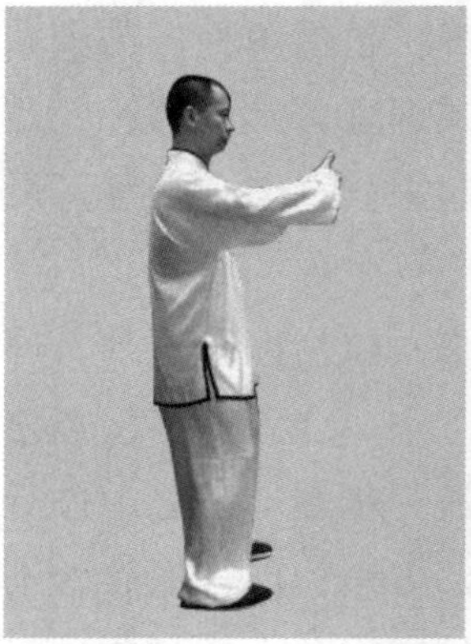

图4-37

图4-38

图4-39

图4-40

图4-41

图4-42

图4-43

图4-44

图4-45

图4-46

图4-47

图4-48

图4-49

图4-50

2. 退步（图4-51～图4-54）

图4-51

图4-52

图4-53

图4-54

（二）单式训练

1. 野马分鬃（图4-55 ~ 图4-62）

图4-55

图4-56

图4-57

图4-58

图4-59

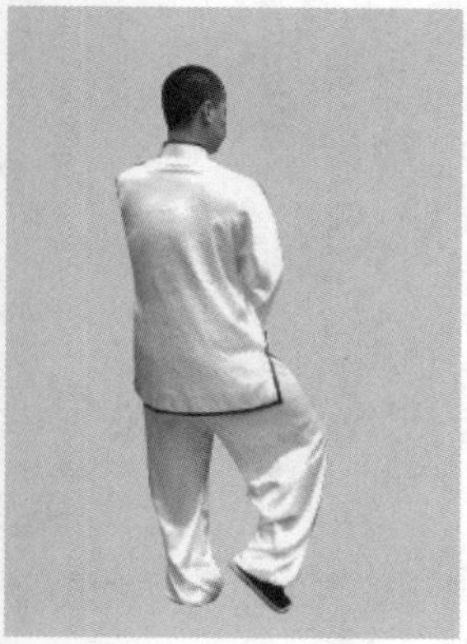

图4-60

图4-61

图4-62

2. 倒卷肱（图4-63～图4-70）

图4-63

图4-64

图4-65

图4-66

图4-67

图4-68

图4-69

图4-70

3. 揽雀尾（图4-71～图4-94）

图4-71

图4-72

图4-73

图4–74

图4–75

图4–76

图4–77

图4–78

图4–79

图4–80

图4–81

图4–82

图4-83

图4-84

图4-85

图4-86

图4-87

图4-88

图4-89

图4-90

图4-91

图4-92

图4-93

图4-94

4. 云手（图4-95～图4-102）

图4-95

图4-96

图4-97

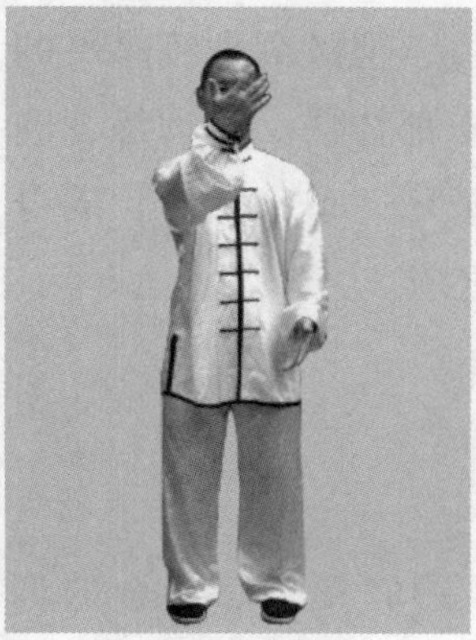

图4-98

图4-99

图4-100

图4-101

图4-102

步法和单式训练中，除了保持静态训练的各种规矩之外，更重要的是还要训练身体重心的虚实转换能力。可取连通器的流水之象来进行训练。设想丹田为水泵，实腿贯满了水。在进行虚实转换时，丹田的水泵把实腿之水徐徐抽起抽走，然后慢慢注入虚腿中。水的流动路线呈拱桥形“∩”。在体味抽水和注水之象的过程中，身体重心便自然向前或向后移动。开始没有感觉，经过训练，不但能真的体会到水从一条腿从下而上，经由丹田，从上而下向另一条腿流动，而且能够“用心”来指挥水的流动路线、控制水的流动速度。水的流动不要有停顿，速度要均匀。实腿的水量递减，满水量从10开始，然后9，8，7……最后至0；而虚腿的水量则是递增，从0开始，然后1，2，3……增加至10，周而复始。最初水流的感觉起初比较模糊，速度比较缓慢，但随着训练水平的提高，感觉会更清晰、速度会加快，能如电光火石那样快。此训练，同样要在中观之心的基础上，做到虚灵顶劲，节节放松，节节贯串，周身轻灵，状若春蚕吐丝，绵润悠长，终达得意忘形之境。

（三）整套训练

整套训练是由若干单式、组合等构成，除了遵守单式、组合的训练要求之外，还要处理好姿势之间的衔接和过渡，使所有姿势动作形成一个完整的有机整体。每一个姿势都是由起点、运行、终点、变换四个过程，然后过渡到下一个姿势的起点、运行、终点、变换……如此循环往复。

起点：这里的起点是心法的萌动之初。在姿势开始之前，身体须中正安舒，使精神提起，心静体松。心静则意专，意专才能“运用在心”。在心法的引领下使内气连绵不断地循拳势的走向而弥散，从而催动姿势的开始。

运行：身形手势依赖于心法之引领和内气的催动而运行，而非单一地只做形体动作。要将“意在先”“凡此皆是意，不是形”的至理明言落到实处。在不停顿的情况下，引领姿势朝着要去的正确方向运行。

终点：姿势的完成必须保持身形正直，处处符合静态训练时所达到的规范，呼吸自然，不可憋气。此处须注意的是，姿势到终点时并不等于心法也到了终点，要使心法的运行终止，须做到心中一“静”，方可令流动之意停止。

变换：变换过程身形手势的往返转折处，是动态训练的最重要的一环，起到某一姿势和下一姿势进行衔接的作用。经过心的一静，使精神再度提起，心法重新开始运转，在其引领、催促之下，使下一个姿势进入起点、运行、终点以及变换的循环过程。当然这四个过程，并无明显停顿，始终是在绵绵不断中进行的。

由于篇幅关系，关于整套的具体的心法训练不做赘述。

三、辅助训练

（一）面壁蹲墙

有两种形式。一种是面壁而立，两脚尖顶住墙壁，鼻尖轻贴墙壁，保持身体中正，慢慢下蹲；蹲下之后，慢慢起立，循环往复；舌抵上腭，蹲时吸气，起时呼气；由少至多，逐渐增加蹲起的数量（图4-104、图4-105）。另一种是两脚尖、两膝盖外撇90°，以两脚、两腿内侧贴墙，其他要求与第一种相同（图4-106、图4-107）。一组30个，每天一组以上。

取象方法：取“合页”之象，以小腹和大腿根作为“合页”之两片，以小腹一片去贴大腿根一片（图4-103）。

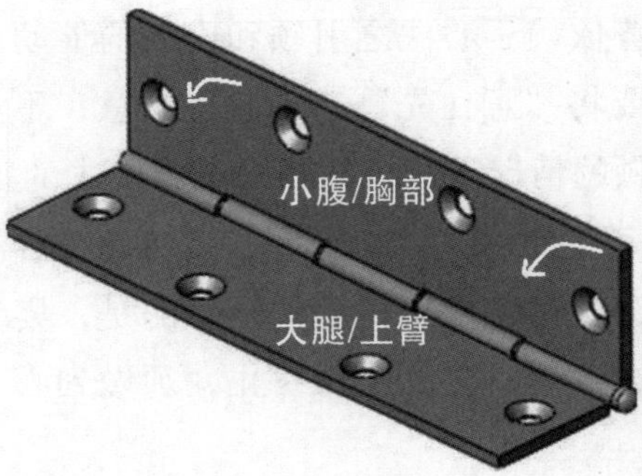

图4-103

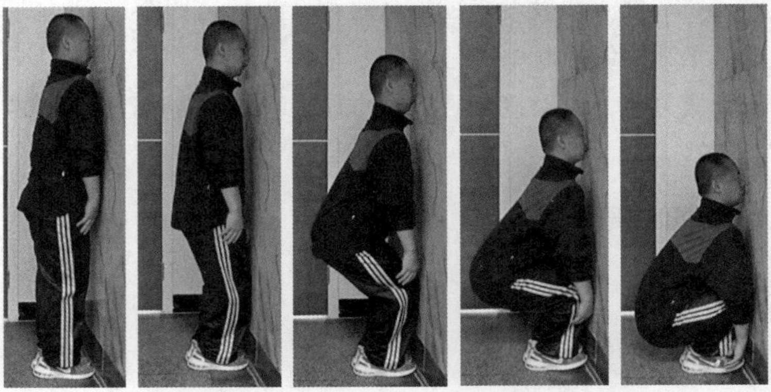

图4-104

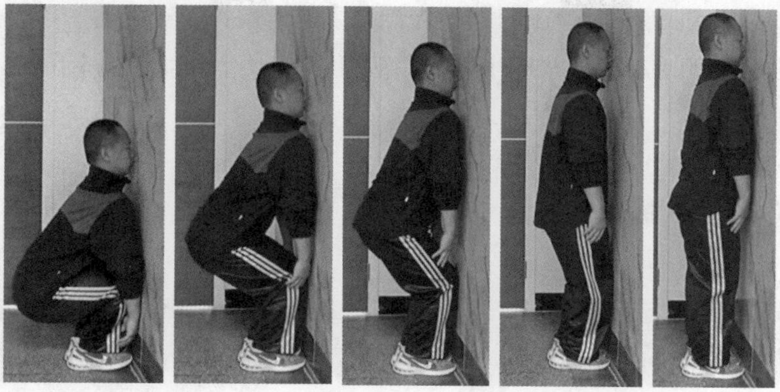

图4-105

图4-106

图4-107

作用：训练呼吸与动作的结合，抻拉脊柱、膀胱经和肾经，松腰，强肾，开胯，使气沉丹田，因为用不上力，所以有利于体会“用意不用力”。

（二）蜥蜴爬

模仿蜥蜴爬行：俯卧于地，左手和右脚支撑身体，使之与地面平行，右手前伸，左脚前迈；倒换重心后，右手和左脚支撑身体向后扒地，使身体向前平移，同时左手前伸，右脚前迈，再倒换重心，使左手和右脚支撑身体，以此类推，继续向前爬行。爬行时，只是两手两脚着地，身体其他部位不可触地，而且身体不能起伏，要平行地面前进（图4–108 ~ 图4–112）。

图4–108

图4–109

图4–111

图4–112

作用：牵拉脊柱，活肩活胯，锻炼脊柱的主宰作用，提高全身的协调性。

（三）倒立

身体成倒立姿势后，两肩胛骨向两侧、上下撑开，两臂伸直推撑，推动躯干上移，使脊柱、胯、膝、踝各关节对拉拔长，节节撑开，形成静止状态，保持一定时间（图4–113）。

图4–113

作用：开肩，活肩。

（四）混元卧

身体自然平躺，两脚心相对，两膝盖左右分开放平贴于床，两腿呈环状，脚跟尽量贴近会阴穴，两手重叠置于头上，手心对着头顶百会穴。在胯松开之前，两膝盖不能贴于床上，可以用在两膝下垫上毛毯的方式来过渡（图4–114）。

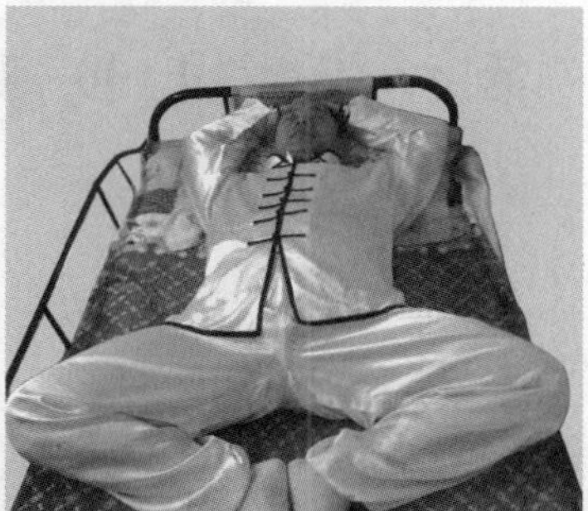

图4–114

作用：使全身平摊于床上，加大接触面积，有利于全身的放松，具有开胯、强肾气的显著作用。

（五）打坐

图4-115

打坐的姿势，可分自然盘、单盘与双盘。两脚交叉放于两腿之下，这种盘坐为自然盘，又叫散盘。一腿屈膝、脚跟抵住大腿根下侧，另一腿放于其上，脚跟抵住大腿根，这种盘坐叫单盘。在单盘的基础上，上面腿的姿势不变，把下面的脚再搬到上面的腿上（使脚跟抵住大腿根），这种盘坐叫双盘（图4-115）。打坐时，先从散盘、单盘开始，逐渐达到利用双盘姿势打坐，效果最好。打坐时，脊柱要上下拉直，头正，下颌微收，心静体松。回光返照，如皓月当空。可将站桩的心法训练方法融入打坐之中。有人将站桩称作“武练”，将打坐称作“文练”，二者结合练习，可以互为补充。

作用：抻筋拔骨，开胯，使人体上下气机、经脉贯通，摄心入静。

第四节　太极拳心法应用的案例举要

一、掤、捋、挤、按

掤、捋、挤、按是太极拳的四种基本手法，在推手中叫作“四正手”，也是四种劲别，与採、挒、肘、靠并称为太极“八法”。掤劲是向前、向上之劲，捋劲是向后之劲，挤劲是向正前方之劲，按劲是向下之劲。关于掤、捋、挤、按的心法，前人总结有不同的应用案例，现对其进行举要解析。

（一）掤劲

案例一：命门找环跳

这是心法素材中“点”的应用。一个点是命门穴，另一个点是环跳穴。其应用的方法是，意注命门穴，设想以命门穴去找前腿的环跳穴，即使命门穴落向前腿的环跳穴，有将二者合而为一之意，用意不用力，则自然会产生掤劲（图4-116）[①]。

图4-116

图4-117

案例二：气柱升腾之象

心中一静，竖松横散，设想浩然之气如同石灰沿自身纵轴向下沉落，落地后砰然向四周圆散（此处不可过多留意，否则僵滞），然后从身前向上升腾，如同气柱一般，同时催促两手向上圆转运行（图4-117）[②]。

①张耀忠，茹世保. 王培生教范八卦散手掌［M］. 北京：北京体育大学出版社，2008：121.

②魏树人. 杨式太极拳术述真之一：太极拳内功理法［M］. 北京：人民体育出版社，2001：60-61.

案例三：“掤填坎中满”

图4–118

指在发掤劲时，取坎卦之象，设想从命门往环跳穴划一横道，使中盘实，上下盘虚，则掤劲自出。或取腹内肚脐下置一杯酒之象，保持平稳，酒满而不洒，平行向前碰杯，亦生掤劲。掤劲实际上是出自腰胯，忘掉手，忘掉脚，腰胯发挥作用则产生掤劲。除了特定动作专门发挥掤劲的作用之外，太极拳八法之捋、挤、按、採、挒、肘、靠，都应暗含着掤劲作为基础（图4–118）[①]。

（二）捋劲

图4–119

案例一：捋劲手指划眉梢

设想以右手食指从左眉梢划向右眉梢，左手追右手，则自然产生捋劲（图4–119）[②]。

①张耀忠，茹世保. 王培生教范八卦散手掌［M］. 北京：北京体育大学出版社，2008：125.

②张耀忠，茹世保. 王培生教范八卦散手掌［M］. 北京：北京体育大学出版社，2008：121.

案例二：剑尖透背后

取“宝剑”之象，使剑尖朝向自己心口，分三次穿透胸背，所谓“三捋”。一捋时，剑尖拢向胸前；二捋时，心一静，剑尖透至夹脊穴；三捋时，心一静，剑身全部没入胸中，胸前只剩剑把，如此促使身体向后依偎，则捋劲自生（图4-120～图4-122）①。

图4-120

图4-121

图4-122

案例三：“捋要离中虚”

是指做捋手时，可取离卦☲之象，使自身的中盘虚，即腰部和腹部要松活，如一盘水平放置的大轴承转动那样灵活，实质是使带脉松通。只需将眼睛由左眉梢向右眉梢看，就会体会到带脉的气机回旋，此时捋劲自生（图4-123）②。

图4-123

①魏树人. 杨式太极拳术述真之一：太极拳内功理法［M］. 北京：人民体育出版社，2001：63.
②张耀忠，茹世保. 王培生教范八卦散手掌［M］. 北京：北京体育大学出版社，2008：123.

（三）挤劲

案例一：挤劲夹脊找涌泉

伴随挤的动作同时，关注夹脊穴，设想将夹脊穴落向前脚的涌泉穴，使之合二为一，则挤劲自生（图4–124）[1]。

图4–124

案例二：三横一竖平中找

心中一静，意气竖松横散，形成三平一竖四个圈，以竖圈及其中轴催动三个平圈向前平移，并将全身气势通过前手中指根向前集束，挤劲自生。"平"是关键，即三平一竖四个圈通过中轴线合为整体一起催向集束点，不突出任何一环（图4–125）。

图4–125

①张耀忠，茹世保. 王培生教范八卦散手掌［M］. 北京：北京体育大学出版社，2008：121.

案例三："挤是震仰盂"

取震卦☳之象，上盘、中盘要虚，下盘要实，主要指利用盂子之底部，即两脚底板连线发挥作用。应用时关注脚掌，先后脚，再前脚，由后脚至前脚，同时默念两遍"前脚"，如此挤劲自生，且势不可挡（图4-126）[①125]。

图4-126

图4-127

（四）按劲

案例一：按劲凭栏往下瞧

做按的动作的同时，想象站在高楼凭栏下望的场景，按劲油然而生（图4-127）[②121]。

①张耀忠，茹世保. 王培生教范八卦散手掌［M］. 北京：北京体育大学出版社，2008：121-125.

案例二：掀箱子盖

取箱子之象，设想两手扶在箱子盖一端，注意力集中在箱子后侧的合页之上，有将箱子盖掀起之意，同时头要向上领起，则按劲产生（图4-128）。

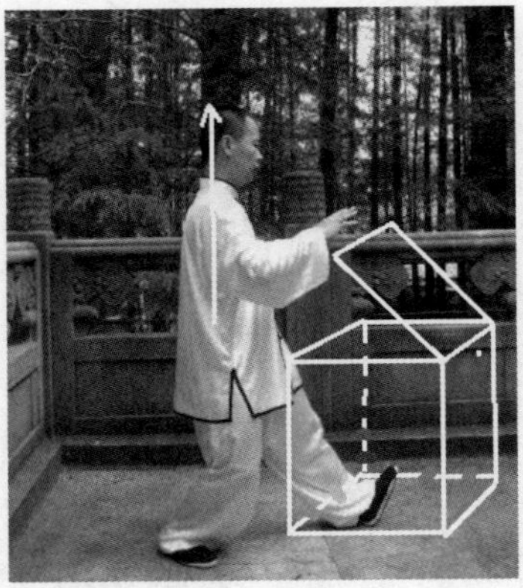

图4-128

图4-129

案例三："按是兑上缺"

取兑象（☱），其上爻是阴爻。在我方取按式时，以象喻人，设想胸前膻中穴往上是空虚的，则手上自然产生按劲（图4-129）①。

①张耀忠，茹世保. 王培生教范八卦散手掌［M］. 北京：北京体育大学出版社，2008：127.

二、混合劲

在熟练掌握掤、捋、挤、按的心法之后，可以将其混合起来进行练习，即在同一个动作之中，混合几种心法同时发挥作用。仅靠单一的手势动作不可能做出不同劲别的混合，但几种劲别的心法却可以随意组合在一起，不受形体的局限，同样一个动作可以发出几种混合内劲。这样在推手运用时，就给人以“掤捋挤按皆非似”的感觉。例如：

掤、按、挤混合劲。内气升腾的上掤之心法结合“掀箱子盖”的下按之心法，在“三平一竖平中找”的前挤之心法的督促之下，在一瞬间圆融地混合在一起，不分先后地由一个动作同时通出，则产生掤、按、挤的混合内劲（图4–130）[①]。

图4–130

掤、按混合劲。做掤的动作时，胸部一吞，设想下行之意气将胯圈后端催沉下按，则胯圈前端催扬掤起，催促两手上掤，这是由按而掤的

①魏树人. 杨式太极拳术述真［M］. 北京：人民体育出版社，1999：28–29.

两劲混合；做按的动作时，胸部一吞，设想上行的意气将肩圈后端上扬掤起，则其前端必然向下沉落，引领两手下按，这是由由掤而按的两劲混合（图4-131、图4-132）①。

图4-131

图4-132

混合内劲由手上通出，但绝不是手上用劲，因为如果以手走两种以上的劲，即会改变原来的方向，混合内劲无法连贯地通出。所以手只是与对方相接触，绝不可用手推人，而应将手松开，既无形又无力，使内劲从手上领出去催发对方。拳谱所讲“人不知我，我独知人”的境界，就是这种混合内劲运用的结果。

三、三“十”成“丰”

第一个十字是“尾间十字”，由左右两胯连线（为横）与骶椎与尾椎的连线构成。尾间十字是腰脊和下肢协调运作的枢纽，是上传下达关键部位。此十字之竖向下延伸，之横向左右延伸，则可使身体气机竖松横散；此十字往下松沉，则可往下放松腰脊；此十字往上一

①魏树人. 杨式太极拳三十七式内功述真（修订版）[M]. 长沙：湖南科学技术出版社，2013：31.

托，则可往上立腰伸脊；此十字往前收束，则可松腰敛臀；此十字之横左右延伸向前包抄，则可裹胯；此十字逆时针或顺时针斜转，则可向左或向右转身。

第二个十字是“腰间十字”，由左右两肾的连线与腰椎构成。此十字之横主宰着两肩、两肘以及两胯、两膝偏沉、偏轻的虚实转换。此十字之竖（腰椎）主宰着肢体的伸缩，是身弓的核心部位（弓把）。腰间十字与尾间十字取丹田之中心部位作支点，好似杠杆之上下两端，彼此推拉，相辅相成，对于协调腰胯的运动起着重要作用。

第三个十字是“后背十字”，由两肩胛骨连线与胸椎构成。此十字之横支配和协调两肩、两臂、两手的运动。此十字之竖（胸椎），下接腰骶，上通颈头，支持虚领顶劲。此十字左右、上下延伸，有利于含胸拔背的形成。因此，后背十字是“神贯顶”“气贴背”和“力由脊发”的关键所在。

通过三个十字可以“明三节”（躯干的三节）：以尾间十字主导根节的功能，可以规避“根节不明，颠覆必生”之嫌；以腰间十字主宰中节之枢纽，可以预防“中节不明，满身皆空”之弊；以后背十字发挥梢节的作用，可以医治“梢节不明，无依无宗”之病。三个十字，既可以各司其职，主导放大缩小、左旋右转、下沉上浮、前推后拉等变化，又可以相互为用，三个十字之竖连接起来即可串连成一个“丰”字，既可作为一个整体，形成“乾三连”之象（☰）来规划和协调全身之上下、内外的合一运动；又可分解为六断架子，即“坤六断”之象（☷），形成不同的组合运用（图4–133）。

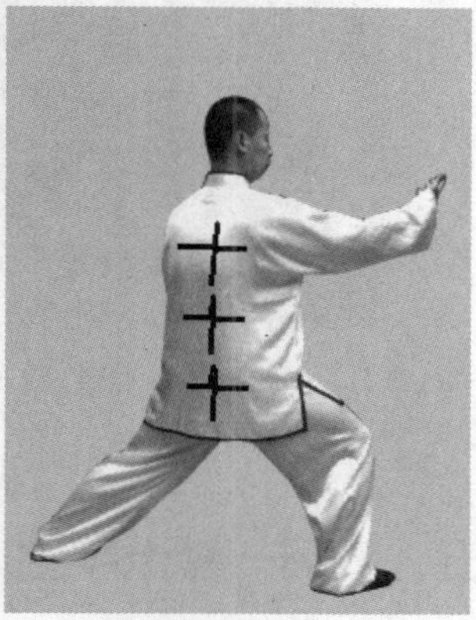

图4–133

四、牙笏

野马分鬃的招式中，在做转身左臂掤提之前，左臂本来什么都没有，但要设想捧着一个牙笏。牙笏是古代大臣上朝时手中所拿的玉或象牙制成的狭长的板子。注意力在牙笏上，身体上则产生一种沉稳的感觉。用牙笏来立象尽意，是在转身之时，先用虚拟的牙笏上端引领，领出三分之一或一半之时，身形才动。至此，牙笏已经转了接近180° 到了左肩的外侧。意念一定不要注意整个牙笏。采用用牙笏象思维的方式，其寓意是用牙笏之象代替臂膀之实体，使人淡化自身的肢体动作，从而突出并引领内劲的运行（图4–134、图4–135）[①]。

图4–134

图4–135

五、双环一套十字生

在推手时，利用双环即竖圈和横圈来化解或攻击对方。双环一套，产生了两个十字，一个是我方背后的十字，另一个是对方背后的十字。化解时需要关注和控制我方背后的十字，攻击时则要关注和控制对方背

①魏树人. 杨式太极拳术述真［M］. 北京：人民体育出版社，1999：25–54.

后的十字。可以同时利用横圈和竖圈的分工组合来使化发合一。如通过我与对方的接触点接纳对方作用于我身的劲力，并用意将其均匀地分散到横圈之上，保持横圈平正，同时利用竖圈发放对方。如此，横圈为合，竖圈为开。正如孙存周所言："横为吞，横圈也，吞彼意微而不察。竖为吐，立圈也，吐彼劲精而有信。"（图4-136~图4-138）[①]反之，用竖圈接劲，用横圈发放，则竖圈为合，横圈为开。利用横圈和竖圈的组合变化，可以产生开合相寓、阴阳相济的效果。如果再结合十字交点的错开、两圈的顺逆时针的旋转，则会产生更多的变化，对方很难听出其中的缘由，人不知我，我独知人。

图4-136

图4-137

图4-138

①童旭东. 孙氏武学研究［M］. 北京：中国书籍出版社，2008：62-63.

六、“Y”字劲

在推手时，我方用一条线化解对方施加的劲力，与此同时，用另一条线发放对方，而且要在这条线上开个叉，形成英文字母“Y”字形状，这样既可以使对方难以听到我方劲力的方向，又能增加发放的强度。“Y”字诀体现了“开中有合，合中有开”：用一条线化解对方为合，同时用另一条线发放对方为开；还体现了“开中开”：线上开叉，为开中开。（图4-139、图4-140）

图4-139

图4-140

七、三角劲

三角形在推手中经常被应用，其主要是由三个关键点形成的：自身两手控制的两点，加上身外一点（如对方两手掌控的两点之一或地上一点）；或对方两手控制的两点，加上自己控制两点之中的一点；或者取任何一方的两点，加上身体中或身体外某一点，即成三点，将其用直线连接起来即成三角形，这样就可以产生三点劲或三角劲。在实践中，三角劲的应用有一定规律，其中两点是掌控点，而第三点不是固定的，要根据具体情况随机而定，是机动点。三点找齐之后，用意将其连接成三角形，并利用三角形结构最稳当的特性，保持这个三角形不变形，三点合牢，这时就能“拿住”对方，使其瞬间僵滞，处于被动状态，是发是拿是打则由我来定，信手而成。例如，当对方用挤劲攻击我方时，我双手轻轻扶在其前臂之上，设想胸部微微含蓄，大概能容纳一个韭菜叶的空间即可，此时将我方胸部作为一个点（A点），我方一手的拇指作为一个点（B点），然后在地上找第三点（C点），并将上面两个点往地上一点合住，即形成三角形ABC，意在保持其稳定结构（则产生整劲），至此按劲自然完成，从而破解对方的挤劲，并将其反弹而出[①]。需要注意的是，在击发对方的瞬间，要使其胸前十字达到平正状态，方能使其弹跳而出。以此类推，可对三角劲进行举一反三的灵活运用（图4–141）。

图4–141

八、杏核劲

“杏核”是比喻推手时的劲路，指在搭手时取杏核之象，设想彼此之间好似有一个很大的杏核，使自己的一股内劲沿杏核的上弧线通向对方中心，由己方的杏核尖开始爬坡，然后再沿杏核边下坡按彼方之杏核尖，与此同时，另一股内劲沿着由己方杏核尖至彼方杏核尖的直线向对方通出，这两股劲要同时到达彼方的杏核尖，对手则很难听出我之劲路而被发出。如果未能奏效，即使上划线之劲改走枣核的下划线，仍与杏核尖连线之劲同时通出，便能生效。若遇到对手顶劲反抗，即先旋转假想中的枣核尖，再按上述方法将内劲通向对方中心（图4–142、图4–143）[②]。

①李和生. 内功解秘：杨式太极拳老六路［M］. 北京：经济管理出版社，2006：50.

②魏树人. 杨式太极拳术述真［M］. 北京：人民体育出版社，1999：240–241.

图4-142

图4-143

九、扇面劲

与对方搭手时用掌根接对方的力点。使五指放松舒展，取扇面之象，即设想手指如打开的折扇一般，五指好比是撑起扇面的小竹骨，而从指间向外弥散的内气好比是扇面。可以通过手指的上下转动，调整扇面的方向。但不可用扇子骨（手指）去硬戳对方。而是用垂立的扇面与身前平气圈结合，一横一竖去寻找对方的中心。若对手来力相顶，即转动扇面，将顶力错开，以扇面和平气圈相合通出内劲将对手发出（图4-144、图4-145）①。

图4-144

图4-145

①魏树人. 杨式太极拳术述真［M］. 北京：人民体育出版社，1999：242-243.

十、球劲

推手中，接力或发劲都可以借助大气球。设想我方身体好似匍匐在大气球上，此时会产生通体轻灵和无身形之感觉。若能正确倚赖胸前大气球，便不会再依靠手去推搡对方，也能够化解对方来力。例如，对方击我左侧，以气球向左旋转化解；对方击我右侧，以气球向右旋转化解；对方击我上侧，以气球向上旋转化解。击发时，或以大气球沿直线前移、或沿立圆（或平圆）的边缘向前旋进，去碰撞对方。若对方左虚，即使气球左旋用右侧击发其中心；反之，若对方右虚，即使气球右旋以左侧击发其中心。若对方来力较猛时，即使气球快速地先缩后胀，以弹簧力击之。

另外，掤捋挤按之内劲亦可借助大气球来发挥：大气球上旋，产生掤劲（图4-146）；大气球下旋，产生按劲（图4-147）；双手含拢大气球，产生捋劲（图4-148）；向前平催大气球，产生挤劲（图4-149）[①]。

图4-146

图4-147

①魏树人. 杨式太极拳术述真［M］. 北京：人民体育出版社，1999：278.

图4-148

图4-149

十一、撞钟劲

在推手时，当对方来劲推我两臂，两臂放松，受力点（接触点）上不动，既不丢也不顶，只要轻轻黏住，暗中将受力大的右侧腰子（肾脏）向上、向后走弧形后撤，另一侧肾脏放松沉稳，我方调节虚实，如虚掩的门，以此来应对。如果对方将推按动作为真实进攻，则势必落空、失其中而成为被动之势；若对方只是试探，不出力推按，由实变虚，我方仍然在接触点上不动，而使右侧腰子（肾脏）向上、向前走上弧去碰对方，右手顺势向其身后一指，即可将对方发放出去。实际上，我方外形动作很小，甚至只是有其意即可。这一心法是将接触点与腰子之间比作一杠杆（如撞钟用的木杠子），杠杆的近端（与对方的接触端）不主动，而远端（腰子一端）走上划线调节，发放对方也是远端向前发劲（如撞钟一般），同时需要向前平送腰胯，肩、肘、手放松而不主动出力，隐蔽意图从而不易被对方觉察，才能产生较大威力（图4-150～图4-152）。在此可以对“练太极拳者不动手，动手便非太极拳”（杨澄甫之语）有所印证。

图4-150

图4-151

图4-152

十二、枪劲

在推手时，与对方接触的同时，设想自己手中托着一杆枪，枪穿透对方向远方延伸，将内劲由枪把灌注到枪尖。枪要想得跟真的一样，而将对方忽略，像不存在一样，所谓空而不空，不空而空。这样击发时，劲力则能穿透对方。发长劲，则能将对方发得很远；发短劲，则能打透对方内脏，打前胸而后背疼。前者不伤人，但发放的效果好；后者，看起来效果不明显，但给对方会造成伤害（图4-153）。

图4-153

本章小结

太极拳心法的构建模型包括提取动作特征、观物取象和“体象”三个环节。其取象素材包括点、线、面、体，以至自然万物一切可以利用的对象。太极拳心法的应用有六个原则，即“用意不用力”“同焉者和”“得意忘形”“以意导势”“在意不在气”“把握分寸”。其中，“用意不用力”和“在意不在气”是容易产生误解之处，需要重点阐述。“用意不用力”是改变习惯的用力方式，开发和调动腰胯、脊柱、骨盆、丹田等核心部位的潜力和功能而进行“换劲”的手段，而且习惯用力的部位只有在保持全身整体的状态下百分之百不用力，才能开发人体第二系统的功能。“在意不在气”的本质是“在气”，即“在意不在气”这个要求本身，就是为了提高气的质量和效果，反者道之动也。所以本文所研究的太极拳心法只讲立象尽意，始终不专门谈气，但不谈气不等于不练气。掌握太极拳心法的关键在于把握用意的分寸，也是难点。太极拳心法的训练包括静态和动态两种形式，其中站桩训练是最基础的核心环节。太极拳心法的训练和应用都是“象思维”的具体运用。

动态训练和静态训练，二者是不可分割的。站桩是核心基础，但不是全部。站桩到一定境界，把站桩获得的间架结构和心法意境，把腾膜、养气、易筋、易骨的最根本的东西运用到动态的拳术套路之中，不管怎么动，动中求静，心无旁骛，调动先天的东西，少用后天的控制。动态训练实际上就是王芗斋先生所说的试力。没有站桩就谈不上试力，试力不是肌肉用力，比如用汗毛孔感受空气的阻力，是练身体与自然的交融，练周身的完整和灵敏，是后天返先天的方法。因此，动态训练是站桩的升华。可惜的是，很多练拳的人不愿意站桩，只喜欢比划套路，不知何为心法，更不理解练套路是站桩的活化，是试力。明白了这个，练什么套路都能把自己站桩的东西融入进去。推手是更进一步的试力，检验自己的力，感受别人的力，绝不是为了分胜负，只是训练的一个阶段，为散手打基础。

第五章 太极拳心法的符号学、隐喻学解析

第一节 符号学解析

一、符号学基本知识

德国哲学家卡西尔（E. Cassirer）认为人是“符号动物”，因为，“符号化思维以及符号化行为成为了人类生活的最显著特征”[①]。英国学者特伦斯·霍克斯先生也认为：“人类生活于符号世界，而且是生活于无处不有符号的世界之中，对此处境的不断增强的意识已促使当今人类的视线产生了剧烈的变化。”西方符号学诞生于20世纪初，在瑞士语言学家索绪尔早期的符号学思想的引领下，人们开始以符号的视角看世界，进入了一个崭新的哲学世界。事物的表现形态，被符号学家们看来，就是某种“符号”；各类符号所表达的“意义”，即是人的认识活动的主要目标。一个人的生存质量、发展方向和自我实现，从某种意义上说，都取决于他/她的符号能力。符号学作为居于人文学科、社会学科和自然学科之间的一种方法论思考，给各个领域的学术研究提供了一种基本工具。所以，比尔利兹（Beardsley，M.C，英国哲学家）认为：“从广义来说，符号学无疑是当代哲学及其他许多思想领域最核心的理论之一。[②]”

①恩德斯特·卡西尔. 人论［M］. 甘阳，译. 上海：上海译文出版社，1985：35.

②周永秀，毕研韬. 浅谈《实用符号学》的建构［J］. 泰安教育学院学报岱宗学刊，2007（9）：25.

毋容置疑，西方人是符号学研究的先行者。皮尔斯（C.S.Pierce）——美国实用主义哲学体系的创始人之一，和索绪尔（Ferdinand de Saussure）——瑞士“现代语言学之父”、结构主义的始祖，二人作为领军人物是符号学百年发展的主要线索。到目前为止西方已形成了成熟的理论体系和众多的研究流派。同西方比较而言，我国关于符号学的研究起步较晚，直到20世纪80年代，真正成规模的符号学研究才姗姗来迟。但值得注意的是，虽然相关研究起步较晚，但是起点较高，从开始就彰显出勃勃生机，因此能够以较快的速度追赶上国际符号学的研究潮流。

为什么说起点高呢？因为尽管中国古代没有明确提出“符号”和“符号学”的相关概念，符号学未能以独立面目出现，但中国文化传统却具有极为丰富的符号学内涵。中国的符号学专家们认为，作为儒家六经之首的《易经》，在很早之前就以“观物取象”“立象尽意”的形式，开始探索符号与人类表意活动的关系了。所以《易经》足以称得上是中国符号学的经典文本，“象”也足以称得上是中国符号思想的核心概念，而易学以及在易学影响下形成的传统哲学，则构成了最为庞杂的中国符号学文献。可以说中国的“象思维”传统，为中国符号学理论提供了方便而统一的视野①。可见，中国并非没有符号思想和符号学，只是有其实无其名而已。换句话说，中国古人一直在从事着关于以“象”为代表的“符号”的理论和实践活动，只是未能有意识地进行现代意义上的“符号学”的专门研究。尽管如此，这种历史背景足以为中国现代符号学研究支撑起了一个较高的起点。因此，从这个角度讲，我们对这种以“象”为素材的太极拳心法进行符号学解析，不是空穴来风，也不是空中楼阁，是有着坚强的理论和实践基础的。

下面就太极拳心法之象，以现代符号学的理论进行解析。

皮尔斯依据抽象程度将符号分为象似符号（形象象似）、指示符号（图表象似）和规约符号（隐喻象似）三种类型。上文我们将“象”归纳为四种，即“卦象”“物象”“心象”和“无形之象”，太极拳心法

①《易经》与中国符号学传统的起源［J］. 鲁晓鹏，金浪，译. 文化与诗学，2011（1）：174.

之“象”属于其中的“心象”。马克思讲：“观念的东西不外是移入人的头脑并在人的头脑中改造过的物质的东西而已。[①]”所谓“观念的东西”，主要是指构成人的思维活动的两种独立的基本元素，即心象和概念。在此我们讨论的“心象”，其形成过程即是把外界“物质的东西”的形态特征和现象本质，经过“心”的反映和加工，化作非物质的精神形态的东西。这个过程，即是“移入人的头脑”的“内化”过程。这种“内化”的过程，就是符号化的过程。根据皮尔斯划分的符号的三种类型，太极拳“心象”属于其中的“象似符号”，但又不是一般的“象似符号”，有其独特性，同时又具有规约符号与指示符号的功能。

符号学专家赵毅衡说：“符号是被看作携带意义之感知。[②]”“严格来说，符号是载体的感知与这个感知携带的意义之间的关系。[③]”那么，太极拳“心象”这种“象似符号”是如何被感知的呢？文化理论家斯特亚特·霍尔在描述这种符号时说：“你把手中的杯子放下走到室外，你仍然能想着这只杯子，尽管它物理上并不存在于你的手中。[④]”用中国传统的理论解释，“手中拿着杯子”是“观物取象”的过程；“放下杯子走到室外仍然能想着这只杯子”，是“立象”的结果；此时“能想着”的“杯子”，是感知的符号化的“杯子”。同理，太极拳“心象”的形成，就是外物内化为符号然后被感知的过程。

符号的本质内涵是“表达意义”：“符号的作用是表达意义，意义必须借用符号来表达。反之，无不表达意义之符号，亦无意义不需符号来表达。[⑤]”那么太极拳“心象”作为符号的一种，其用途当然也是表达意义，太极拳心法即是通过这种符号意义来发挥其作用的。下面通过符号学知识来解读太极拳“心象”的符号结构和表意特征。

---

①马克思. 资本论（第一卷）［M］. 北京：人民出版社，1975：24. //戚杰强，代晓丽. 主体、客体和中介：马克思主义信仰的影响因素［J］. 创新，2015（1）：10.

②赵毅衡. 符号学［M］. 南京：南京大学出版社，2012：1. //赵洁. “中国式过马路”的传播符号解读与社会事实探究［D］. 昆明：云南大学硕士论文，2014.

③赵毅衡. 符号学［M］. 南京：南京大学出版社，2012：25.

④斯特亚特·霍尔. 表征［M］. 徐亮，陆兴华，译. 北京：商务印书馆，2005：4.

⑤赵毅衡. 符号学［M］. 南京：南京大学出版社，2012：1. //赵毅衡. 重新定义符号与符号学［J］. 国际新闻界，2013（6）：23.

索绪尔认为，符号都是由能指和所指两种基本成分构成的。能指（表示成分）方面组成了表达的形式，而所指（被表示成分）方面则组成了表达的内容[①]。他曾经把符号比作一张纸，纸的这一面是表达面，纸的另一面是内容面[②]。这种由能指和所指建立起来的“联想式的整体”构成了符号[③]。而皮尔斯则把索绪尔所说的能指称为“再现体”，把索绪尔的所指分成了“对象”和“解释项”两个部分：“符号所代替的，是对象”，而“符号所引发的思想”称为符号的“解释项”[④]。“对象”是符号文本直接指明的部分，而解释项是需要再次解释，从而不断延展的部分[⑤]。

二、太极拳心象的符号学解析

综合索绪尔和皮尔斯这两种符号构成理论，笔者尝试用立体三项式框架来表示太极拳心象符号的结构和表意层次（图5-1）。

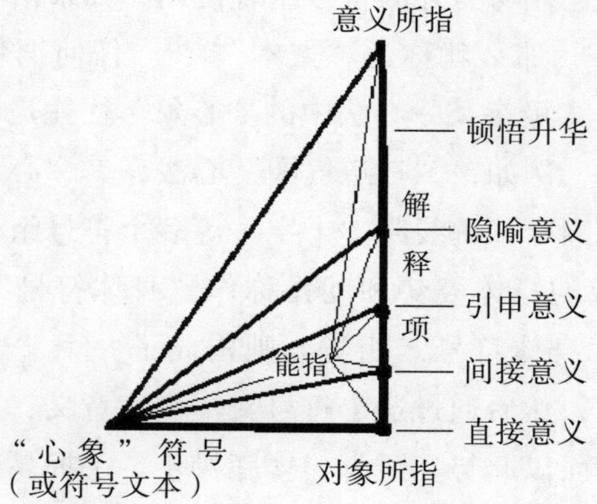

图5-1　太极拳“心象”立体三项式符号结构示意图

①罗兰·巴特. 符号学美学［M］. 董学文，王葵，译. 沈阳：辽宁人民出版社，1997：35.

②罗兰·巴尔特. 符号学原理［M］. 李幼蒸，译. 北京：三联书店，1988：133-134.

③辛衍君. 唐宋词意象的符号学阐释［D］. 苏州：苏州大学博士学位论文，2005：37.

④Charles Sanders Peirce. The idea to which the sign gives rise. Collected Papers［M］. Cambridge Mass：Harvard University Press，1931-1958，vol2：228.

⑤赵毅衡. 符号学［M］. 南京：南京大学出版社，2012：105.

从图5-1中可以看出，太极拳心象符号，按索绪尔的两分法，包括“能指”和“所指”两部分。其能指即是呈现在头脑中的“心象”，所指即是这种“心象”所指向的具体事物。如“身如钟鼎”的心法中，其能指是在头脑中呈现出的钟鼎的形象，所指是这一形象对应或指向的钟鼎这一实物。笔者在此将“所指”分成“对象所指”和“意义所指”两部分。“意义所指”又包括了间接意义、引申意义、隐喻意义和顿悟升华不同的层次（即纵轴所示）。从中不难看出，这种结构实际上暗合了皮尔斯的“三分法”，“能指”“对象所指”和“意义所指”分别对应了皮尔斯的“再现体”“对象”和“解释项”。以这样的立体三项式形式，可以更方便、更清晰地解读太极拳心象符号的内涵。

太极拳心法中是否是单个心象符号发挥表意的功能呢？答案是否定的。

符号学研究对象不是单独的符号，而是“符号文本”。符号一般不会独自出现，而往往与另外的符号组合使用，如果由若干符号构成一个“表意单元”，那么就称为“文本”[①41]。任何携带意义等待解释的都是文本[②42]。太极拳某一心法中的“心象”往往是由若干符号组织形成的一个组合，例如，“三道气圈”心法，其“心象”是由“肩圈”“腰圈”“胯圈”“垂线”“十字”等多个符号组合而成的。如果将与此心法对应的身体姿势和动作称作“身体符号”的话，那么“心象符号”和“身体符号”相契合则构成了一个“合一的表意单元”，即符号文本，然后通过这个符号文本表达意义，来最终体现心法的丰富内涵。下面以起势、蹬脚、搂膝拗步、手挥琵琶、按式、挤式、单鞭等太极拳动作为例，以图、表结合的形式，通过立体三项式结构解析其中暗含的符号学现象。

太极拳不同动作对应的符号文本示意图（图5-2 ~ 图5-8）。

①赵毅衡. 符号学［M］. 南京：南京大学出版社，2012：41-42.

图5-2 起势

图5-3 右蹬脚

图5-4 搂膝拗步

图5-5 手挥琵琶（擒拿用法）

图5-6　按式

图5-7　挤式

图5-8　单鞭

太极拳动作完整的符号文本是由"心象符号+身体符号"构成的，身体符号即动作本身，是外显的；心象符号呈现于练习者的"心"里，是内隐的。为了便于读者理解，笔者将这种心象符号在下面的图示中直观地描绘出来。

由表5-1可以看出，太极拳不同动作携带的符号文本内涵丰富。"能指"（再现体）包括两部分，一是实在的身体动作，二是虚拟的心象再现。这种心象是伴随动作而同时呈现的，可以是静态的（如立柱），也可以是动态的（如升腾的气球）。

表5-1　太极拳不同动作对应符号文本的意义解析

动作名称	符号文本	能指（再现体）	对象所指	直接意义	引申意义	隐喻意义	顿悟升华
起势（图5-2）	心象符号：气球；身体符号：提手动作	伴随提手动作的气球升腾之象	提手动作、升腾的气球	把人的注意引向升腾的气球，并使动作与之相契合	给对象（两手和气球）的组合以一定的秩序，以气球的升腾导引两手的自动上升（不用拙力）	通过一种事物（气球的升腾）来理解另一种事物（两手上提动作不用拙力）	忘掉两手的动作，达成身心与气球升腾之象的契合，使得气势浑厚、心旷神怡
右蹬脚（图5-3）	心象符号：木杆、左腿提膝；身体符号：右蹬脚	伴随右蹬脚动作的木杆（即从头、尾骨到左脚跟的垂线）和左腿提膝之象	右蹬脚动作、木杆、左提膝	把人的注意引向木杆和左提膝，并使动作与之相契合	给木杆、左腿和右蹬脚等对象的组合以一定的秩序，不用拙力而维持平衡	通过一种事物（木杆、左腿提膝）来理解另一种事物（右蹬脚的平衡、省力）	忘掉右蹬脚的真实动作，依托于木杆和左腿提膝之象，浑然不知地建立动作平衡，达成身心舒适自然的意境

（续表）

动作名称	符号文本	能指（再现体）	对象所指	直接意义	引申意义	隐喻意义	顿悟升华
搂膝拗步（图5-4）	心象符号：腰圈、中轴线、十字；身体符号：搂膝拗步动作	伴随搂膝拗步动作的腰圈、中轴线及其转动	搂膝拗步的转身动作、十字、呼啦圈围绕中轴的转动	把人的注意引向腰圈、十字及其围绕中轴的转动，并使动作与之相契合	使转身动作依附于呼啦圈、十字及其围绕中轴的转动，使对象集合井然有序	通过一种事物（呼啦圈、十字及其转动）来理解另一种事物（右蹬脚的平衡、省力）	忘掉真实动作，依托于木杆与腰圈悠然而动，达成身心融融、自然舒适之状态
手挥琵琶（图5-5）	心象符号：腰圈、中轴线、右手食指延长线及其上面的力点；身体符号：擒拿动作	伴随擒拿动作的腰圈之象及其转动、中轴线之象的稳定垂立、手指延长线之象及其远端力点下压	擒拿动作、呼啦圈围绕稳定中轴的转动、右手手指延长线远端下压	把人的注意引向围绕稳定中轴转动的腰圈、右手食指延长线远端下压，并使动作与之相契合	使擒拿动作与腰圈、右手食指延长线等对象的动态组合井然有序	通过一种事物（腰圈转动、右手食指延长线下压）来理解另一种事物（擒拿动作的省力效果）	淡化动作本身，通过腰圈和延长线的运用，体现力学原理，最经济、省力地达到擒拿的效果

（续表）

动作名称	符号文本	能指（再现体）	对象所指	直接意义	引申意义	隐喻意义	顿悟升华
按式（图5-6）	心象符号：站在高楼向下看；身体符号：按式	伴随按式动作的“站在高楼向下看”之象	按的动作、站在高楼凭栏往下看的感受	把人的注意引向站在高楼凭栏往下看的感受，并使动作与之相契合	使按的动作与站在高楼凭栏往下看的感受相结合	通过一种事物（站在高楼凭栏往下看）来理解另一种事物（按劲的产生）	忘掉按的真实动作，通过站在高楼凭栏往下看的意境，诱导出按的内劲
挤式（图5-7）	腰圈、下行弧线、上行弧线及其交叉点前行直线等的“心象”	伴随挤式动作的腰圈之象及其平移、下行弧线、上行弧线之象及其交叉点平移之象	挤式动作、呼啦圈平移、上下行弧线及其交点	把人的注意引向呼啦圈平移、上下行弧线及其交点的平移，并使动作与之相契合	给呼啦圈、上下行弧线及其交点等对象的组合以一定的秩序	通过一种事物（腰圈、上下行弧线及其交点的平移）来理解另一种事物（挤劲的产生）	忘掉挤的真实动作，达成心与物、意与象的契合和交融，诱导出挤的意境

（续表）

动作名称	符号文本	能指（再现体）	对象所指	直接意义	引申意义	隐喻意义	顿悟升华
单鞭（图5-8）	心象符号：左手所扶的路线及其对应的圆、脚下八方线；身体符号：单鞭动作	伴随单鞭动作的左手所扶弧线及其所在圆之象、脚下八方线	单鞭动作、作为外接圆一部分的弧线、八方线	把人的注意引向作为外接圆一部分的、左手食指所扶弧线，并使动作与之相契合	以左手轻扶的弧线为寄托，给对象的组合以一定的秩序，淡化手的主动和拙力	通过一种事物（左手食指扶着作为圆周一部分的弧线而动、脚下八方线）来理解另一种事物（整个动作不用拙力、定位自身方位和角度）	忘掉真实动作，全身在左手食指引领下，依附于所扶弧线，以脚下八方线确定自身方位，既身心松透又浑厚舒适

“对象所指”是身体动作本身以及心象所指向的现实事物（如气球、呼啦圈、站在高楼往下看）或虚拟之物（如延长线）。

解释项里的“直接意义”，是把练习者的注意力转向“虚空”的心象，并使动作与之相契合。如右蹬脚动作，我们把注意力转向贯通百会、会阴和左脚脚跟的“立柱”（即中轴线）和左蹬脚之象（符号），就会很容易建立稳定的平衡；若把注意力放在右脚，则会产生向右偏沉的现象，只能通过额外的用力来维持平衡，这样就难以真正做到“松静自然”。又如单鞭动作，实脚（右脚）踩在“八方线”的中心，就仿佛处于坐标系之中，清晰准确地定位自身的方位；实手（左手）食指轻扶“外接圆”的弧线，实际是引导练习者将注意力放在左手运行的轨道上去，忘掉自身动作细节，这时会发现身体很容易放松下来，行拳时舒适自然。

“引申意义”是给对象（动作和心象）的组合以一定的秩序，以心象引导动作的“自动”完成，改变原有主动用力的习惯，不用拙力，以符合太极拳“意在先”的要求。如手挥琵琶的擒拿用法，意在右手食指的延长线，将力（F）的作用点放在延长线的远端，这样就使力臂（L）得以延长。根据公式$M=F\times L$，产生同样大小的力矩M，力臂L越长，作用力F越小。如果再运用腰圈和中轴来统领和整合全身，即可改变人在手上局部用力的习惯，从而实现以最小的力达到最佳的擒拿效果，所谓“四两拨千斤”。搂膝拗步左转身动作，是通过腰圈和中轴作为“标尺”来完成的；重心前移成左弓步，则是腰圈之竖（矢状轴）变箭头，在想象的“外力”拉动下，保持腰圈成水平状态而被动向前平移。这样做好比依规画圆、依矩画方，使身体动作有所依托，使对象的组合形成一定的秩序，有利于保持全身的完整统一，而不至于“散乱”。

“隐喻意义”是把其他领域的经验投射到太极拳动作之中，即通过生活中的某种事物来理解太极拳的技法要领，利用的是技能学习的迁移规律[①]。如按式动作，就是将生活中站在高楼凭栏下瞧的经验和感受迁

①1980年，美国语言学家莱考夫和约翰逊给出定义：隐喻的本质在于用一种事物去理解和经历另一种事物（George L，Mark J. Metaphors We Live by［M］. Chicago：University of Chicago Press，1980：5.）。

移过来，激发出一种自然的下按力量，而不是局部主动地用力，此所谓“用意不用力”也。又如挤式动作，实际是按和掤的复合。在重心迁移行成弓步的过程中，意在从上往前下的箭头则生按劲，意在从下向前上的箭头则生掤劲。同时想两箭头的走向，使其交叉点向前平移，并且使腰圈保持水平，就会产生挤劲。

“顿悟升华”是指通过身体符号和心象符号的组合，来唤醒我们的“象思维”，中止概念思维，然后“超乎象外，得其环中”，来体认、体察和体悟太极拳修炼中可意会不可言传的那部分内容，体验到某种诗意盎然的境界，完成“由招熟渐悟懂劲，由懂劲阶及神明”的修炼进阶，最终回归本真之我，而与道一体相通。

在此需要强调的是，笔者认为太极拳“心象”符号意义的隐喻表达是使修炼者顿悟升华的关键环节，下面就用隐喻学的理论对其作进一步解析。

第二节　隐喻学解析

一、隐喻学的知识背景

（一）隐喻观的发展

传统的隐喻观仅仅把隐喻作为一种修辞的手段来对待。亚里士多德是最早对隐喻进行系统研究的人，他认为，隐喻是一个词取代另一个词来表达同一意义的语言手段，二者属于一种对比关系[①]。柏拉图认为，隐喻是一种适用于表达感情的修饰性语言，而科学论述、政治辩论则不

①George A K. Aristotle on Rhetoric: A Theory of Civic Discourses [M]. New York: Oxford University Press, 2007: 199.

宜使用隐喻[①]。出版于1999年的《剑桥哲学词典》，尽管对隐喻所作的定义更为详细，但仍然强调：隐喻首先是作为一种语言修辞格而存在的。我国传统的隐喻观同样都是把隐喻解释为一种修辞方式。笔者就“隐喻”一词，查阅了《汉语大词典》（1993）、《辞海·语言文字分册》（1985）、《修辞学词典》（1987）、《修辞通鉴》（1991）、《汉语修辞格鉴赏辞典》（1995）等工具书，发现它们对于“隐喻”的解释虽然措辞不完全相同，但基本意思是一致的：隐喻，是比喻的一种，又称“暗喻”，比喻词一般用“是”“为”“成为”“变成”等，而不使用“如”“像”等词。

到了20世纪80年代，现代隐喻观最终发展成熟。自那个时期起，学界关于隐喻的研究才真正开启了新的篇章，开拓了新的时代，从而把人们的目光拓展至一个新的视野。现代隐喻观认为，隐喻不仅仅局限于语言修辞领域，它还是一种重要的思维和认知活动方式，在我们的生活中无处不在。德国学者恩斯特·卡希尔提出：“隐喻思维是人类最初最基本的思维方式。[②]”美国认知语言学家莱考夫（Lakoff）和约翰逊（Johnson）指出，隐喻不仅是一种语言修辞手段，而且是一种思维方式——一种思想层面的事物。二人给隐喻下的定义是：“隐喻的本质在于用一种事物去理解和经历另一种事物。[③]”可见，隐喻是一种思维工具。中国的隐喻学专家束定芳也认为，隐喻不仅是一种语言现象，更是一种“人类将其某一领域的经验用来说明或理解另一领域”的抽象认知机制[④]。隐喻的产生以源域和目标域之间的关联性为基础，是将源域的心理图式投射到目标域上，使人们通过源域的结构来构建和理解目标域[⑤]。

①李文莉. 人体隐喻系统研究［D］. 上海：华东师范大学硕士论文，2007：6.

②恩斯特·卡希尔. 语言与神话［M］. 于晓，等，译. 北京：生活·读书·新知三联书店，1992：12.

③郭淑伟. 概念隐喻的重新识解及其哲学基础［J］. 学术探索，2012（3）：15.

④束定芳. 隐喻学研究［M］. 上海：上海外语教育出版社，2000：23-25.

⑤陈玉秀. 隐喻的认知机制和隐喻相似性［J］. 贵阳学院学报：社会科学版，2011（6）：15.

（二）相关概念

这里涉及隐喻学的几个概念：心理图式、认知域与意图定点。

“图式”（schema）一词由德国哲学家康德（Kant）早在1781年首先提出；1932年，英国人巴里特（Bartlett，心理学家）在其书名为《记忆》的著作中第一次阐明了他的图式理论；20世纪80年代，美国心理学家鲁姆哈特（Rumelhart）又进一步发展并完善了这一理论，此后，图式理论逐渐发展成熟，其影响覆盖了心理学、哲学、认知科学和外语教育等众多学科领域。根据西方思想家的相关解读，“图式是用于组织、描述与阐释人们经验中的命题网络和概念网络”。[1]康德认为图式是“深藏于人的心灵之中的一种技术和技巧”，是纯粹先验想象力（productive imagination）的产物。根据心理学家的研究，图式是在人类记忆中存储的由各种经验和信息构建的认知结构；“人们在认知过程中通过对同一类客体或活动的基本结构的信息进行抽象概括，在大脑中形成的框图便是图式”[2]。如巴里特将图式解释为“一种对先前经验或先前反应的积极组织，是存储于人脑的一类信息对于新信息产生作用的过程”[3]；瑞士心理学家皮亚杰（Piaget）认为图式是指一个有组织、可重复的行为模式或心理结构，是一种认知结构的单元[4]。

总而言之，所谓心理图式，就是人的大脑中已经存在的知识经验的网络，是人类对世界经过长时间的反复感知后，客观世界的

①雷晓东. 概念流利与图式理论［J］. 山西师范大学学报：社会科学版，2010（11）：150-152.

②康立新. 国内图式理论研究综述［J］. 河南社会科学，2011（7）：18.

③Bartlett F. C. Remembering：A study in experimental and social psychology［M］. Cambridge：Cambridge University Press，1932：201.

④唐小林，祝东. 符号学诸领域［M］. 成都：四川大学出版社，2012：122.

人、物和事件在人脑中留下的印迹。不难看出，太极拳心法中通过观物取象所得的“视角图景”，其实就是这种心理图式。心理图式包括静态图式和动态图式。静态图式，是指在人脑中形成的关于某种事物的构造图式，主要表现为空间的特征。动态图式，是指人脑中形成的关于某种事物的运动图式或性状图式，表现为空间以及时间的特征①16。太极拳中，“静如山岳”“立如平准”“心如止水”“高楼凭栏往下瞧”“平地立杆”等属于静态图式；“动如江河”“迈步如临渊”“运劲如抽丝”“蓄劲如张弓，发劲如放箭”属于动态图式。

认知域包括“源认知域”和“目标认知域”。源认知域是隐喻的本体，是已知的认知域，简称为“源域”。目标认知域是隐喻的喻体，是未知的认知域，简称为“目标域”①9。太极拳认知中的山岳、江河、平准、杠杆、呼啦圈、弓、箭都属于源域（本体），它们分别所对应的太极拳动作则属于目标认知域（喻体）。太极拳心法的这种隐喻认知，就是通过对源域已取得的认知经验来认识和体验目标域——相应动作的要旨，把用于源域的概念借来理解目标域的对象，甚至给目标域的对象构建一个新的隐喻概念①9。如前文曾提到过的手挥琵琶的擒拿用法，就是用力学中的杠杆原理及其力矩、力、力臂、作用点等概念来理解擒拿手法的运用技巧的。也就是说，把人的右臂及其延长线比喻成杠杆，并通过这种比喻使右臂及其延长线获得杠杆的功能，以达到预期的既省力又能取得最佳擒拿效果的意图（图5-9）。

①李文莉. 人体隐喻系统研究［D］. 上海：华东师范大学硕士论文，2007：9-16.

图5-9　手挥琵琶（擒拿用法中手指延长线的杠杆隐喻）

太极拳心象符号的隐喻认知，就是阐发存在一定开放性的比喻，源域与目标域之间的连接较为模糊，且这种连接往往只是在练拳者的意图之中。比喻关系实际上是意图定点。所谓意图定点，是指符号发出者意图中期盼解释或体验的理想暂止点，即符号发出者期盼的通过各种手段可以达到的一个效果①。

二、太极拳心法隐喻认知的原理解析

（一）明确映射点

关于隐喻的运作机制，莱考夫和约翰逊借用“映射”（mapping）这一数学术语来描述隐喻的机制，形成了所谓的“映射论”（mapping theory），认为隐喻是“认知系统的跨域映射”，是由源域向目标域的结构映射（source-to-target domain）②，即由一个熟知域向一个未知域

①赵毅衡. 符号学［M］. 南京：南京大学出版社，2012：184.

②Ungerer，F. &H. J. Schmid. An introduction to Cognitive Linguistics［M］. Beijing Foreign Language Teaching and Research Press，2001：120.

的映射，这种映射的形成要依赖映射点的准确定位。

外界事物本来与太极拳人体动作不存在直接对应的关系，人们需要通过准确定位映射点来将二者建立联系。隐喻是代表项和对象之间概念关联度比较小、解释项比较丰满、明晰化程度依赖于较大语境依附度的一种符号意指活动[①]。这是隐喻符号与其他符号的差异之处。太极拳人通过观察和感知客观事物特征，将其与自己身体之间形成互动联系，并以对客观事物认知所形成基本的心理图式为基础，来认知自己身体及其运动规律，将认知结果以身体语言和内心体验的方式表达出来。在太极拳人通过外部事物认知自己的身体时，其实就是在客观事物与人体之间分别在本体、属性和运动方面发现某些象似性，由此而确定映射点。这种映射点大致有三种：一是本体经验，即将对事物本体的经验映射到身体本体；二是性状经验，即将对事物性状的经验映射到身体属性；三是运动经验，即将对事物运动的经验映射到身体运动。

1. 本体经验映射点

山右王宗岳《太极拳论》云："立如平准，活似车轮。""气如车轮，腰如车轴。"《十三势行功心解》云："心为令，气为旗，腰为纛。"《太极平准腰顶解》云："车轮两命门，一纛摇又转，心令气旗使，自然随我便。[②]"孙式太极拳的基本功之一叫"平地立杆"。魏树人在讲解杨式太极拳老六路时，提到了"腰如磨盘"的说法。其中"平准""车轮""车轴""杆""纛""磨盘"都是以这些外界事物本体与人体本体进行的类比，即把这些外界事物的本体经验映射到人体本体而形成隐喻关系。

何谓平准？"平"者，古代的一种衡量工具，类似于称盘，更像后来从西方引入我国的托盘天平；"准"者，古时用来测量平、直的仪器，像是水准仪或瓦匠测量墙体是否垂直的绳线[③]。太极拳人关于平

①许宁云. 隐喻与象征关系的认知符号学阐释［J］. 社会科学家，2010（7）：160.

②王宗岳，等. 太极拳谱（修订本）［M］. 沈寿，点校考释. 北京：人民体育出版社，1995：164.

③二水居士. "车轮两命门"解［EB/OL］. http：//blog.sina.com.cn/s/blog_68193bd40100iz8n.html，2010-05-25.

准有多种解释，有的解释为木杆秤（图5–10），有的解释为天平（图5–11），有的解释为瓦匠砌墙用的铅锤，也叫线坠（图5–12）。不管是木杆秤、天平，还是铅锤，它们与太极拳人体的象似点就是它们达到平衡时的状态，即用木杆秤或天平或铅锤平衡时的状态喻示人体的中正平衡（图5–13）。类似的说法还有陈鑫的："拳者，权也。"权也是"衡器"之意[①]。

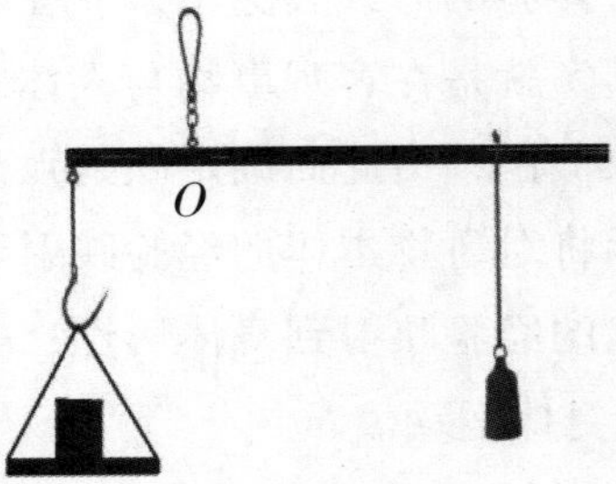

图5–10　木杆秤

图5–11　托盘天平

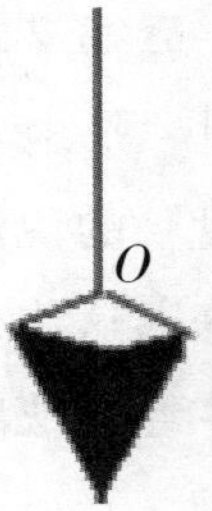

图5–12　铅锤

图5–13　立如平准

①二水居士对其解释说："权，秤锤也，权轻重而不失黍絫，可谓丝毫无爽矣。到了近代，太极拳便成了一柄权衡动静变化的天平。"见：二水居士. 一多庐太极体悟录［M］. 台北：逸文武术文化有限公司，2012：27. 这一"天平"除了喻示人体的中正平衡，还有权衡对手劲力大小、姿势长短之功用，成为舍己从人的依据。正如李亦畬《五字诀》所云："能从人，手上便有分寸，平彼劲之大小，分厘不差；权彼来之长短，毫发不差。"

图中O点代表木杆秤或天平或铅锤达到平衡时的中间受力点，在人体则是百会穴。就是人把自己想象成如木杆秤或天平或铅锤那样，在O点形成上下左右的平衡。后三者平衡时的共同特点是“上提下坠”，即在达到平衡后，木杆秤毫绳与秤砣绳、秤钩绳，铅锤的毫绳，天平两边托盘的拉绳，都是垂直上提下坠的，也就是说O点的上提（或支撑力）和下坠力是一对平衡力。太极拳人就是要通过木杆秤、天平、铅锤平衡的经验，来理解或体验太极拳中人体动作的平衡。对于人体来说，向上如头顶有绳上提，整个身体好像被提在空中，喻“虚领顶劲”“顶头悬”（注意不是主动地把头往上顶）；向下整个身体如铅锤的圆锥体向下沉坠，两肘有秤砣绳、秤钩绳或天平的托盘绳的垂直下坠，喻“气沉丹田”“松肩垂肘”。动态之中人体也要处处保持这种状态，就像手提木杆秤毫绳移动或转动秤杆时，仍要小心保持它的上下左右平衡一样。所以，若要随时处处做到立如平准，势必需要心平气和、精神内守、小心谨慎；同时要求在动作时要“尾闾中正”“上下一条线”，以百会到尾骨这一中轴带动肩胯的运动，而非手脚的主动、妄动。例如，做右蹬脚动作时，人的注意指向通过头顶、尾骨和左脚跟的立柱（对应图5-11天平的立柱）和假想的左脚蹬出的形象（对应图5-11天平的左盘），忘掉右蹬脚的真实动作，这时会发现不用拙力就能很容易地达到身体的平衡状态，并达成身心舒适自然的意境（图5-14）。这是身如平准的隐喻

图5-14　右蹬脚（观照左脚蹬出的形象和中轴立柱的支撑）

效果。可见，立如平准，是利用“平准”的平衡特征与身体本体产生关联而形成隐喻认知的。

“平地立杆”则是孙式太极拳对基础功架的基本要求，核心其实就是全身上下练出一个纵轴的功能。孙禄堂在《太极拳学·无极学》中曰：“两足尖亦不用力抓扣，两足后跟亦不用力蹬扭，身子如同立在沙漠之地。手足亦无往来动作之节制，身心未知开合顶劲之灵活，但顺其自然之性流行不已。[①]”其子孙存周指出，玉枕、夹脊、命门、尾闾至脚跟成一线，即成一纵轴，所谓“身如立杆头自踵”。该轴两端为头和脚跟，头要向上虚领竖项，尾闾要向下插向足跟，两端相拔。[②]这就是孙式太极拳要求的“一轴到底”。雷世泰认为，事实上在人体内不会真正有一根从上到下垂直的轴，但经过人的心法调节整合和模糊处理后，从功能效果上看又确实有这样的轴存在，故称之为“意轴”，“形而上”也（笔者注：此意轴，即是一种符号表意，它是对不在场的实体的表征）。此轴垂直插于地上，即所谓“平地立杆”（图5-14）。轴不是一根线，而是一个“体”，即它是有体积、有质量、有厚度的[③]。孙式太极拳中“无极式”就是在静态中来训练这种立杆的感觉，把自己立成一根有机整体的杆。同时还训练身体的自发随机控制能力：杆立在地面上是不稳的，需要不断调节以维持平衡，并逐步地脱离大脑控制，让身体自发地进行重心调节，随感而发，随机应变。经过训练，身体自发调控的能力会不断加强。然后再通过套路的动态训练，求得这根杆任何动作状态下都能够稳稳地立在地上。笔者不禁想起武式太极拳名家乔松茂的一句话，“立定脚跟竖起脊，拓开眼界放平心”[④]，其实质也是在讲“平地立杆”。可知，平地立杆，是利用“杆”的上下贯通的实体性来与身体本体产生关联而形成隐喻认知的。“纛”为古代战场上的作战指挥车上插令旗用的大杆。“腰为纛”“腰如车轴”和“平地立杆”的隐喻意义相似。

---

①孙禄堂. 孙禄堂武学录［M］. 孙剑云，编. 北京：人民体育出版社，2001：190.

②童旭东. 孙氏武学研究［M］. 北京：中国书籍出版社，2008：62.

③雷世泰. 孙氏内家拳通论［M］. 北京：海潮出版社，2013：14.

④乔松茂. 武式太极拳诠真［M］. 北京：人民体育出版社，2003：42.

2. 性状经验映射点

太极拳讲究立身中正，怎样才能做到呢？练拳时想着胸前悬垂着一个“十字”，保持十字的横平（水平）竖直（垂直），则无论练哪个拳式，两肩都能平正，且身体保持中正不偏[①]（图5-15）。这是以“十字”的形态结构来类比身体的中正。三角形是最稳定的结构，根据这一原理，很多太极拳动作定型时就是塑造的三角形，这一特点以吴式太极拳最为明显。例如，弓步时，头、躯干、后蹬腿成一条斜直线，头与前弓腿成一条垂直线，加上两脚的连线，就形成了直角三角形（图5-16、图5-17）[②]；虚步时，百会、会阴和支撑脚三点成一垂直线，头与虚脚成一斜线，加上两脚的连线，也构成直角三角形（图5-18）。由于动作结构中总有一条从头到脚的垂直线，因此被称为“立柱式”身型。与现代一些体育项目动作直出直入不同，循弧划圆是太极拳动作的重要特征之一。《太极正功解》曰：“太极者圆也，无论内外、上下、左右，不离此圆也。”太极拳谚语有云：“无处不是圈，无处不是拳。”因此，太极拳被人们称为“圆的运动”。“手扶八方线”是北派吴式太极拳第二代传人杨禹廷提出的行拳心法，其主旨是假想手指轻扶动作路线对应外接圆的弧线进行动作，以引导动作处处走弧线。“太极拳个个动作都要走弧线，不走弧线是不可能做到太极拳所需要的圆活连贯的。由于动作的前后连贯，弧线往还相接，全身上下都有或明或暗或大或小的圆动作在和谐地进行。[③458]”杨式太极拳中有个经常用到的术语叫“抱球”，如“两掌相对如抱球状，右肘稍坠，略低于腕，两臂呈弧形”（图5-19）[③328]，“（右掌）与左掌成抱球状，两臂呈弧形”（图5-20）[③329]，这是以圆球的性状，来隐喻太极拳动作的处处是弧形的特点。

---

①魏树人. 杨式太极拳术述真［M］. 北京：人民体育出版社，1999：14.

②吴鉴泉. 吴式太极拳［M］. 陈振民，整理. 台北：华联出版社，1984：32，46.

③人民体育出版社. 太极拳全书［M］. 北京：人民体育出版社，1988：328-458.

图5-15　胸前“十字”

图5-16　三角形（吴鉴泉）

图5-17　三角形（吴鉴泉）

图5-18　三角形（王培生拳照）

图5-19　抱球

图5-20　抱球

除了“抱球”之外，还有“手心小气球”的心法。魏树人曾讲，一般人练拳，只知道手掌要虚拢成瓦垅掌，而不知在虚拢的手心里要涵容一个小气球①50。也就是说在练拳的始终，无论手型是掌、拳还是勾手，手心都要虚拢一个假想的小气球。这个小气球不仅能够引导两手松散柔软，有利于内气的通出，而且小气球也是手部动作虚实灵变的内在根由，对于行拳中身心内外的婉转回旋起着关键的作用。除了抱球、手心气球的说法之外，另外还有“腋窝虚拢两个热馒头练拳”的隐喻，即练拳时假想腋窝虚虚拢着两个热气腾腾的馒头，则两肩、两臂的内气自然升腾畅然，时间久了，便自然养成虚腋的习惯，不再是人为的操作了①5。这是以热馒头的性状来引导人体现虚腋的动作要领。总而言之，以上所举案例都是从外界事物与太极拳身形姿态在性状上的象似点入手建立隐喻关系的。

3. 运动经验映射点

石磨磨盘是由两块圆形青石雕磨加工而成的，其结构包括一个静盘和一个动盘。动盘在上，静盘在下，二者面对面叠加对置，动盘下表面与静盘上表面紧密吻合（图5-21）。当需要加工的物料从动盘上面的加料口加入后，推动把手使动盘转动，磨盘间的物料便会受到强大的挤压力和剪切力而被粉碎，并以螺旋的方式从中心向边缘运动，最终被加工

图5-21　磨盘结构

①魏树人. 杨式太极拳术述真［M］. 北京：人民体育出版社，1999：5-50.

成粉面状从磨盘边缘流淌出来。太极拳人用磨盘的这种运动特性来隐喻腰部的运作机制（严格地说应该是腰和胯的联动机制）。魏树人认为，在人体，静盘实为人之胯，动盘实为人之腰，腰的动转是以两肘带动，肘就如动盘上的把手，动盘要安放在静盘上，静盘的稳固要靠两条腿，动盘的转动要靠两肘，这就是以肘带腰内功的奥妙之处①。可以看出动盘和静盘的关系喻指的是腰和胯的关系。值得注意的是，在实践中人们过于强调"腰"的主宰作用，而导致胯往往被忽视，其重要性被腰所掩盖。腰和胯正如磨盘的动盘和静盘，二者是不可分割的一体。腰和胯对正平直，才能保证尾闾中正、中轴垂立，如平地立杆。二者相对运动、相反相成才能发挥腰作为中轴的主宰作用。所谓相对运动，即腰和胯，一个是动盘，一个是静盘，二者总是相对运动的。即转腰时，腰是动盘，胯是静盘；转胯时，胯是动盘，腰是静盘。例如，腰部向某一方向转动时，胯不能主动跟着转动，而要扣膝、抽胯、圆裆做好相对定位，仍然如坐高凳，使两胯和两腿形成的支架要坚固稳定；胯向某一方向转动时，同样腰也不能主动转动，而要相对定位不动。从实践中总结的经验告诉我们，如果腰、胯同时主动向同一方向转动，全身必定散乱，上下不能完整一气，腰如磨盘的功能就体现不出来。胯是人体中最大的一对关节并与骨盆紧密相连，力量大，伸展、收缩、旋转的活动范围大，而且灵活，所以腰只有和胯联动，才能发挥其最大作用。通过专门的训练，当达到胯不动、腰如磨盘大幅度转动自如时，说明腰胯部位已彻底松开，腰部的横劲（即左右转动之劲）已练出来了。此时不仅发劲自如，而且腰如立轴，又如车轮，别人一推就转，一转便我顺人背，在实用中才能占尽优势。

武禹襄《太极拳解》曰："静如山岳，动如江河。迈步如临渊，运劲如抽丝，蓄劲如张弓，发劲如放箭。""静如山岳，动如江河"是比喻太极拳运动中动静的阴阳互孕。静时如山岳之岿然不动、雄健浑厚、庄严肃穆、巍然云霄，但其静不是一片死寂，而是孕育着勃然生机和

①魏树人. 杨式太极拳三十七式内功述真（修订版）[M]. 长沙：湖南科学技术出版社，2013：42.

浩然气势；动时如江河之波涛汹涌、暗流湍急、浩浩汤汤、势不可当，但其动不是一时躁动，而是蕴含着海洋深处的万籁俱寂。此所谓“静中寓动，动中寓静”“静中动，动中静”“动静相间”。“迈步如临渊”，是比喻太极拳的一种运动状态，即放轻脚步、隐住身体、凝神敛气、高度机敏、一触即发的应激状态。《王宗岳太极拳论》所言“迈步如猫行”，《武禹襄太极拳解》所言“形如搏兔之鹘，神似搏鼠之猫”，还有“盲人走路”“黑暗里摸东西”（指在桌上有易碎茶杯等东西）、“战战兢兢，如履薄冰”都是作为本体来喻指太极拳的这种运动状态的。

“运劲如抽丝”是说运劲时，要像抽丝一般小心谨慎，如两手沾了糖稀，慢慢运动两手抽出丝来，既要把丝抽均匀，又不能把丝抽断。这就需要心平气和、小心谨慎、沉着自然、轻灵柔和、不温不火，急不得，一急就把丝抽断了。还有一种解释，“抽丝”是指北方农村妇女纺线时的情形：用一只手摇动纺车，另一只手抽送棉花，通过一抽一送，折叠转换，周而复始，将棉花纺成棉丝线，并缠到锭子之上。据说武禹襄通过观察这种纺线的动作，有所体悟，并由此提出了“运劲如抽丝”“勿使有缺陷处，勿使有凸凹处，勿使有断续处”“要一线串成”“往复须有折叠，进退须有转换”等经典拳论。

“蓄劲如张弓，发劲如放箭”，是借用“弓”对太极拳劲力的蓄发运动进行隐喻表达。太极拳之劲被称为“整劲”，也就是说这种劲不是局部力量，而是全身上下、形神内外高度整合而发出的力量，即拳论所讲“柔运劲，刚落点”“其根在脚，发于腿，主宰于腰，形于手指”“由脚而腿而腰，总须完整一气”。这种“完整一气”说的是一种高度协调状态，身体各部无相互牵扯羁绊和额外的能量消耗，而是“周身一家”“一静无有不静，一动无有不动”，全身肌肉若一，同步收缩，做功效率达到最大化。“弓”就具备了这个特点：张弓时一动无有不动，充分利用弓的韧性和弹性，储存势能，所谓“柔运劲”，即是蓄劲；张满时一静无有不静，箭在弦上，一触即发，瞬间把弓储存的势能都转化为动能并集中到箭头这一点上，所谓“刚落点”，即是发劲。张弓（即蓄劲）是缓慢的，放箭（即发劲）则是短促的，刚猛暴烈，快如闪电。

张弓放箭的过程和太极拳蓄劲发劲过程进行类比，根据其象似点来建立隐喻关系可谓恰如其分。

（二）积累生活经验，构建知识草案

现代隐喻观之隐喻模型中信息的流动方向是由熟知对象指向未知对象的，而且熟知对象的信息直接影响着对未知对象的认知过程与结果。所谓“熟知对象”是指源域的事物，“未知对象”是指目标域的事物，“熟知”就是指相关经验的丰富性。德国学者温格瑞尔（Ungerer F）和施密德（H. J. Schmid）说：“隐喻以来源于生活经验的心理图式作为认知基础。[①]”也就是说，心理图式是形成隐喻的认知基础，而心理图式则必须以生活经验为基本素材。心理图式所需的这种素材除了个体对世界的独特经验外，还包括作为社会和自然环境一部分的普遍经验，被称为隐喻的经验主义（experientialism）[②]，即强调经验对于隐喻形成的重要性。在太极拳隐喻构建的过程中，这种认知经验则主要来自练拳者个人对源域对象的了解和熟悉情况。这种经验的总和在隐喻学中称作“知识草案”。所谓“知识草案”，是隐喻中源域对象的状态、结构或运动特性经验化的结果”[③]。构建丰富的“知识草案”，是形成心理图式从而构建隐喻认知的前提条件。

所以要形成太极拳心法中的隐喻认知，首要任务是把源域的事物转变为我们所熟知的对象，即构建“知识草案”。如何转变呢？那就要通过深入观察和切身感知，检点记忆之中的自然万象，将其势、力、韵律、运动之感触精神化，存储为为我所用的生活素材，所谓“通灵感物，敏于取象”。“观雀蛇相争后，张三丰根据蛇的运动意向进行了武

---

①Ungerer, F. &H. J. Schmid. An introduction to Cognitive Linguistics [M]. Beijing Foreign Language Teaching and Research Press, 2001: 28.

②邢晓宇. 认知语境在隐喻认知构建中的制约作用 [J]. 内蒙古大学学报（哲学社会科学版），2009（1）：105.

③熊学亮. 认知语用学概论 [M]. 上海：上海外语教育出版社，1999：117.

④戴国斌. 武术的仿生性生产 [J]. 上海体育学院学报，2009（6）：9.

术的文化生产，生产了以柔克刚的太极拳。[4]”张三丰“观蛇雀相争”把当时的情境转化为自己熟知的对象，掌握了“蛇的运动意向”，即构建了关于蛇的“知识草案”，然后形成蛇的心理图式并映射到人体动作之中，最终“生产了以柔克刚的太极拳”。这即是典型的隐喻认知。陈式太极拳理论家陈鑫也是在掌握了“蛇的运动意向”、熟知蛇之特性的基础上，在《陈氏太极拳汇宗》中提出了以蛇作为本体的隐喻技击思想：“击首尾动精神贯，击尾首动脉脉通，当中一击首尾动，上下四旁扣如弓。”即以常山之蛇作为源域，以太极拳身法为目标域，来建立映射关系。据说杨露禅通过观察古钟而悟到了其中的奥妙，形成了“身如钟鼎”的认知方法，一直在其嫡系传承中保留到今天。

所谓“身如钟鼎”就是通过对古钟的形象和特征进行观察和把握，将积累的经验存储在大脑之中，形成“知识草案”。在练习太极拳的特定动作时，再将由这些“知识草案”形成的“心理图式”再现出来，使古钟的形象与身体相契合，肩、腰、胯都是古钟的一部分，依托于古钟进行平移、旋转等运动，以钟内悬垂的钟锤的摆动和旋转作为动力，钟锤的上提、下落亦能调动气息的升腾和沉降。虽然是虚拟形象，但客观上却起到了统领全身、调节气息、锻炼内劲的作用，可以使练习者比较容易地体会到气势浑厚、完整一体的感觉（图5-22）。

图5-22　身如钟鼎

郝为真则以水来喻太极拳的三层意境：

“初练时，如身在水中，两足踏地，动作如有水之阻力；第二层则如身在水中，两足浮起，如泅者浮游水中，能自如运动；第三层则身体轻灵，两足如在水面上行走，临渊履冰，神气内敛，不敢有丝毫散乱，此则拳成矣。①”

歌诀有云：

“神轻气沉任自然，飘飘荡荡浪里钻。任你风浪来推打，上轻下沉不倒颠。②”

武禹襄则是通过观察妇女用纺车纺线的动作，熟知并掌握其特性，将其作为源域，将太极拳运劲作为目标域，提出了“运劲如抽丝”的隐喻认知思想。李经悟也曾经从驴拉磨的生活经验中，体悟到了太极拳“以腰为轴”的内涵。驴在拉磨的过程中偷懒停住了，看到主人将要打它，突然拉磨前行。由于磨盘加速旋转，扶在磨盘边上的手突然受力，李经悟顿时顺着磨盘旋转方向踉跄而出，险些仆倒。受到此次经历的启发，李经悟把磨盘的经验映射到太极拳腰的运动范畴，通过隐喻认知到了其中内涵：太极拳讲究以腰为轴，其轴好比磨盘的轴心，腰如磨盘，在转身时不是身体自己转，而是被假想的驴拉着转，被动地转，而轴心并不动，这种转动用意不用力，整体浑然，能把作用在磨盘边上的力量瞬间化掉，运用于推手中便可化解对手的来力（图5-23）。

孙式太极拳歌诀中，其中的立杆、拉弓、断桶、半钟、舟藁、浮叶、机轮、悬磬等都是来自于生活经验。

---

①孙剑云．孙式太极拳诠真［M］．北京：人民体育出版社，2003：6.

②张耀忠，张林．太极拳推手奥秘［M］．北京：人民体育出版社，2011：192.

图5-23

孙式太极拳歌诀

身如立杆头自踵，
两肩松开若拉弓。
胸腹虚实斜断桶，
膝胯撑缩卧半钟。
足分舟藁涟漪里，
行似浮叶水面踪。
气合机轮无间转，
意存悬磬空谷中①。

金仁霖先生在谈到太极拳的“轻灵”时说：“如荷叶承露，有倾即泻。”这句话出自其师叶大密先生的《柔克斋太极传心录·语录》。

①童旭东. 孙氏武学研究［M］. 北京：中国书籍出版社，2008：390.

用“荷叶承露”的生活经验来描述太极拳的“流利圆活”，生动形象。

魏树人先生回忆中也曾提到，当年向汪永泉先生学拳之时，为了掌握高探马动作三环相套（平圈、立圈、斜圈）之心法，他曾遵师命专门跑去古观象台仔细观看浑天仪的构造①（图5-24）。现在看来其目的也是熟知源域对象，构建“知识草案”，为形成心理图式和构建隐喻认知做准备。

图5-24

（三）默识揣摩，形成并激活心理图式

太极拳中的心理图式以空间结构为基础，构建这种心理图式就如学习立体几何，不仅与感知有关，而且与空间想象有关，最重要的是还要与太极拳动作建立互动关系。笔者认为这种心理图式的构建和激活可以借助实物并结合一些基本动作来进行。例如，腰圈的心理图式的构建和激活，可以借助呼啦圈和进退、转身的基本动作

①魏树人. 杨式太极拳术述真［M］. 北京：人民体育出版社，1999：122.

来进行。练习人两手持握呼啦圈将其套在腰部，人居其正中，假想呼啦圈内有一由额状轴和矢状轴构成的“十字”，将自身与呼啦圈连为整体，并以呼啦圈为依托进行同步运动（图5–25）。

图5–25　用呼啦圈实物进行体验

欲向前进时，想十字之竖（矢状轴）的前端变为箭头，以之引领呼啦圈前行，自身被动随之同步前移；反之，欲向后退时，则想十字之竖后端变箭头，引领呼啦圈后移，自身被动随之后移。欲转身时，亦以呼啦圈的旋转，引领身体的同步转动。无论进退或旋转，都要用意维持呼啦圈处于水平状态，保持其中十字之四端无起伏运动。关键之处在于，呼啦圈动多少，腰动多少，不多不少，恰到好处。通过这种“借助实物”的训练，一方面可以使练习者提高对呼啦圈的空间感知能力，建立“圈感”，形成以呼啦圈为依托的本体感觉和运动经验；另一方面，可以建立呼啦圈与动作的互动关系：前进后退、左旋右转均以腰中呼啦圈为统领。当这种感知能力、运动经验和互动关系达到一定程度时，便可将呼啦圈这一实物去除，而以虚拟的呼啦圈取而代之，进行同样动作的练习。即在没有外界具体实物刺激输入（呼啦圈不在场）的情况下，练习者在大脑中依旧能够再现呼啦圈的形象及其品质，重新感受到已经建立的“圈感”，最终以这种“符号化”的呼啦圈完全代替实物呼啦圈起到统领身体动作的作用（图5–26、图5–27）。

图5-26　以虚拟的圈引领身体旋转

图5-27　以虚拟的圈引领身体进退

这种“圈”的心理图式被激活之后，还需不断地默识揣摩，将其运用到完整的太极拳动作乃至完整套路的演练过程之中。至此，源域——呼啦圈，与目标域——太极拳动作之间的映射关系最终形成，隐喻认知的构建方得以完成。

（四）体悟意图定点

映射的发生机制是源域事物的某特征暂时脱离原本的位置，进入目标域事物中相对应的位置，并发挥其某种相对应的功能。这主要是依赖于认知主体的体验过程来实现的。上文提到，所谓意图定点，是指符号隐喻中所期盼体验的理想暂止点，即期盼的通过隐喻认知达到的效果。如果练习者能够顺利体会到这个比喻点，符号隐喻的效果会比较好，但是往往不能保证这个关系。这种隐喻有时是一种包含着隐藏的或公开的真实意义的形象，一种非逻辑的、不可言传只可感受的活的东西，所谓“如鱼游水，冷暖自知”。它强调认知者与被认知对象的直接“面对面”对话，间接的描述或点拨均不能替代这种认知形式。所以在心传口授的基础上，需要诉诸于认知者直觉体认、体察和体悟的能力。这个意图定点，不是靠逻辑推理得来的，而是经过身心体验，最终达到身体上的“明白”。

以起势动作为例，两手的向上运动，不是用拙力生硬地把两手抬起来，而是要“用意不用力”。体悟这个“意图定点”，可以借助氢气球来进行。两手轻扶充满氢气的气球，体会气球上升的浮力，借助气球的升腾，两手不主动用力，被动地上升到与肩同高。反复体验之后，将气球拿掉，在没有气球的情况下，用大脑中再现的气球的形象和感受来引导两手上升的动作，最后达到真实气球在场时的效果：即两手不用拙力而轻松自然地被催促而起，而且气势浑厚、心旷神怡。这种意图定点的实现，即是一种身心的体悟（图5-28）。

图5-28　体验气球的升腾

也就是说，要肃清原有的认知模式，使人对源域进行躬身的、脱离逻辑分析的关照体验。杨澄甫云：“非若欧西之田径赛等技，一说即明，略示便会，无精深玄妙之研究也。”（《太极拳体用全书》）所以可能需要较长时间的默识揣摩、渐修顿悟，即拳论所言“然非用力之久，不能豁然贯通焉”。正如禅宗的“不立文字，以心传心”，太极拳隐喻认知，其实即是老师把自身在实践中体悟到的“心法”让学生们再悟一次而已。因此，对于这种“心法”传递和表意的效果，老师的启发方式与学生的领悟能力均是十分重要的。

（五）处理主客关系

在太极拳修炼这种认知行为中，同时存在着既相互对立又相互统一的两个方面，修炼者同时具有认知主体和认知客体的双重身份，修炼者不仅是认知主体，而且还是认知客体即认知对象的一部分。也就是说，认知客体包括两部分，一部分是修炼者自身，另一部分是作为隐喻本体的外界事物。以认知主体的角度，修炼者把自身与外界事物（如呼啦圈）都当作认知对象；以认知客体的角度，修炼者的身体动作与外界事物形成了认知对象的两个部分：一部分是与认知主体紧密相关的身体动作，另一部分是外界事物[①]。这里所说的“外界事物”（即源域），与身体动作（即目标域），是认知主体通过隐喻方式将二者建立联系的。也就是把通过观物取象获取的外界事物的心理图式，即时同步地呈现于某一身体动作的过程之中，利用对外界事物的认知经验，来认知太极拳的动作技能乃至深邃的意境。同时，这种主客一体的特点还体现在，人既是符号的发出者，又是符号的接收者。也就是说修炼者自己把符号发出，在大脑里呈现出来，然后全身心地接收这个符号，并用直觉感受的形式解释所接收符号的意义，融汇到当前的身体动作之中。

怎么处理修炼者既是认知主体又是认知客体的这种双重身份呢？根据前人的经验，要淡化这种主客分别，使主客不分、主客一体。做到物我合一，然后物我两忘，既不受客观束缚，又不受主观限制，让思维浑沦一片，具有模糊性和混沌性，以感受来代替思考。陈鑫在《陈式太极拳图说》中讲道：“无极者，一物未有也。太初以上，浑浑穆穆，混混沌沌，所谓大混沌者，即此时也。学者上场打拳，端然恭立，合目息气，两手下垂，身桩端正，两足并齐，心中一无所著，一念无所思，穆穆皇皇，浑然如大混沌无极景象，故其形无可名，名之曰‘无极象形’也。[②]”“浑浑穆穆，混混沌沌”“心中一无所著，一念无所思”即是

①李文莉. 人体隐喻系统研究［D］. 上海：华东师范大学硕士论文，2007：63.

②陈鑫. 陈氏太极拳图说（简体版）［M］. 太原：山西科学技术出版社，2006：95-96.

通过中止逻辑思维，达到物我两忘、主客合一的境界。“所谓‘难得糊涂’，说的便是这种分寸。这分寸不好掌握，忘了或刻意了，都无练习效果[①]”，“模模糊糊的有点意思[②]”即可。

综上所述，太极拳心法的隐喻认知亦属“借假修真”。除了表达不能言传的动作要领和身体感受，还能开发右脑的形象思维功能、中止左脑的概念思维，从而主导练拳者通过心理图式与动作互动进行一种直观体验过程，以悟得太极拳的真谛。这种隐喻认知的模型是：观察事物→形成图式→动作时注意转向图式→给动作与图式对象以一定的秩序→通过图式对象理解和体验太极拳动作→顿悟升华，达到太极拳的某种境界。

本章小结

太极拳“心象”属于符号学中的“象似符号”，但又不是一般的“象似符号”，是展现给自己内心的符号，同时又具有指示符号和规约符号的功能。其符号表意包括了直接意义、间接意义、引申意义、隐喻意义和顿悟升华不同的层次，而且往往是通过符号文本的形式来进行的。太极拳心法隐喻意义的表达是使修炼者顿悟升华的关键环节。太极拳的“心象”即隐喻学的“心理图式”，太极拳心法即是一种隐喻认知。这种隐喻认知的过程包括“明确映射点”“积累生活经验，构建知识草案”“默识揣摩，形成并激活心理图式”“体悟意图定点”“处理主客关系”等几个环节。

①李帼忠，徐骏峰. 逝去的武林 · 高术莫用［M］. 青岛：青岛出版社，2010：102.

②李仲轩. 逝去的武林［M］. 徐皓峰，整理. 北京：当代中国出版社，2006：62.

第六章 结论

经过系统研究，我们得出如下结论：

第一，中国传统的身体思维模式，不同于西方的身心二元论，认为人的身心是整体合一的。溯本逐源，“天人合一”思想是“身心合一”的逻辑起点，而气一元论则是“身心合一”实现基础，气是沟通身心的媒介，是避免形成身心二元分化的重要因素。“身心合一”是以心使身的前提条件，若在西方的身心分离且互斥的思想观念下，则不存在产生“心为主宰”理念的土壤。太极拳心法形成的理论根源在于中国特有的身心合一思想。随着当代身体的“转向”和异化，产生了重身抑心的倾向，即人们的身心取向大有从灵魂至上的极端走向身体至上的另一个极端的势头。受其影响，武术的身体也产生异化现象，太极拳的心法体系逐渐被人们所忽视，身体的表现欲望逐渐大行其道。因此探讨太极拳心法需要从身体说起，为的是对传统身体观、武术身体观以及太极拳身体观进行正本清源，通过辨明太极拳应该具备的身心关系，为进行太极拳心法的研究形成良好铺垫。

第二，中国传统的“心的文化”是太极拳心法的活水源头，没有“心的文化”就不能形成太极拳“重心”即“先在心后在身”的特色。心为主宰、心主身并非以居高临下监督、操控的姿态，而是身心合一，在作为人的生命整体的语境下而发展进行。由于气的媒介和沟通作用，使身心合一成为可能，同时也形成了中国特有的“形一气一心”的三元一体的身体结构。象是“形而中者”，是沟通形上形下的媒介，心亦是“形而中学”；象又是意的载体，是表意的手段，即所谓“象以尽意”，所以象与修心有着千丝万缕的联系。因此我们将“唤醒‘象思维’，中止概念思维”而达到“物我两忘”之境作为太极拳心法修炼的核心主旨。总之，太极拳心法是“象思维”的运用典范。

第三，太极拳心法指与太极拳动作相配合的以“立象尽意”为基本法则进行身心整合、提升境界的心得方法及其规律的总称。法无定法，具体的方法可以依据太极拳心法的构建模型进行创生。太极拳心法是符合心理神经肌肉理论的“先在心，后在身”的行拳法则，是利用意识对物质的主观能动作用对身体进行规训以及实现精神境界自我超越的想象性内心体验的方法。它不是与身心和太极之道毫无关涉的空想，更不是唯心主义，而是使人在太极拳修炼中获取真得受用的一种体验之学。不去切身体验，仅凭逻辑思辨难以对其形成正确的认识。在太极拳修炼中修身与修心互不可分，太极拳心法是身心合一的桥梁，具有沟通形上形下的中观性质，有着区别于现代体育项目的显著特点和作用，主要体现在“入手于心，成就于身”的指导思想和修炼路径之上。

第四，太极拳心法的构建模型包括提取动作特征、观物取象和“体象”三个环节，其取象素材包括点、线、面、体，以至自然万物一切可以利用的对象。太极拳心法的应用有六个原则，即“用意不用力”“同焉者和”“得意忘形”“以意导势”“在意不在气”“把握分寸”。其中“用意不用力”和“在意不在气”是容易产生疑惑之处，需要消除误解。“用意不用力”是改变习惯的用力方式，开发和调动腰胯、脊柱、骨盆、丹田等核心部位的潜力和功能而进行“换劲”的手段，而且习惯用力的部位只有在保持全身整体的状态下百分之百不用力，才能开发人体第二系统的功能。“在意不在气”的本质是“在气”，即“在意不在气”这个要求本身，就是为了提高气的质量和效果，反者道之动也。掌握太极拳心法的关键在于把握用意的分寸，也是难点。太极拳心法的训练包括静态和动态两种形式，其中站桩训练是最基础的核心环节。太极拳心法的训练和应用都是“象思维”的具体运用。

第五，动态训练和静态训练，二者是不可分割的。站桩是核心基础，但不是全部。站桩到一定境界，把站桩获得的间架结构和心法意境，把腾膜、养气、易筋、易骨的最根本的东西运用到动态的拳术套路之中，不管怎么动，动中求静，心无旁骛，调动先天的东西，少用后天的控制。动态训练实际上就是王芗斋先生所说的试力。没有站桩就谈不上试力，试力不是肌肉用力，比如用汗毛孔感受空气的阻力，是练身体与自然的交融，练周身的完整和灵敏，是后天返先天的方法。因此，动态训练是站桩的升华。可惜的是，很多练拳的人不愿意站桩，只喜欢比划套路，不知何为心法，更不理解练套路是站桩的活化，是试力。明白了这个，练什么套路都能把自己站桩的东西融入进去。推手是更进一步的试力，检验自己的力，感受别人的力，绝不是为了分胜负，只是训练的一个阶段，为散手打基础。

第六，太极拳“心象”属于符号学中的“象似符号”，但又不是一般的“象似符号”，是展现给自己内心的符号，同时又具有指示符号和规约符号的功能。其符号表意包括直接意义、引申意义、隐喻意义和顿悟升华不同的层次，而且往往是通过符号文本的形式来进行。其中隐喻意义的表达是使修炼者顿悟升华的关键环节。太极拳的“心象”即隐喻学的“心理图式”，太极拳心法即是一种隐喻认知。这种隐喻认知的过程包括明确映射点、构建知识草案、默识揣摩，形成并激活心理图式、体悟意图定点、处理主客关系等几个环节。

第七，由于太极拳心法本身就具有“难以言说”的特点，本人知其难，仍勉力而为，所以本文存在一些不足之处在所难免。主要有：其一，太极拳心法中的“立象尽意”，本身是一种由“象”激发的身心体会和意境，在研究中将其形成文字进行表达，虽已尽其全力，但仍未能尽显其意，读者若想真正理解，还需“默识揣摩”一番。其二，本文以传统文化为背景，以象思维理论为视角，以符号学、隐喻学理论对太极拳心法进行诠释，但本人对相关理论的运用尚未达到十分熟练，驾驭起来比较吃力，所以这些理论与太极拳心法的结合肯定不能达到水乳交融的程度，存在一些生涩、牵强的地方也在所难免，希望能够抛砖引玉。当然有不足不完全是坏事，发现这些不足，将其作为后续研究的攻坚目标和突破口，可以激发本人产生继续努力的动力，本人愿意而且准备好了继续向着正确的方向努力前进！

参考文献

著作类：

[1] 王树人. 回归原创之思——“象思维”视野下的中国智慧 [M]. 南京：江苏人民出版社，2005.

[2] 王树人，李明珠. 感悟庄子——“象思维”视野下的庄子 [M]. 南京：江苏人民出版社，2006.

[3] 张岱年，程宜山. 中国文化与文化论争 [M]. 北京：中国人民大学出版社，1990.

[4] 张岱年，方克力. 中国文化概论 [M]. 北京：北京师范大学出版社，2004.

[5] 张岱年，等. 中国思维偏向 [M]. 北京：中国社会科学出版社，1991.

[6] 张庆林，邱江. 思维心理学 [M]. 重庆：西南师范大学出版社，2007：53.

[7] 克雷奇. 心理学纲要（下册）[M]. 周先庚，等，译. 北京：文化教育出版社，1982：477.

[8] 米歇尔·福柯. 规训与惩罚 [M]. 刘北成，杨远婴，译. 北京：三联书店，2012：151-256.

[9] 福柯. 权力的眼睛 [M]. 严锋，译. 上海：上海人民出版社，1997. 162.

[10] J. 丹纳赫，T. 斯奇拉托，J. 韦伯. 理解福柯 [M]. 刘瑾，译. 天津：百花文艺出版社，2002.

[11] 弗洛姆，铃木大拙，马蒂诺. 禅宗与精神分析 [M]. 2版. 贵阳：贵州人民出版社，1998：97.

[12] 托马斯·M. 科勒普罗斯，等. 法人直觉 [M]. 沈阳：辽宁教育出

版社，1998.
［13］谢尔盖耶夫. 智慧的探索［M］. 乔立良，等，译. 三联书店，1987：253-254.
［14］张其成. 中医哲学基础［M］. 北京：中国中医药出版社，2004：8-70.
［15］刘仲林. 中国创造学概论［M］. 天津：天津人民出版社，2001：248，264.
［16］朱智贤. 心理学大词典［M］. 北京：北京师范大学出版社，1989：34.
［17］车文博. 心理学原理［M］. 哈尔滨：黑龙江人民出版社，1986：308.
［18］张力为，任未多. 体育运动心理学研究进展［M］. 北京：高等教育出版社，2000.
［19］陶伯华. 智慧思维学［M］. 长春：吉林人民出版社，2010.
［20］陶伯华，马禾. 怪异思维［M］. 哈尔滨：黑龙江人民出版社，2000.
［21］田运. 思维科学［M］. 杭州：浙江教育出版社，1998.
［22］金岳霖. 形式逻辑［M］. 北京：人民出版社，1979.
［23］林语堂. 中国人［M］. 杭州：浙江人民出版社，1988：213.
［24］火越. 五行思维解读［M］. 太原：北岳文艺出版社，2004.
［25］刘文英. 漫长的历史源头［M］. 北京：中国社会科学出版社，1996：143.
［26］张家驹. 临床内分泌生理学［M］. 北京：中国医药科技出版社，1990.
［27］王夫之. 庄子解［M］. 北京：中华书局，1964.
［28］郭庆藩. 庄子集释［M］. 北京：中华书局，1982.
［29］李泽厚. 美的历程·华夏美学［M］. 合肥：安徽文艺出版社，1994.
［30］金景芳，吕绍纲. 周易全解［M］. 长春：吉林大学出版社，1996.
［31］吕绍纲. 周易阐微［M］. 长春：吉林大学出版社，1990.
［32］王作新. 汉字结构系统与传统思维方式［M］. 武汉：武汉出版社，1999：172.

［33］邹经. 纪效新书·练兵实纪总说［M］. 北京：解放军出版社，1987.
［34］薛颠. 象形拳法真诠［M］. 太原：山西科学技术出版社，2007：1.
［35］陈鑫. 陈氏太极拳图说（简体版）［M］. 太原：山西科学技术出版社，2006.
［36］高壮飞，若水. 千思百问太极拳［M］. 北京：中国海关出版社，2005：99-102.
［37］李帼忠，徐皓峰. 逝去的武林·高术莫用［M］. 青岛：青岛出版社，2010：102.
［38］童旭东. 孙氏武学研究［M］. 北京：中国书籍出版社，2008：321.
［39］张满宏. 忽雷太极拳［M］. 北京：人民体育出版社，2010：255.
［40］解守德. 太极内功心法［M］. 北京：人民体育出版社，2006：221.
［41］蓝晟. 国学与太极拳：中国人必修的文武之道［M］. 北京：当代中国出版社，2012：90，115.
［42］邱丕相. 武术理论基础［M］. 北京：人民体育出版社，1997：122-132.
［43］太极笑笑生，刘厚中. 身边的武林2：太极等内家拳的核心秘密［M］. 北京：中国发展出版社，2013：25.
［44］人民体育出版社. 太极拳全书［M］. 北京：人民体育出版社，1988：265-266，328-458.
［45］乔凤杰. 武术哲学［M］. 北京：社会科学文献出版社，2007：140.
［46］魏树人. 杨式太极拳术述真之二：太极拳行拳心法［M］. 北京：人民体育出版社，2001：21.
［47］钱惕明. 太极内功心法全书（上卷）［M］. 北京：人民体育出版社，2008：50.
［48］舒新城，等. 辞海（上）［M］. 北京：中华书局，1981：1126.
［49］黄霖. 文心雕龙训评［M］. 上海：上海古籍出版社，2005.
［50］黄建始. 最大回报——健康投资［M］. 北京：中国协和医科大学出版社，2005：1.

[51] 于永年. 站桩 [M]. 石家庄：河北科学技术出版社，1996：8-174.
[52] 王培生. 吴式太极拳诠真 [M]. 北京：人民体育出版社，2003.
[53] 沈寿. 太极拳法研究 [M]. 福州：福建人民出版社，1984.
[54] 祝大彤. 太极拳内功解秘 [M]. 北京：人民体育出版社，2004.
[55] 张耀忠，张林. 太极拳推手奥秘 [M]. 北京：人民体育出版社，2011.
[56] 张耀忠，张林. 王培生内功心法太极拳 [M]. 太原：山西科学技术出版社，2009.
[57] 张耀忠，茹世保. 王培生教范八卦散手掌 [M]. 北京：北京体育大学出版社，2008.
[58] 庄金聪. 太极拳内功养生心法 [M]. 北京：人民体育出版社，2013.
[59] 杨式太极拳三十七式内功述真（修订版）[M]. 长沙：湖南科学技术出版社，2013.
[60] 李和生. 杨式太极拳老六路内功解秘 [M]. 北京：经济管理出版社，2006.
[61] 席庸. 太极拳与科学健身 [M]. 西安：西安交通大学出版社，2004.
[62] 温力. 中国武术概论 [M]. 北京：人民体育出版社，2005.
[63] 李玉栓. 拳道述真 [M]. 北京：人民体育出版社，2010.
[64] 罗时铭. 中华养生学 [M]. 太原：山西科学技术出版社，2002.
[65] 田合禄. 医易养生保健学 [M]. 太原：山西科学技术出版社，2006.
[66] 薄家骢. 意拳述要 [M]. 北京：人民体育出版社，2009.
[67] 王米渠. 气功心态奥秘 [M]. 成都：成都出版社，1991.
[68] 张俊山. 太极养生与经络太极拳 [M]. 太原：北岳文艺出版社，2001.
[69] 志超. 中国上乘内功 [M]. 北京：中国世界语出版社，1994.
[70] 刘长林. 中国系统思维 [M]. 北京：社会科学文献出版社，2008.
[71] 王宗岳. 太极拳谱 [M]. 北京：人民体育出版社，1996.

[72] 司马贺. 人类的认知——思维的信息加工理论 [M]. 北京：科学出版社，1986：118.
[73] 宗白华. 艺境 [M]. 北京：北京大学出版社，1999.
[74] 马克思·威尔曼斯.理解意识（第二版）[M]. 李恒威，校. 王淼，徐怡，译. 杭州：浙江大学出版社，2013.
[75] 埃文·汤普森. 生命中的心智：生物学、现象学和心智科学 [M]. 李恒威，李恒熙，徐燕，译. 杭州：浙江大学出版社，2013.
[76] 金泽，梁恒豪. 宗教心理学 [M]. 北京：社会科学文献出版社，2013.
[77] 燕国材. 中国心理学史 [M]. 北京：开明出版社，2012.
[78] 沈政，林庶芝. 生理心理学 [M]. 北京：开明出版社，2012.
[79] 吴文翰. 吴文翰武术文集 [M]. 太原：山西科学技术出版社，2006.
[80] 丁峻. 意识构建原理与坐标 [M]. 北京：中国社会科学出版社，2014.
[81] 李仲轩. 逝去的武林 [M]. 徐皓峰，整理. 北京：当代中国出版社，2006：62.
[82] 徐建融. 心境与表现 [M]. 上海：上海人民美术出版社，1993.
[83] 朱良志. 中国艺术的生命精神 [M]. 合肥：安徽教育出版社，1995.
[84] 陈振濂. 书法学 [M]. 南京：江苏教育出版社，1992.
[85] 车文博. 中外哲学心理学比较思想史 [M]. 北京：首都师范大学出版社，2010：14.
[86] 蔡璧名. 身体与自然——以《黄帝内经·素问》为中心论古代思想传统中的身体观 [M]. 台北：台湾大学出版社，1997：45，55.
[87] 杜维明. 儒家传统现代观的转化 [M]. 北京：中国广播电视出版社，1992：448.
[88] 郭沫若. 商周古文字读本 [M]. 北京：语文出版社，1989：381.
[89] 梁漱溟. 人心与人生 [M]. 上海：学林出版社，1984：105.
[90] 杜文东. 中医心理学 [M]. 北京：中国医药科技出版社，2005：28.

[91] 周与沉. 身体：思想与修行 [M]. 北京：中国社会科学出版社，2005：87-88.
[92] 孝经注疏 [M]. 李隆基，注. 邢昺，疏. 北京：北京大学出版社，1999：3.
[93] 张光直. 中国青铜时代 [M]. 北京：三联书店，1999：477.
[94] 张世英. 天人之际 [M]. 北京：人民出版社，1995：14-15.
[95] 张岱年. 中国哲学史大纲 [M]. 南京：江苏教育出版社，2005：8.
[96] 李约瑟. 中国科学技术史 [M]. 北京：科学出版社，1978：337.
[97] 蒙培元. 中国哲学主体思维 [M]，北京：人民出版社，1993：185.
[98] 龚鹏程. 中国传统文化十五讲 [M]. 北京：北京大学出版社，2006.
[99] 汪民安. 后身体：文化、权力和生命政治学 [M]. 吉林：吉林人民出版社，2003：441.
[100] 张再林. 作为身体哲学的中国古代哲学 [M]. 北京：中国社会科学出版社，2008.
[101] 戴国斌. 武术：身体的文化 [M]. 北京：人民体育出版社，2011
[102] 邱丕相. 中国武术史 [M]. 北京：高等教育出版社，2008：9.
[103] 蒙培元. 中国哲学主体思维 [M]. 北京：人民出版社，1993：92.
[104] 蒙培元. 心灵超越与境界 [M]. 北京：人民出版社，1998：10.
[105] 徐复观. 中国思想史论集 [M]. 台北：台湾学生书局，1993：242.
[106] 徐复观. 中国思想史论集 [M]. 台北：台湾学生书局，1993：242.
[107] 钱穆. 灵魂与心 [M]. 桂林：广西师范大学出版社，2004：19.
[108] 钱穆. 现代中国学术论衡 [M]. 北京：三联书店，2001：45.
[109] 孟子注疏 [M].（汉）赵岐，（宋）孙爽，撰. 上海：上海古籍出版社，1996：229.
[110] 王树人. 回归原创之思——“象思维”视野下的中国智慧 [M]. 南京：江苏人民出版社，2005：226-227.
[111] 章诗同. 荀子简注 [M]. 上海：上海人民出版社，1974：21.
[112] 陆九渊. 陆九渊集（卷三十五）[M]. 钟哲，点校. 北京：中华书局，1980：458.

［113］金刚经·心经·坛经［M］. 陈秋平，尚荣，注译. 北京：中华书局，2007：115.
［114］王阳明. 王阳明全集［M］. 上海：上海古籍出版社，1992：15.
［115］张耀忠，潘建林. 精功十三式太极拳［M］. 北京：北京体育大学出版社，1997.
［116］童旭东. 孙氏武学研究［M］. 北京：中国书籍出版社，2008：426-427.
［117］杜子宇. 李派太极五行捶［M］. 太原：山西科学技术出版社，2005：7.
［118］解守德. 太极内功心法［M］. 北京：人民体育出版社，2006：221.
［119］张力为，毛志雄. 运动心理学［M］. 北京：高等教育出版社，2007：244.
［120］徐复观. 儒家政治思想与民主自由人权［M］. 台北：台湾学生书局，1988：220.
［121］徐梵澄. 陆王学述一系精神哲学［M］. 上海：上海远东出版社，1994：11-14.
［122］刘文英. 漫长的历史源头：原始思维与原始文化新探［M］. 北京：中国社会科学出版社，1996：134.
［123］康戈武. 中国武术实用大全［M］. 北京：中华书局，2004.
［124］余功保. 太极密码：太极拳心法体悟［M］. 北京：人民体育出版社，2013：2.
［125］杜维明. 十年机缘待儒学：东亚价值再评论［M］. 香港：牛津大学出版社，1999：63-64.
［126］陈鑫. 陈氏太极拳图说（简体版）［M］. 太原：山西科学技术出版社，2006：82.
［127］王岗. 中国武术技术要义［M］. 太原：山西科学技术出版社，2009：127.
［128］王建中，徐皓峰. 大成若缺［M］. 北京：作家出版社，2011.
［129］钱穆. 湖上闲思录［M］. 北京：三联书店，2000：8.

[130] 尊我斋主人. 少林拳术秘诀//无谷，刘志学. 少林寺资料集. 书目文献出版社，1982：233.

[131] 德虔. 少林武术大全［M］. 北京：北京体育学院出版社，1991：71.

[132] 李和生，李聪. 太极可道：李和生传杨式太极拳老六路内功太极拳解密［M］. 北京：人民体育出版社，2015：45-46.

[133] 李和生. 内功解秘：杨式太极拳老六路［M］. 北京：经济管理出版社，2006：9.

[134] 刘金印. 汪永泉授杨式太极拳语录及拳照［M］. 北京：北京体育大学出版社，2014：12-13.

[135] 牟宗三. 中国哲学十九讲［M］. 上海：上海古籍出版社，1997：14.

[136] 乔凤杰. 中华武术与中国传统文化［M］. 北京：社会科学文献出版社，2006（12）：84.

[137] 顾树屏. 杨式太极拳述真［M］. 北京：北京体育大学出版社，2011：40，105，113.

[138] 孙剑云. 孙式太极拳诠真［M］. 北京：人民体育出版社，2003：6.

[139] 王芗斋. 意拳拳学［M］. 刘涛，李全有，整理. 北京：北京体育大学出版社，2005：61.

[140] 赵斌，赵幼斌，路迪民. 杨氏太极拳真传［M］. 北京：北京体育大学出版社，2009：3.

[141] 二水居士. 一多庐太极体悟录［M］. 台北：逸文武术文化有限公司，2012：76，82.

[142] 张耀忠. 三十九式太极拳劲意直指［M］. 北京：人民体育出版社，2008：8.

[143] 张庆林，邱江. 思维心理学［M］. 重庆：西南师范大学出版社，2007：53.

[144] 张耀忠，茹世保. 王培生教范八卦散手掌［M］. 北京：北京体育大学出版社，2008：121.

[145] 王铭玉. 语言符号学［M］. 北京：高等教育出版社，2004：78.

[146] 王作新. 汉字结构系统与传统思维方式[M]. 武汉：武汉出版社，1999：172.
[147] 束定芳. 隐喻学研究[M]. 上海：上海外语教育出版社，2000：23-25.
[148] 唐小林，祝东. 符号学诸领域[M]. 成都：四川大学出版社，2012：122.
[149] 赵毅衡. 符号学[M]. 南京：南京大学出版社，2012：184.
[150] 王宗岳，等. 太极拳谱（修订本）[M]. 沈寿，点校考释. 北京：人民体育出版社，1995：164.
[151] 孙禄堂. 孙禄堂武学录[M]. 孙剑云，编. 北京：人民体育出版社，2001：190.
[152] 童旭东. 孙氏武学研究[M]. 北京：中国书籍出版社，2008：62.
[153] 雷世泰. 孙氏内家拳通论[M]. 北京：海潮出版社，2013：14.
[154] 乔松茂. 武式太极拳诠真[M]. 北京：人民体育出版社，2003：42.
[155] 魏树人. 杨式太极拳术述真[M]. 北京：人民体育出版社，1999：5-122.
[156] 吴鉴泉. 吴式太极拳[M]. 陈振民，整理. 台北：华联出版社，1984：32，46.
[157] 魏树人. 杨式太极拳三十七式内功述真（修订版）[M]. 长沙：湖南科学技术出版社，2013：42.
[158] 熊学亮. 认知语用学概论[M]. 上海：上海外语教育出版社，1999：117.
[159] 恩斯特·卡希尔. 语言与神话[M]. 于晓，等，译. 北京：生活·读书·新知三联书店，1992：12.
[160] 斯特亚特·霍尔. 表征[M]. 徐亮，陆兴华，译. 北京：商务印书馆，2005：4.
[161] 赵毅衡. 符号学[M]. 南京：南京大学出版社，2012：1.
[162] 罗兰·巴特. 符号学美学[M]. 董学文，王葵，译. 沈阳：辽宁人民出版社，1997：35.
[163] 罗兰·巴尔特. 符号学原理[M]. 李幼蒸，译. 北京：生活·读

书·新知三联书店，1988：133-134.
[164] 马克思. 资本论（第一卷）[M]. 北京：人民出版社，1975：24.
[165] 恩德斯特·卡西尔. 人论 [M]. 甘阳，译. 上海：上海译文出版社，1985：35.
[166] 弗里德里希·包尔生. 伦理学体系 [M]. 何怀宏，廖申白，译. 北京：中国社会科学出版社，1988：21-22.
[167] 马塞尔·毛斯. 社会学与人类学《各种身体的技术》[M]. 佘碧平，译. 上海：上海译文出版社，2003：306.
[168] 霍尔麻. 跨越文化障碍：交流的挑战 [M]. 麻争旗，等，译. 北京：北京广播学院出版社，2003.
[169] 普里高津. 从存在到演化 [M]. 上海：上海科学技术出版社，1986.
[170] 汤浅泰雄. 灵肉探微——神秘的东方身心观 [M]. 马超，等，编译. 北京：中国友谊出版社，1990：8，192.
[171] 安乐哲. 自我的圆成：中西互镜下的古典儒学与道家 [M]. 石家庄：河北人民出版社，2006：469.
[172] 柏拉图. 斐多——柏拉图对话录 [M]. 杨绛，译. 沈阳：辽宁教育出版社，2000：13.
[173] 柏拉图. 斐多篇 [M]. 杨绛，译. 沈阳：辽宁人民出版社，2000：13.
[174] 尼采. 快乐的科学 [M]. 黄明嘉，译. 桂林：漓江出版社，2003：151.
[175] 汪子嵩，等. 希腊哲学史（第二卷）[M]. 北京：人民出版社，1993：410-413，699-701.
[176] 笛卡尔. 第一哲学沉思集 [M]. 庞景仁，译. 北京：商务印书馆，1986：228.
[177] 尼采. 苏鲁支语录 [M]. 徐梵澄，译. 北京：商务印书馆，1992：27-28.

［178］莫里斯·梅洛-庞蒂. 知觉现象学［M］. 姜志辉，译. 北京：商务印书馆，2001：135，146.

期刊类：

［1］陈璐，张强，陈帅. 从身体规训到生存美学：福柯身体观的转变及对体育实践的启示［J］. 体育与科学，2013（2）：31-56.
［2］余晓宏，钟曙阶. 福柯的权力观——由《规训与惩罚》说起［J］. 宿州教育学院学报，2007（01）：87-90.
［3］高美琼，李洋. 诠释现代体育教学过程中对身体“规训”的运用［J］. 内蒙古民族大学学报（自然科学版），2013（1）：116-118.
［4］乔玉成，常乃军. 人类体质的文化规训［J］. 中国体育科技，2011（5）：3-9.
［5］唐韶军，戴国斌. 规范、监视、检查：武术教化的福柯式解读［J］. 成都体育学院学报，2014（7）：13-16.
［6］侯玲文. “心”的文化探索［J］. 汉语学习，2001（3）：54.
［7］王岗，田桂菊. 回归主流文化的中国武术发展战略［J］. 中国体育科技，2007，45（5）：53-64.
［8］丁宝刚，等. 思维之象自议［J］. 中医杂志，2013（18）：1534-1538.
［9］邢玉瑞. 中医象思维的概念［J］. 中医杂志，2014（10）：811-814.
［10］王永炎，等. 中医意象诊疗模式诠释［J］. 北京中医药大学学报，2010（4）：221-224.
［11］户晓辉. 论中国人“象思维”的审美心理属性［J］. 山东大学学报（哲学社会科学版），2000（4）：53-57.
［12］周秋红，汪小娟. 中国古代取象思维及其美学表现［J］. 许昌学院学报，2006（6）：77-79.
［13］张锡坤，窦可阳. “象思维”与卦爻象的美学意义［J］. 社会科学战线，2006（4）：104-108.

［14］刘长林. 中国象科学初探［J］. 中国社会科学院研究生院学报，2005（6）：47–54.
［15］路鹏. 象思维在字体设计中的运用［J］. 艺术与设计（理论），2010（12）：57–58.
［16］张翅飞. 象思维视域下的庄子美学［J］. 阳明学刊，2011（5）：437–477.
［17］王为群，等. 从“象”思维看先秦生态审美智慧［J］. 兰州交通大学学报，2012（5）：2–4.
［18］何丽野. 中国哲学“象之思”的研究及其意义［J］. 社会科学，2012（12）：121–127.
［19］鲁杰，张其成. 心理学视域下的中医意象思维研究［J］. 辽宁中医杂志，2001（10）：1982–1984.
［20］刘长林. 中国象科学初探［J］. 中国社会科学院研究生院学报，2005（6）：47–54.
［21］高晨阳. 论中国传统哲学的意象思维倾向及一般特点［J］. 山东社会科学，1993，2：80–83.
［22］王树人. “象思维”与原创性论纲［J］. 哲学研究，2005，25（3）：39.
［23］邱丕相. 中国太极拳修心养性的价值与修为的效果［J］. 上海体育学院学报，1992（1）：22–26.
［24］田金龙. 太极拳空灵境界的证悟［J］. 上海体育学院学报，2012（5）：73–76.
［25］周伟良. 近代武术史中思维方式的嬗变［J］. 北京体育大学学报，2003（2）：252–255.
［26］乔凤杰. 无极而太极——论武术与儒家在超验心层面的思想会通［J］. 广州体育学院学报，2006（2）：105–108.
［27］戴国斌. 武术的仿生性生产［J］. 上海体育学院学报，2009（6）：10.
［28］周伟良. 论传统武术训练中的形神兼备与内外相合［J］. 北京体育大学学报，2003（2）：252–255.

［29］康戈武. 古代武术演进的文化结构研究［J］. 体育文史，1998（5）：24–31.

［30］郭志禹. 对武术几种内向思维规律的探讨［J］. 上海体育学院学报，1999（3）：33–36.

［31］林伯原. 内功学——东方体育文化中的瑰宝［J］. 北京体育学院学报，1993，16（3）：5–9.

［32］杜舒书，陈青. 论传统武术之思维方式［J］. 山西师大体育学院学报，2003（2）：80–81.

［33］徐海龙，马振水，韩红雨. 通过中国传统文化透视太极拳的思维方式［J］. 河北体育学院学报，2007（1）：90–94.

［34］乔凤杰. 传统武术的道与术［J］. 山东体育学院学报，2004（4）：8–15.

［35］乔凤杰，陈沛菊. 略论传统武术的悟道思维［J］. 山东体育学院学报，2004（5）：8–11.

［36］袁剑龙，王美娟. 关于武术技击思维模式的探讨［J］. 山东体育学院学报，2006（3）：98–99.

［37］高志. 论传统武术的文化结构和思维方式［J］. 体育与科学，2009（3）：42–44.

［38］刘鹏. 意象思维模式下的传统武术观［J］. 体育科技文献通报，2009（8）：110–112.

［39］范国平. 武术套路的传统思维和本质特点［J］. 体育世界，2013（5）：138–139.

［40］李富刚，栗胜夫. 改革开放30年我国太极拳运动科学研究进展［J］. 中国体育科技，2010（2）：127–133.

［41］罗海燕. 太极拳在生理生化方面的研究现状［J］. 浙江体育科学，2005（2）：88–91

［42］郭志禹，姜娟. 中国太极拳健康文化系统的研究［J］. 上海体育学院学报，2006（3）：57–61.

［43］谢业雷，任杰，虞定海，等. 24周太极拳锻炼对中老年人心率变异性的影响［J］. 中国运动医学杂志，2011，30（9）：842–844.

［44］虞定海，王三，杨慧馨，等. 24周太极拳锻炼对中老年人静态平衡功能的影响［J］. 中国运动医学杂志，2011（12）：1115-1119.
［45］陈新富，刘静，邱丕相. 太极拳运动对中老年女性心理健康的影响［J］. 上海体育学院学报，2005，29（5）：79-82.
［46］《易经》与中国符号学传统的起源［J］. 鲁晓鹏，金浪，译. 文化与诗学，2011（1）：174.
［47］曹哲，徐伟军. 太极心法养心哲学［J］. 健康人，2007（6）：124-126.
［48］王岗. 中国武术独特的修炼方式：心法［J］. 搏击·武术科学，2009（4）：10.
［49］程进才. 陈式太极拳内功心法［J］. 邯郸学院学报，2010（3）：15-19.
［50］傅仁东. 太极拳内功心法之研究［J］. 精武，2010（1）：9-11.
［51］傅仁东. 再谈太极拳内功心法［J］. 精武，2010（5）：4-6.
［52］翁心诚. 太极开智启慧的心法训练［J］. 2012（8）：44.
［53］陈霞明. 浅析太极拳的练意［J］. 泉州师专学报（自然科学版），1998（3）：49-52.
［54］关振军. 太极拳的眼神与意念［J］. 中华武术，1999（5）：41.
［55］耿向林. 太极拳“意”的悟炼［J］. 少林与太极，2009（9）：24-26.
［56］王昊，杜渐，张振华，等. “形神合一”中医学的生命整体观［J］. 中国中医基础医学杂志，2013（3）：239-242.
［57］蓝晟. 太极拳运动中意念的作用［J］. 中华养生保健，2013（10）：69-71.
［58］张建斌. 谈太极拳之意［J］. 才智，2013（2）：233.
［59］卿希泰，詹石窗. 心法与《易》学［J］. 哲学研究，1988（11）：47-53.
［60］杜子宇. 李派太极“心法”论［J］. 武当，2005（5）：13.

[61] 岳山岳. “象形”“会意”与中国传统理论思维模式 [J]. 湖南广播电视大学学报，2001（3）：41-44.
[62] 陈晶，等. 中国亚健康研究的现状与分析 [J]. 中国组织工程研究与临床康复，2007，11（47）：9566-9569.
[63] 周雯，等. 亚健康状态人群中心理亚健康类型的特征分析 [J]. 广东医学，2011（10）：1326-1330.
[64] 李香兰，等. 亚健康研究进展 [J]. 中国康复理论与实践，2008（10）：942-945.
[65] 李祖扬，汪天文. 思维类型辨析 [J]. 南开学报（哲学社会科学版），2007（1）：93-100.
[66] 刘正强. 意象思维论 [J]. 谈古论今，2008（12）：187-188.
[67] 王朝琼. 太极拳对心理健康的增进作用 [J]. 贵州工业大学学报（社会科学版），2008（4）：175-179.
[68] 陈立胜. 身体：作为一种思维的范式 [J]. 东方论坛，2002（2）：12.
[69] 李录志. 身心关系研究的新维度及其意义 [J]. 陕西师范大学学报（哲学社会科学版），2011（4）：70-71.
[70] 庞学铨. 身体性理论：新现象学解决心身关系的新尝试 [J]. 浙江大学学报（人文社会科学版），2001（6）：8.
[71] 莫小新. “人体文化”与“身体文化”辨析 [J]. 江苏技术师范学院学报（职教通讯），2009（12）：111.
[72] 刘霞，崔勿骄.《周易》与《内经》天人合一整体观 [J]. 中国中医基础医学杂志，1999（7）：9.
[73] 吴晓明，吴寒斌，徐辉. 整体观在中医哲学中的地位与作用 [J]. 江西中医学院学报，2006（6）：5.
[74] 李清良. 中国身体观与中国问题——兼评周与沉《身体：思想与修行》[J]. 哲学动态，2006（5）：21-27.
[75] 李印东. 论中国武术发展的先进性 [J]. 北京体育大学学报，2007，30（5）：592-596.
[76] 周晓明. 象论——兼述一种“表现学”构想 [J]. 华中师范大学学

报（哲社版），1990（6）：98，101–105.

[77] 王树人. “象思维”视野下的“易道”[J]. 周易研究，2004（6）：55.

[78] 复光. “身体”辩证（续）[J]. 江海学刊，2004（3）：5–6.

[79] 王树人. 文化观转型与“象思维”之失[J]. 杭州师范大学学报（社会科学版），2008（3）：6–9.

[80] 王新彦. 浅析孙思邈的“象思维”方法[J]. 河南中医，2005（2）：249–250.

[81] 戴国斌. 武术的仿生性生产[J]. 上海体育学院学报，2009（11）：10.

[82] 王前. 论“象思维”的机理[J]. 中国社会科学院研究生院学报，2002（3）：58–63.

[83] 邱丕相. 中国太极拳修心养性的价值与修为的效果[J]. 上海体育学院学报，1992（1）：22–26.

[84] 杜子宇. 李派太极“心法”论[J]. 武当，2005（5）：13.

[85] 黄熹. 略论徐复观“心的文化”[J]. 武汉大学学报（人文科学版），2002，55（1）：70.

[86] 彭鹏. 本体、工夫与境界：心文化的理论与实践[J]. 唐都学刊，2010，26（5）：74–78.

[87] 彭鹏. 心是什么：心文化与心理学的视角——兼谈心理学的流变与中国文化心理学的可能[J]. 心理学探新，2010，30（5）：11

[88] 邢晓宇. 认知语境在隐喻认知构建中的制约作用[J]. 内蒙古大学学报（哲学社会科学版），2009（1）：105.

[89] 许宁云. 隐喻与象征关系的认知符号学阐释[J]. 社会科学家，2010（7）：160.

[90] 周荣. 概念隐喻和概念转喻[J]. 延边教育学院学报，2012，26（1）：22–24.

[91] 雷晓东. 概念流利与图式理论[J]. 山西师大学报（社会科学版），2010（11）：150–152.

［92］彭开明，杜成，徐建英. 认知图式理论在翻译建构中意义及其具体运用［J］. 南昌大学学报（社会科学版），2006（5）：121–124.

学位论文：

［1］丁宝刚. 基于象思维的吴鞠通学术思想研究［D］. 北京：北京中医药大学，2012.
［2］窦可阳. 接受美学与象思维：接受美学的中国化［D］. 长春：吉林大学，2009.
［3］鲁杰. 中医意象思维的心理学研究［D］. 北京：北京中医药大学，2011.
［4］吴猛. 福柯话语理论探要［D］. 上海：复旦大学，2003.
［5］陈媛. 解构中的建构：福柯思想解读的一种视角［D］. 上海：复旦大学，2012.
［6］秦立新. 内求法作为中医理论形成主导方法论析［D］. 北京：北京中医药大学，2012.
［7］马晓. 春秋战国时期“象思维”的发展［D］. 成都：四川大学，2007.
［8］朱浩芳. 中国传统“象思维”的审美属性［D］. 郑州：郑州大学，2007.
［9］吴新林. 取象仿生：象思维的设计表达［D］. 株洲：湖南工业大学，2008.
［10］陈保磊. 从审美心理学视角论武术套路动作意象［D］. 上海：上海体育学院，2013.
［11］张文彩. 福柯的身体理论［D］. 兰州：兰州大学，2010.
［12］孙正样. 福柯的身体图景［D］. 桂林：广西师范大学，2012.
［13］崔璨. 福柯的生存美学及当代意义［D］. 哈尔滨：黑龙江大学，2012.
［14］王治军. 福柯生存美学思想研究［D］. 南昌：南昌大学，2008.
［15］文洁. 福柯心理学思想研究［D］. 南京：南京师范大学，2007.

[16] 周海玲. 福柯思想中的身体维度 [D]. 汕头：汕头大学，2006.
[17] 张秀珍. 基于福柯规训理论的学校教育与美育研究 [D]. 重庆：西南大学，2013.
[18] 亓艳波. 论福柯的生存美学 [D]. 长沙：湖南师范大学，2007.
[19] 姜威. 论福柯自身关怀及其审美意义 [D]. 武汉：武汉纺织大学，2013.
[20] 李晓芳. 论福柯的身体关怀 [D]. 临汾：山西师范大学，2010.
[21] 郭强. 2000—2010年我国太极拳科研论文的文献计量学分析 [D]. 福州：福建师范大学，2012：43-47.
[22] 索良柱. 福柯：从权力的囚徒到生存美学的解救 [D]. 上海：复旦大学，2009.
[23] 周伟良. 传统武术训练理论论绎 [D]. 上海：上海体育学院，2000.
[24] 杨建营. 生态文明视域下的武术发展研究 [D]. 上海：上海体育学院，2010.
[25] 牛晓亮. 身体哲学及其当代价值研究 [D]. 北京：首都师范大学，2006：11-21.
[26] 田丰. 身体思维与礼乐文明的现代转化 [D]. 苏州：苏州大学，2012：16.
[27] 范彩霞. 大体与小体：孟子的身体观研究 [D]. 上海：华东师范大学，2014：50-51.
[28] 李磊.《黄帝内经》的身体观研究 [D]. 长春：长春中医药大学，2010：26.
[29] 李传奇. 身体视野下的体育修身论 [D]. 南京师范大学，2012：2.
[30] 牛晓亮. 身体哲学及其当代价值研究 [D]. 北京：首都师范大学，2006：26.
[31] 张艳萍. 中国传统文化对中医心理思想的影响研究 [D]. 南京：南京中医药大学，2010：30.
[32] 刘秀丽. 传统道教形神观研究 [D]. 上海：华东师范大学，2007：2.

[33] 张灏艳. 消费社会视域下太极拳的身体文化研究 [D]. 成都：成都体育学院，2014：8.

[34] 周瑾. 多元文化视野中的身体——以早期中国身心思想为中心 [D]. 杭州：浙江大学，2003：11.

[35] 齐林华. 中国古代文化中的身体观念及其发展 [D]. 长沙：湖南师范大学，2013：22.

[36] 唐美彦. 中国传统身体观对武术的影响研究 [D]. 苏州：苏州大学，2014：10.

[37] 朱春鹰. 中国传统文化"心"之思想解读——身心灵全人健康模式文化探源 [D]. 黑龙江中医药大学，2014：14–15.

[38] 张艳婉. 儒家身心观研究 [D]. 长沙：湖南师范大学，2012：168.

[39] 赵天一. 中国古典意象史论 [D]. 重庆：西南大学，2012：23–24.

[40] 辛衍君. 唐宋词意象的符号学阐释 [D]. 苏州：苏州大学，2005：37.

[41] 李文莉. 人体隐喻系统研究 [D]. 上海：华东师范大学，2007：1–63.

[42] 窦可阳. 接受美学与象思维：接受美学的"中国化" [D]. 长春：吉林大学，2009：39.

研究报告：

[1] 戴国斌. 武术的文化生产 [R]. 上海：华东师范大学博士后研究工作报告，2008.

论文集：

[1] 袁红霞，刘思毅，赵阔.《周易》天人合一理论对中医整体观影响的临床体现 [C]. 科学发展·生态文明——天津市社会科学界第九届学术年会优秀论文集（下），2013：1084.

[2] 王静，等. 太极拳意念引导的内涵 [C]. 经济发展方式转变与自主创新——第十二届中国科学技术协会年会（第三卷），2010.

外文类：

［1］George A K. Aristotle on Rhetoric：A Theory of Civic Discourses［M］. New York：Oxford University Press，2007：199.

［2］Bartlett F. C. Remembering：A Study in Experimental and Social Psychology［M］. Cambridge：Cambridge University Press，1932：201.

［3］Ungerer，F.&H. J .Schmid. An introduction to Cognitive Linguistics［M］. Beijing Foreign Language Teaching and Research Press，2001：120.

［4］Foulc；ault .The History of sexuality：An Introduction［M］trans. R Hurley Harmondsworth：Penguin，1978.

［5］Bartkowski，Frances Feminism and Foucault：Reflections on Resistance［M］. Boston：Northeastern UP，1988：56.

［6］Bourdieu，P.Wacquant，L.An Invitation to Reflexive Sociology［M］. Chicago：Chicago University Press，1992：133.

［7］Foucault，Michel.The Archaeology of Knowledge［M］. London and New York：Routledge Classecs，2002.

［8］Michel Foucault. Politics，Philosophy，Culture：Interviews and Other Writings 1977-1984［M］. ed. Lawrence D. Kritzman.trans. Alan Sheridan etc. New York：Routledge，1988：49.

［9］Michel Foucault. Discipline and Punish：The Birth of the Prison［M］. Trans. by Alan Sheridan，New York：Vintage books，1979.

［10］Charles Sanders Peirce. The Idea to Which the Sign Gives Rise. Collected Papers［M］. Cambridge Mass：Harvard University Press，1931-1958，vol2：228.

［11］George L，Mark J. Metaphors We Live by［M］. Chicago：University of Chicago Press，1980：5.

［12］Rogler HL. Methological Sources of Cultural Insensitivity in Mental Health research［J］. American Psychologist，1999，6：422-423.

[13] Ramos PE, Abe GC, Pradella-Hallinan M, et al. Effects of DǎoyǐnQìgōng in Postpolio Syndrome Patients with Cold Intolerance [J]. Arquivos de Neuro-Psiquiatria, 2012 (70): 680.

[14] Mary Lynch, JanaSawynok, ChokHiew, et al. A Randomized Controlled Trial of Qigong for Fibromyalgia [J]. Arthritis Research and Therapy, 2012 (14): 178.

[15] Cecilia L. W. Chan, Chong-Wen Wan, Rainbow T. H. Ho, et al. A Systematic Review of the Effectiveness of Qigong Exercise in Supportive Cancer Care [J]. Supportive Care in Cancer, 2012 (20): 1121-1133.

[16] Myeong Soo Lee, Kevin W Chen, Kenneth M Sancier, et al. Qigong for cancer treat-ment: A Systematic Review of Controlled Clinical Trials [J]. Acta Oncologica, 2007 (46): 717-722.

[17] Rail, Genevieve & Harvey, Jean. Body at Work: Michel Foucault and the Sociology of Sport [J]. Sociology of Sport Journal, 1995, 27 (12): 164-179.

[18] Singer. Richard.Discipline and Punish [J]. Crime & Delinquency, 1979, 25 (3): 376-377.

[19] Fuzhong Li, Peter Harmer, Kathleen Fitzgerald, et al. Tai Chi and Postural Stability in Patientswith Parkinson' s Disease [J]. The New England Journal of Medicine, 2012 (336): 511-519.

[20] Cole, C.L. American Jordan: P.L.A.Y., Consensus, and Punishment [J]. Sociology of Sport Journal, 1996 (13): 366-397.

[21] Michel Foucault. Power/Knowledge: Selected Interview and Other Writings 1972-1977 [C]. Edited by Colin Gordon.trans. by Colin Gordon.Leo Mepham.Kate Soner , New York: Pantheon books, 1972: 104.

图书在版编目（CIP）数据

太极拳心法探秘 / 李圣著. -北京：人民体育出版社，2020
（中华武术文库）
ISBN 978-7-5009-5750-8

Ⅰ. ①太… Ⅱ. ①李… Ⅲ. ①太极拳-研究
Ⅳ. ①G852.11

中国版本图书馆 CIP 数据核字（2020）第020975号

*

人民体育出版社出版发行
中国铁道出版社印刷厂印刷
新 华 书 店 经 销

*

710×1000 16开本 18 印张 276 千字
2020 年 8 月第 1 版 2020 年 8 月第 1 次印刷
印数：1—3,000 册

*

ISBN 978-7-5009-5750-8
定价：62.00元

社址：北京市东城区体育馆路 8 号（天坛公园东门）
电话：67151482（发行部） 邮编：100061
传真：67151483 邮购：67118491
网址：www.sportspublish.cn
（购买本社图书，如遇有缺损页可与邮购部联系）